DAVID GODMAN

Annamalai Swâmî

Une vie auprès de
RÂMANA MAHARSHI

Traduction française de
GABRIEL BAECHLER

# **Discovery** Publisher

*Living by the words of Bhagavan*
1994, 1995, © Shrî Annamalai Swâmî Ashram

1996, © Éditions Nataraj

2021, © Discovery Publisher

Tous droits réservés. Aucune partie de ce livre ne peut être reproduite ou utilisée sous aucune forme ou par quelque procédé que ce soit, électronique ou mécanique, y compris des photocopies et des rapports ou par aucun moyen de mise en mémoire d'information et de système de récupération sans la permission écrite de l'éditeur.

Auteur : David Godman
Traduction française de Gabriel Baechler
Photos publiées avec la gracieuse autorisation de Shri Râmanasramam
Les photos récentes (1995) d'Annamalai Swâmi sont de Baechler

616 Corporate Way
Valley Cottage, New York
www.discoverypublisher.com
editors@discoverypublisher.com
Fièrement pas sur Facebook ou Twitter

New York • Paris • Dublin • Tokyo • Hong Kong

# Table des matières

| | |
|---|---:|
| Préface | 7 |
| Introduction | 10 |
| En chemin vers Bhagavan | 17 |
| Un maître d'œuvre peu ordinaire | 49 |
| Avec un peu de riz et d'attention... | 89 |
| Les animaux dans la grâce de Bhagavan | 105 |
| Fragments | 125 |
| Une direction convoitée | 153 |
| La pierre ardente de la dévotion | 185 |
| Palakottu | 233 |
| Épilogue | 271 |
| Bibliographie | 273 |
| Glossaire | 277 |

DAVID GODMAN

Annamalai Swâmî

# Une vie auprès de RÂMANA MAHARSHI

Traduction française de
GABRIEL BAECHLER

*Ouvrages parus dans la collection Nataraj*

## SAGESSE UNIVERSELLE
* *Dhammapada, la parole du Bouddha*, trad. TK Jayaratne
* *La lumière de l'Inde*, textes d'Alphonse de Lamartine
* *Dieu en Soi – méditations au cœur de l'Inde et du christianisme*, textes présentés par R. Caputo et C. Verdu
* *La philosophie mystique de Simone Weil*, Gaston Kempfner
* *L'imitation de Jésus-Christ*, traduction de Pierre Corneille
* *La mort... sereinement*, Sénèque, *Extraits des lettres à Lucilius*
* *La consolation de la philosophie*, Boèce

## COLLECTION SOPHIA PERENNIS
* *Regards sur les mondes anciens*, Frithjof Schuon
* *Trésors du bouddhisme*, Frithjof Schuon

## TRÉSORS DE L'INDE SPIRITUELLE
* *Kaivalya Upanishad*, trad. Paul Deussen
* *Je suis Shiva! Hymnes à la non-dualité de Shankarâchârya*
* *Om, la syllabe primordiale*, textes traduits et présentés par Roberto Caputo
* *Tout est Un*, Anonyme du XIXe siècle
* *Annamalai Swâmî : une vie auprès de Râmana Maharshi*, récit recueilli et mis en forme par David Godman
* *Comme une montagne de camphre*, enseignements de Râmana Maharshi et Annamalai Swâmî présentés par David Godman
* *Bhagavad-Gîtâ, le chant du bienheureux*, traduction d'Émile Burnouf

Annamalai Swâmî

# Une vie auprès de RÂMANA MAHARSHI

# Préface

Paru en octobre 1994, le livre *Living by the words of Bhagavan* est la mise en forme par David Godman des souvenirs d'Annamalai Swâmî, un des plus proches disciples de Bhagavan Shrî Râmana Maharshi, le grand sage hindou. Les lecteurs qui ne connaissent pas Shrî Râmana peuvent se reporter à l'introduction de David Godman. Ils y trouveront un émouvant portrait du sage.

## Annamalai Swâmî

Venu auprès de Râmana Maharshi en 1928, alors qu'il avait un peu plus de vingt ans, Annamalai Swâmî travailla pendant un mois comme l'un de ses serviteurs, puis pendant dix ans comme responsable des travaux de construction. Tout au long de ces années, il bénéficia d'un contact très étroit avec Shrî Râmana, qui utilisait chaque opportunité pour le guider sur le chemin de l'investigation du Soi, l'invitant et l'aidant à pratiquer l'enseignement dans toutes les circonstances de la vie quotidienne.

En 1938, au terme de dix années d'ardente dévotion, par la grâce de Shrî Râmana, il fit l'expérience du Soi. Il se retira alors à Palakottu, près de Râmanasramam (Pashram de Râmana Maharshi), où il se consacra à la méditation et se stabilisa progressivement dans la conscience du Soi. Jusque vers le milieu des années 1940, il se rendait deux fois par jour auprès de Shrî Râmana pour «s'imprégner de son silence plein de grâce et de ses enseignements». Puis, Shrî Râmana le sevra de ce contact physique en lui disant: «Vous êtes un *sâdhaka* [chercheur spirituel] parvenu à maturité. Vous n'avez plus besoin de venir ici. Restez à Palakottu et faites votre méditation là-bas. Essayez d'effacer l'idée que vous êtes différent de Dieu.»

Annamalai Swâmî ne quitta plus jamais Palakottu. Il y mena une vie simple et paisible. Au moment de sa mort, en novembre 1995, il était largement reconnu comme un Maître authentique. Ayant pleinement réalisé les enseignements de Shrî Râmana, il était lui-même devenu une source de grâce et de lumière.

En 1987, Annamalai Swâmî raconta à David Godman ses souvenirs d'enfance et ceux de sa vie auprès de Shrî Râmana. David Godman les organisa sous la forme d'un récit à la première personne, qu'il agrémenta et enrichit de commentaires et d'informations complémentaires. C'est ce récit qui est publié ici sous le titre *Annamalai Swâmî : une vie auprès de Râmana Maharshi*.

En plus de ce récit, *Living by the words of Bhagavan* comporte un chapitre d'enseignements de Shrî Râmana Maharshi, extraits du journal tenu par Annamalai Swâmî en 1938 et 1939, et un chapitre d'entretiens avec Annamalai Swâmî, enregistrés en 1986, sur une période de neuf mois, par une *sannyâsin* américaine du nom de *Satya*.

Pour l'édition française, les enseignements et entretiens sont publiés en un volume séparé, intitulé *Comme une montagne de camphre*.

Cette édition française de *Living by the words of Bhagavan* est la traduction de la deuxième édition anglaise.

Gabriel Baechler

## Mots en italique

Il y a un glossaire à la fin du livre. Le lecteur y trouvera la définition de la plupart des mots tamils et sanscrits qui apparaissent en italique dans le texte. Conformément au choix de David Godman pour l'édition anglaise, je n'ai pas utilisé les signes diacritiques habituels, parce qu'ils ont tendance à embrouiller les non-initiés. Cependant j'ai indiqué les voyelles longues de la manière suivante :

- *â* se prononce comme le « a » de « pâte » (plus longue)
- *ê* se prononce comme le « é » de « été » (plus longue)
- *î* se prononce comme le « i » de « fille » (plus longue)
- *û* se prononce comme le « ou » de « cou » (plus longue)
- *ô* se prononce comme le « o » de « dôme » (plus longue).

La voyelle *u* se prononce comme le « ou » de « cou ».

La combinaison *sh* se prononce comme « ch » en français ; la combinaison *ch* se prononce « tch » ; les *h* des combinaisons *dh*, *ph* et *th* sont aspirés.

# Introduction

Bhagavan Shrî Râmana Maharshi est largement reconnu comme l'un des éminents Maîtres Spirituels indiens des temps modernes. En 1896, alors qu'il n'était encore qu'un écolier de seize ans, il réalisa le Soi au cours d'une saisissante expérience de la mort qui dura environ vingt minutes. Il n'avait jusqu'alors bénéficié d'aucun enseignement spirituel, théorique ou pratique. Aussi, dans un premier temps, l'expérience le laissa-t-elle plutôt perplexe. Pendant les toutes premières semaines après sa réalisation, il pensait tantôt qu'un esprit s'était emparé de lui, tantôt qu'il était affligé d'une étrange, mais assez plaisante maladie. Il ne parla à personne de son expérience et essaya de continuer à vivre la vie d'un écolier normal de l'Inde du Sud. Dans les jours qui suivirent, il réussit à donner le change à son entourage, mais au bout d'environ six semaines, il était si déçu des vétilles de la vie scolaire et familiale qu'il décida de quitter la maison et de trouver un endroit où il pourrait rester tranquillement dans son expérience du Soi, sans fâcheuses interruptions ni distractions.

Il choisit de se rendre à Arunâchala, une célèbre montagne sainte à environ 200 km au sud-ouest de Madras. Il ne fit pas ce choix au hasard, loin de là : dans sa prime jeunesse il avait toujours éprouvé un respect mêlé de crainte quand le nom d'Arunâchala était mentionné. De fait, avant que sa méprise ne fût rectifiée par un parent, il pensait qu'Arunâchala était un royaume céleste plutôt qu'un centre de pèlerinage tout ce qu'il y a de plus terrestre, que l'on pouvait atteindre par transport public. Plus tard dans sa vie, il disait volontiers qu'Arunâchala était son Gourou, que son pouvoir avait provoqué sa réalisation et l'avait par la suite attiré à ses pieds.

Le jeune Râmana Maharshi se donna beaucoup de mal pour s'assurer qu'aucun membre de sa famille ne sache où il allait. Il quitta secrètement la maison et arriva à Arunâchala après trois jours d'un voyage assez aventureux. Il passa les cinquante-quatre dernières années de sa vie sur la montagne (ou alentour), refusant de s'en éloigner, fût-ce un seul jour.

Le jour de son arrivée, il jeta tout son argent et ses possessions, sauf un pagne, se fit raser la tête en signe de renoncement spirituel, et se trouva, dans l'enceinte du temple principal d'Arunâchala, un endroit tranquille pour rester assis sans être dérangé. Pendant les quatre ou cinq ans qui suivirent, il passa presque tout son temps assis les yeux fermés, dans différents temples et sanctuaires, complètement absorbé dans une irrésistible conscience du Soi. De temps en temps, un visiteur ou un pèlerin sympathique le nourrissait ; puis, plus tard, un serviteur s'en chargea ; mais, à l'exception d'une courte période pendant laquelle il sortit mendier sa nourriture, il ne manifesta aucun intérêt pour son bien-être physique ou pour les événements du monde qui se déroulaient autour de lui.

En 1901, il déménagea à la grotte de Virupaksha, située à environ cent mètres de hauteur dans la montagne, derrière le temple principal, et y resta pendant les quatorze années qui suivirent. Avec le temps, il commença à manifester un peu d'intérêt pour les visiteurs qui venaient le voir, mais il parlait rarement. Il passait la plus grande partie de ses journées assis en silence ou à se promener sur les pentes d'Arunâchala. Il avait commencé à attirer des dévots tandis qu'il était encore assis immobile dans le temple. À l'époque où il déménagea à la grotte de Virupaksha, il avait déjà un petit groupe de disciples auquel se joignaient parfois des pèlerins en visite.

Il y a un mot sanscrit, *tapas,* qui désigne une intense pratique spirituelle, accompagnée d'abnégation physique, voire de mortification corporelle, par laquelle les impuretés spirituelles sont systématiquement brûlées. Des gens étaient attirés par lui parce qu'ils avaient le sentiment qu'un homme ayant accompli un *tapas* aussi intense (pendant les premières années au temple, il restait souvent assis pendant des jours sans bouger) devait avoir acquis un grand pouvoir spirituel. D'autres étaient attirés par lui parce qu'ils sentaient, émanant de sa forme physique, un rayonnement presque palpable d'amour et de joie.

Râmana Maharshi exprima clairement plus tard qu'il n'avait fait aucune forme de *tapas* ou de méditation pendant ses premières années à Arunâchala. Quand on le questionnait à ce sujet, il disait que sa réalisation du Soi s'était produite en 1896, dans la maison familiale, au cours de son expérience de la mort. À propos des années de silence et d'immobilité qui suivirent, il disait qu'elles étaient simplement une réponse à un impérieux besoin intérieur de rester complètement absorbé dans l'expérience du Soi.

Pendant ses toutes dernières années à la grotte de Virupaksha, il commença à parler aux visiteurs et à répondre à leurs questions spirituelles. Il n'avait jamais été complètement silencieux, mais pendant ses premières années à Arunâchala, il parlait peu et rarement. Les enseignements qu'il donnait se référaient davantage à sa propre expérience du Soi qu'aux enseignements traditionnels de l'*Advaïta Vedânta,* une ancienne et très estimée école de philosophie indienne qui soutient que le Soi (*Âtman*) ou *Brahman* est la seule réalité existante et que tous les phénomènes sont d'indivisibles manifestations ou apparences au sein de cette réalité. Selon Râmana Maharshi et les instructeurs de l'*advaïta* qui l'ont précédé, le but ultime de la vie est de transcender l'illusion d'être une personne individuelle fonctionnant par l'intermédiaire d'un corps et d'un mental, dans un monde d'objets séparés en interaction. L'ayant réalisé, on devient conscient de ce que l'on est réellement: le Soi, qui est conscience immanente et sans forme.

La famille de Râmana Maharshi avait réussi à retrouver sa trace dans les années 1890, mais il avait refusé de retourner au domicile familial. En 1914, sa mère décida d'aller vivre avec son fils à Arunâchala et passa ses dernières années avec lui. En 1915, accompagné par sa mère et le groupe de dévots résidant à la grotte de Virupaksha, il déménagea plus haut dans la montagne, à Skandashram, un petit ashram construit spécialement pour lui par un de ses premiers dévots.

Auparavant, les dévots qui vivaient avec Râmana Maharshi allaient mendier leur nourriture en ville. Les renonçants religieux hindous, appelés *sâdhus* ou *sannyâsins,* subviennent souvent à leurs besoins de cette manière. Les moines mendiants ont toujours fait partie de la tradition hindoue: le fait de mendier pour des motifs religieux n'est pas infamant. Quand Bhagavan (je l'appellerai le plus souvent par ce titre désormais puisque c'est la manière dont presque tous ses dévots s'adressaient à lui) déménagea à Skandashram, sa mère commença à faire régulièrement la cuisine pour tous ceux qui y vivaient. Elle devint bientôt une ardente dévote de son fils et fit des progrès spirituels si rapides qu'avec l'aide de la grâce et de la force de Bhagavan, elle fut à même de réaliser le Soi au moment de sa mort en 1922.

Son corps fut enterré dans la plaine qui confine au côté sud d'Arunâchala. Quelques mois plus tard, Bhagavan, poussé par ce qu'il appela ensuite « la volonté divine », quitta Skandashram et alla vivre près de son tombeau. Pendant les années qui suivirent, un grand ashram se développa autour de lui. Des visiteurs de toute l'Inde, et plus tard de l'étranger, venaient le voir pour lui demander conseil, rechercher sa grâce ou simplement baigner dans son rayonnement apaisant. Au moment de sa mort, en 1950, à l'âge de soixante-et-onze ans, il était devenu une sorte d'institution nationale ; la personnification des aspects les plus nobles d'une tradition hindoue qui remonte à des milliers d'années.

Sa renommée et sa force d'attraction ne provenaient pas de l'accomplissement de miracles. Il n'exhibait pas de pouvoirs spéciaux et n'était pas tendre envers ceux qui le faisaient. Sa réputation n'était pas davantage due à ses enseignements. Il est vrai qu'il prônait les vertus d'une pratique spirituelle peu connue jusqu'alors, mais il est vrai aussi que la plupart des autres aspects de ses enseignements avaient été enseignés par des générations de Gourous avant lui. Ce qui frappait l'esprit et le cœur de ses visiteurs, c'était l'impression de sainteté que l'on ressentait immédiatement en sa présence. Il menait une vie simple et austère ; il témoignait un égal respect et une égale considération pour tous les dévots qui venaient solliciter son aide ; et, ce qui est peut-être le plus important, il se dégageait de lui une force que tous les gens qui étaient près de lui percevaient comme un sentiment de paix et de bien-être. En présence de Bhagavan, la conscience d'être une personne individuelle faisait souvent place à une pleine conscience du Soi immanent.

Bhagavan ne cherchait pas à produire cette énergie ; il ne faisait pas non plus d'effort conscient pour transformer les gens autour de lui. La transmission de cette force était spontanée, sans effort et continue. Si des transformations avaient lieu à cause d'elle, c'était grâce à l'état d'esprit du récepteur et non du fait de décisions, désirs ou actions de Bhagavan.

Bhagavan était parfaitement conscient de ce rayonnement, et il disait fréquemment que la transmission de cette énergie était la part la plus importante et la plus directe de ses enseignements. Les enseignements verbaux et écrits qu'il donnait et les diverses techniques de méditation qu'il approuvait n'étaient tous, disait-il, que pour ceux qui n'étaient pas à même de rester en harmonie avec le flot de grâce émanant constamment de lui.

Nombreux sont ceux qui ont écrit sur la vie de Bhagavan, ses enseignements et les expériences que différents dévots eurent avec lui. Il y a maintenant plus de quarante ans que Bhagavan est mort et l'on peut sensément présumer que toutes les histoires le concernant ont déjà été publiées sous une forme ou une autre. J'étais enclin à envisager les choses ainsi jusqu'en 1987, quand j'allai interviewer Annamalai Swâmî, un disciple âgé de Bhagavan. Je fus bientôt forcé de réviser mon opinion. Pendant plusieurs semaines, il me raconta tant d'histoires intéressantes et inédites à propos de Bhagavan et des disciples qui vivaient avec lui, que je décidai de toutes les mettre par écrit sous la forme d'un récit à la première personne et de les publier. Annamalai Swâmî m'autorisa à le faire. Par la suite, il lut mon récit pour s'assurer que toutes ses histoires avaient été rapportées fidèlement. J'ai annoté ce récit avec des commentaires personnels. La plupart d'entre eux expliquent des points obscurs du texte, mais quelques-uns donnent des informations sur le contexte, ou relatent des histoires complémentaires significatives, inconnues d'Annamalai Swâmî.

J'aimerais remercier Shrî S. Sundaram de m'avoir servi d'interprète, Kumara Swâmî d'avoir traduit le journal d'Annamalai Swâmî en anglais, Satya d'avoir retranscrit tous les entretiens qui constituent la deuxième partie de *Comme une montagne de camphre*,[1] Shrî Râmanasramam de m'avoir autorisé à utiliser le matériel des archives photo de l'ashram, Nadhia Sutara de m'avoir globalement assisté dans la rédaction, et Jagruti et plusieurs autres membres du Satsang Bhavan à Lucknow d'avoir tapé et préparé le manuscrit final.

David Godman<br>
Lucknow, India<br>
Mars 1994

---

1. N.D.É. : Dans l'édition française, les extraits du journal et les entretiens avec Annamalai Swâmî sont publiés en un volume séparé, intitulé *Comme une montagne de camphre*, aux Éditions Discovery.

BHAGAVAN SHRÎ RÂMAṆA MAHARSHI

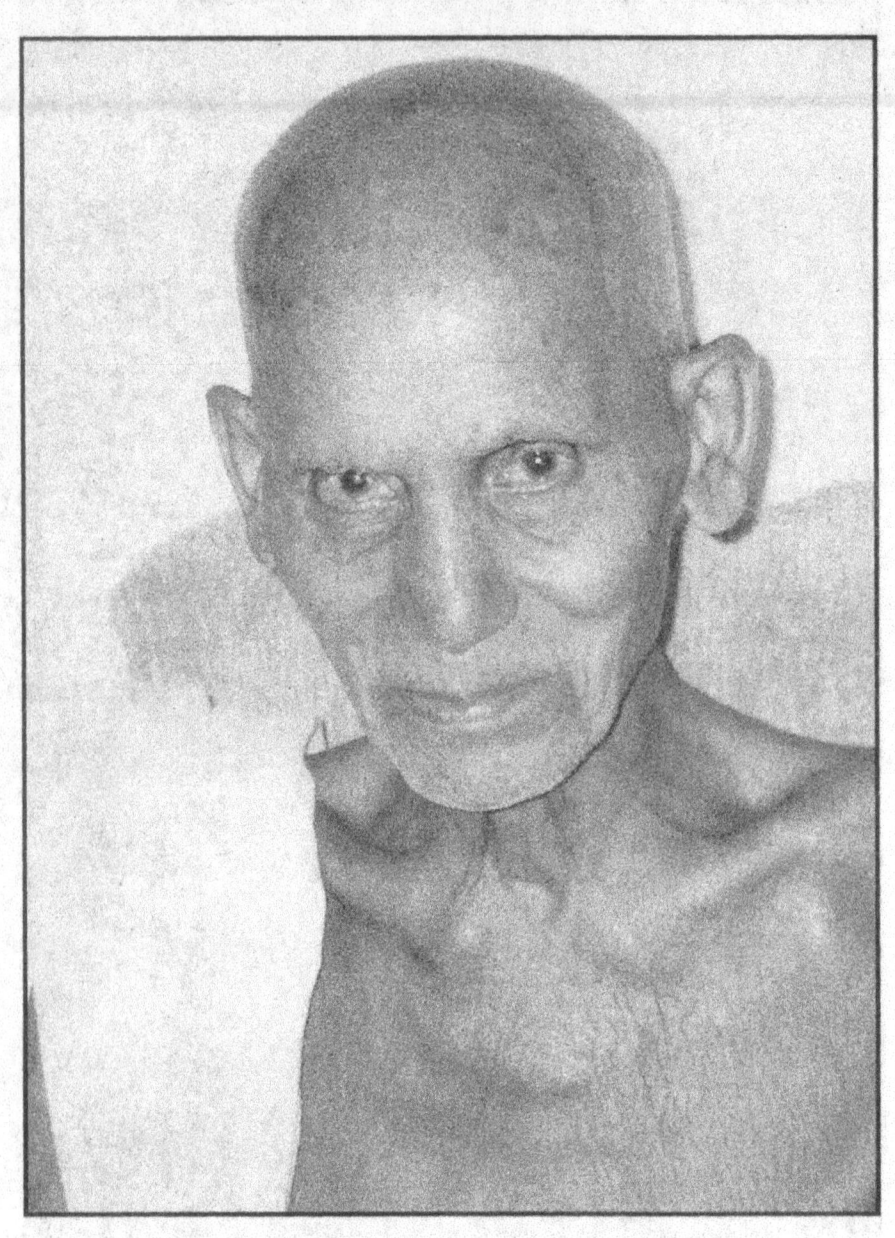

SHRÎ ANNAMALAI SWÂMÎ

# En chemin vers Bhagavan

Je suis né à Tondankurichi, un petit village d'environ 200 maisons, en 1906. Mon père, un homme aux multiples talents, était un personnage important dans le village. En plus d'être cultivateur, astrologue, peintre et entrepreneur, il savait aussi faire des statues et construire des *gopurams* [tours de temples]. Peu après ma naissance, mon père et un autre astrologue se rencontrèrent pour étudier mon horoscope. Tous deux arrivèrent à la conclusion que je deviendrais probablement *sannyâsin* [moine hindou ayant renoncé à toute attache avec sa famille et avec le monde]. Peu enchanté de cette perspective, mon père décida de prendre les devants en me refusant une éducation convenable. Il s'imaginait que si je n'apprenais ni à lire ni à écrire correctement, je ne lirais jamais les Écritures et ne développerais jamais d'intérêt pour Dieu. À cause du crédit que mon père accorda à cette prédiction, je ne reçus qu'une instruction très rudimentaire à l'école du village. Je commençais à peu près à posséder l'alphabet quand on me retira de l'école pour me faire travailler avec mon père dans les champs.

Mon père, se doutant que j'essaierais peut-être de retourner à l'école à son insu ou sans son consentement, chercha à s'assurer que je reste pratiquement illettré en disant à ma mère : « S'il retourne à l'école, ne lui donne rien à manger ».

Peu après qu'on m'eut retiré de l'école, alors que je passais par un village voisin appelé Vepur, j'entendis un érudit de passage qui faisait une conférence.

Il dit aux villageois : « C'est bien de s'instruire. Même si vous devez mendier pour subvenir à vos besoins pendant que vous étudiez, vous devriez étudier autant que vous le pouvez. C'est seulement par l'instruction que l'on peut connaître les mystères de la vie ».

En rentrant à la maison, j'allai me plaindre à mon père : « Aujourd'hui à Vepur, j'ai entendu un érudit qui parlait de la valeur de l'instruction. Tu ne me permets pas d'aller à l'école. Pourquoi donc ? »

Mon père se déroba en disant : « Oh, nous ne sommes que des paysans. Il nous suffit de savoir écrire notre nom. »

Comme je n'étais satisfait ni de l'attitude ni de la réponse de mon père, je décidai d'essayer d'étudier par moi-même. Je me trouvai deux livres, l'un contenant les histoires du roi Vikramaditya et l'autre les versets de Pattinatar [un poète et saint tamil du IX$^e$ siècle], et essayai d'apprendre à lire tout seul. Par une curieuse coïncidence, un des premiers versets de Pattinatar que je réussis à déchiffrer, résumait prophétiquement la voie spirituelle que j'ai essayé de suivre pendant la plus grande partie de ma vie :

> « Celui qui renonce au foyer est des millions de fois plus grand que celui qui, menant une vie de chef de famille, fait beaucoup de *punyas* et de *dharmas* [actions méritoires]. Celui qui renonce au mental est des millions de fois plus grand que celui qui renonce au foyer. Quant à celui qui a transcendé le mental et toute dualité, comment pourrais-je exprimer sa grandeur ? »

Bien que je ne fusse jamais tombé sur une affirmation de ce genre auparavant, j'avais toujours eu un penchant naturel pour la vie spirituelle. Personne ne m'avait jamais parlé de questions religieuses, mais j'avais néanmoins conscience qu'il y avait une puissance supérieure appelée Dieu et que le but de la vie était d'atteindre ce Dieu. Sans qu'on me l'eût dit, je savais instinctivement que tout ce que je voyais était d'une certaine manière illusoire et non réel. Ces pensées, et l'idée que je ne devais pas m'attacher à quoi que ce soit en ce monde faisaient partie intégrante de ma conscience dès ma plus tendre enfance.

Je me souviens d'un incident qui se produisit alors que je n'avais que six ans. Je me promenais avec ma mère près du village quand un *sâdhu* [un moine hindou] vint à passer.

Je demandai à ma mère, « Quand deviendrai-je un *sannyâsin* comme lui ? » Sans attendre sa réponse, j'emboîtai le pas du *sâdhu*.

Pendant que je marchais, j'entendis ma mère exprimer son indignation aux femmes du village : « Regardez-moi ce bon à rien ! Si jeune, il essaie déjà d'être *sâdhu*. »

*Littéralement, « sâdhu » signifie « personne noble ». Le terme est plus communément utilisé pour désigner quelqu'un qui suit une voie spirituelle hindoue à plein temps, particulièrement s'il a quitté le foyer pour le faire. Les sannyâsins qui ont formellement renoncé à tous les liens avec le monde de manière à poursuivre une quête spirituelle sont souvent appelés sâdhus.*

Mon père, malheureusement, ne partageait pas mes penchants religieux. Il faisait bien chaque jour une *pûjâ* [cérémonie en l'honneur d'un dieu hindou] d'une demi-heure, mais ses motifs étaient purement matérialistes.

Un jour, alors que j'étais encore un jeune garçon, je lui demandai : « Pourquoi fais-tu cette *pûjâ* chaque jour ? »

Il répondit : « Je veux devenir riche, je veux acquérir des terres, je veux gagner de l'or et beaucoup d'argent ».

Je lui dis : « Ces choses sont périssables. Pourquoi pries-tu pour ces choses périssables ? »

Mon père était étonné que, si jeune, je comprenne déjà cela.

« Comment sais-tu que ces choses sont périssables ? », demanda-t-il.

« Je le sais, c'est pourquoi je te le dis », répondis-je.

La connaissance était en moi, mais je n'étais pas à même de l'expliquer ou d'en rendre compte de manière rationnelle.

Quand mon père découvrit que je m'intéressais aux questions spirituelles, il essaya de me décourager. Il dressa de nombreux obstacles sur mon chemin, et ce n'est que bien des années plus tard qu'il admit finalement que j'étais destiné à devenir *sâdhu*.

Alors que j'étais encore très jeune, les villageois m'adoptèrent comme une sorte de mascotte porte-bonheur. Chaque fois que quelqu'un entreprenait la construction d'une nouvelle maison, on me demandait de poser la première pierre. Quand débutait le sarclage dans les champs, on me priait d'arracher la première mauvaise herbe, et lors des mariages, on me demandait de toucher la statue de Ganapati au début de la cérémonie. La tâche la plus plaisante, cependant, c'était de manger des friandises. Chaque fois que des gens du village préparaient des friandises pour une occasion spéciale, j'étais invité à venir les partager. Je ne sais pas quand les villageois commencèrent à croire que je leur portais chance ni comment ils arrivèrent à cette conclusion, mais cette tradition persista jusqu'à mes treize ans.

*Certaines personnes semblent être douées d'une chance extraordinaire, tant et si bien que tout ce qu'elles entreprennent prospère ou réussit. Dans le Tamil Nadu, on surnomme souvent ces personnes « Main d'Or ».*

> *Elles sont très demandées pour inaugurer fêtes et cérémonies publiques, parce qu'on croit que tout ce qu'elles commencent est promis au succès.*
>
> *Râmana Maharshi était lui aussi surnommé « Main d'Or ». Dans sa jeunesse, il jouait souvent au football avec ses amis. Il fut vite remarqué que l'équipe avec laquelle il jouait gagnait toujours. Annamalai Swâmî doit avoir affiché la même chance pour qu'on l'adopte comme mascotte du village.*

Je n'ai jamais été un enfant sociable. Au lieu de me mêler aux autres personnes du village, je recherchais des lieux inhabités où je pouvais m'asseoir et pratiquer le calme intérieur. Mon endroit favori était un temple de Vinayaka [un autre nom de Ganesh, le dieu à tête d'éléphant], dans la forêt, près du village. J'allais souvent y prier ce Dieu. J'étais si ignorant des rites religieux en ce temps-là que je ne savais même pas comment me prosterner correctement devant lui. Je n'appris à le faire qu'en imitant une petite fille qui venait au temple et faisait un *ashtânga namaskâram* très élaboré devant l'image du dieu.

> *Il s'agit d'une prosternation complète dans laquelle huit parties différentes du corps touchent le sol.*

Je devins plus au fait des rites religieux lors d'une visite à Vriddhachalam, un centre de pèlerinage shivaïte, près de mon village. J'observai des brahmanes qui y faisaient des *anushthânas* et leur demandai de m'initier à ces pratiques. Ils refusèrent parce que les *shudras* [membres de la caste la plus basse] ne sont pas autorisés à pratiquer ces rites.

> *Les* anushthânas *comportent une grande variété de pratiques rituelles qui ne sont habituellement pratiquées que par les brahmanes. Certains rituels sont religieux, mais les autres n'ont trait qu'à l'hygiène personnelle.*

Peu après je vis des shivaïtes [adeptes de Shiva] non-brahmanes accomplissant les mêmes rituels. Ils avaient, selon toute vraisemblance, appris à les pratiquer à l'aide d'un livre qui en contenait la description détaillée. Ils m'apprirent ces *anushthânas*. De retour au village, je me mis à les pratiquer régulièrement. Malgré son attitude plutôt cynique envers la religion, mon père m'avait préalablement initié au *Sûrya Namaskâram*, un rituel bien connu dans lequel on répète plusieurs *mantras* avant de se prosterner devant le soleil levant. J'ajoutai ces nouveaux rituels à celui que mon père m'avait déjà appris.

J'adoptai une autre pratique : chaque mois, le jour *d'êkâdasî* [le onzième jour de la quinzaine lunaire], j'essayais de méditer toute la nuit sans m'endormir. Je découvris bientôt que si je le faisais en position assise, je m'endormais. J'essayai de méditer en marchant ; cela ne me réussit pas davantage : je m'endormais pendant que je marchais. Après un temps d'expérimentation, je découvris que je pouvais vaincre le sommeil en prenant des bains dans la rivière toute proche et en me frottant du sable sur les cuisses pour provoquer de la douleur. Je mâchais aussi un morceau de tabac, parce que l'on m'avait dit que cela maintenait le mental en *rajoguna*.

*Selon la philosophie hindoue, toute la création a trois qualités qui alternent, appelées* gunas *: sattva (harmonie), rajas (activité) et tamas (inertie). Ces trois qualités alternent aussi dans le mental. Mâcher du tabac stimule la qualité rajas et garde le mental éveillé et actif.*

Dans ma jeunesse, je tenais beaucoup à entretenir une apparence extérieure de piété pour démontrer mon engagement dans la vie religieuse. Je portais un *dhôti* blanc [un tissu porté comme une jupe], couvrais ma tête à l'instar de Râmalinga Swâmî [un saint tamil du XIXᵉ siècle], et me mettais un tas de *vibhûti* [cendre sacrée] sur le front et sur le corps. J'étais très attaché à Râmalinga Swâmî à l'époque : j'avais vu une photo de lui dans le village, et elle m'avait suffisamment impressionné pour que je visite Vadalur, le lieu de son *samâdhi* [tombeau].

Pendant ma prime adolescence, je fis l'acquisition du dixième fascicule d'un ouvrage appelé *Jîva Brahma Aikya Vedânta Rahasya*. J'appris les techniques du *prânâyâma* [exercices de respiration yogique] dans ce livre et commençai à les pratiquer dans le temple de la forêt. La lecture de ce livre éveilla en moi le désir de faire une étude plus complète des Écritures. D'ordinaire, cela aurait été très difficile pour un jeune garçon dans ma situation, mais un concours de circonstances inhabituelles me permit bientôt de satisfaire mon désir. Le *karnam* [percepteur gouvernemental] de notre village possédait plusieurs livres religieux qu'il avait hérités de son père. Il n'avait pas beaucoup de temps pour les lire, car il était *karnam* de trois villages différents. Il menait une vie si affairée que souvent il n'arrivait même pas à rentrer à la maison pour la nuit. Son épouse, une femme de grande dévotion, me permit de venir lire les livres chez elle. Chaque jour, elle préparait de la nourriture, l'offrait à la statue de Ganapati qui se trouvait chez elle, puis me la donnait. Elle-même attendait pour manger que j'aie terminé. Finalement j'emménageai dans la maison du *karnam* où je me nourrissais de cette offrande quotidienne. Comme mes parents désapprouvaient mon zèle religieux, je cessai complètement d'aller chez eux. Pendant cette brouille qui dura trois ans, je ne leur rendis pas une seule visite.

Pendant que j'étudiais les livres, je pris l'habitude de lire à haute voix. Il y avait un grand choix de livres, mais mes favoris étaient *Kaivalya Navanîtam,* des livres sur Râmakrishna Paramahamsa, les *Têvârams* d'Appar et de Jnânasambhandar, le *Tiruvâchakam* et *Bhakta Vijayam.*

> Kaivalya Navanîtam *est un ouvrage tamil sur la philosophie de l'advaïta ;* Râmakrishna Paramahamsa *était un saint bengali du XIXe siècle ; Appar et Jnânasambhandar étaient des saints tamils du VIe siècle dont les hymnes à la louange de Shiva sont appelés* Têvârams *;* Bhakta Vijayam *est un recueil d'histoires sur les fameux saints marathis.*

Mes lectures attirèrent bientôt quelques personnes du village s'intéressant à la spiritualité. Quelques semaines s'étaient à peine écoulées qu'une dizaine de personnes commencèrent à fréquenter régulièrement la maison pour écouter mes lectures. Chaque soir, entre six heures et dix heures, je lisais des extraits de ces livres. Après chaque lecture, nous parlions ensemble du sens et de la portée des textes.

Quelques personnes du village allèrent dire à mon père que j'étudiais les Écritures et les expliquais à d'autres personnes. Mon père fut surpris d'entendre cela : il croyait que j'étais encore pratiquement illettré. Ayant décidé de se rendre compte par lui-même de ce qu'il en était, il vint secrètement écouter une de nos séances du soir.

Après coup, il fit, paraît-il, cette remarque : « Je ne peux plus le faire obéir. Aussi vais-je simplement en faire don à Dieu. »

L'épouse du *karnam* assistait à la plupart de nos rencontres. Elle manifesta un vif intérêt pour les ouvrages que nous récitions, devint végétarienne et se désintéressa du monde. Malheureusement, elle perdit même son intérêt pour son mari.

Un soir, le *karnam* me prit à part et me dit non sans colère : « À cause de vous, ma femme est devenue comme un swâmî. Elle n'a plus aucun désir. Je ne veux plus que vous restiez chez moi. Il faut vous trouver un autre endroit où habiter. »

Les autres dévots avaient entendu ce que le *karnam* m'avait dit.

L'un d'eux remarqua : « Rien ne nous oblige à faire notre lecture ici. Nous pouvons facilement trouver un autre endroit où aller. »

Dans un premier temps, nous pensions construire une simple hutte en feuilles de cocotier pour nos rencontres, mais à la fin de la soirée, nous avions décidé de construire un vrai *math*.

> Les maths *sont des organisations spirituelles hindoues qui ont été fondées dans un but spécifique tel qu'honorer la mémoire d'un saint, chanter des* bhajans *(chants dévotionnels), méditer, etc. Les plus grands, où résident habituellement quelques* sâdhus, *sont comme des monastères ou des ashrams.*

Chacun de nous engagea des fonds dans l'entreprise et, en un bref laps de temps, le Shivaram Bhajan Math vit le jour. Sitôt le *math* achevé, j'y emménageai et y poursuivis ma *sâdhanâ* [pratique spirituelle] en animant des *bhajans* et en lisant à haute voix les enseignements de divers saints.

Quand le *math* fut terminé, je construisis un *tannîr pandal* [un lieu où l'on sert gratuitement nourriture et boisson aux voyageurs et aux pauvres] près de la route principale qui traversait notre village. Avec l'aide de quelques dévots, je récoltai assez de fonds pour servir chaque jour du *kanji* [gruau de riz] aux *sâdhus* et aux voyageurs qui passaient dans le village.

Peu après mon installation au *math,* mes parents décidèrent de faire une dernière tentative pour me détourner de la vie spirituelle.

Comme j'avais alors à peu près dix-sept ans, ils pensèrent : « Si nous ne tentons pas rapidement quelque chose, il va très probablement devenir *sannyâsin*. Si nous arrivons à le marier, il se peut qu'il devienne un chef de famille normal et qu'il abandonne toutes ces pratiques spirituelles. Peut-être se conduira-t-il alors comme tout un chacun ».

Sans même prendre la peine de me consulter, ils trouvèrent une jeune fille et firent tous les arrangements avec sa famille. Puis ils allèrent acheter toutes les fournitures nécessaires pour célébrer un mariage. Une dévote qui venait régulièrement au Bhajan Math me mit au courant de toute cette agitation. Aussitôt que j'appris ce qui se tramait, je dis à mes parents d'arrêter ces préparatifs, car je n'avais pas l'intention de me marier avec qui que ce soit.

Ce refus pur et simple d'obéir à mes parents dans une affaire aussi importante provoqua une crise majeure dans le village. Bien des gens en arrivèrent à la conclusion que j'étais fou, d'une part parce que je refusais de me marier et d'autre part parce que je m'obstinais à passer tout mon temps à penser à Dieu et à chanter des *bhajans*. Plusieurs de ces personnes (mes parents n'en étaient pas) se rencontrèrent et décidèrent de guérir ma folie par un traitement de choc. Elles vinrent me chercher au Bhajan Math, m'amenèrent près d'un lac des environs, me firent une grande incision sur le dessus de la tête et commencèrent à y frotter du jus de citron. C'était, semble-t-il, un traitement contre la folie. Ensuite, elles décidèrent de me verser des seaux d'eau froide sur la tête. Je pense qu'elles ont dû m'en verser environ cinquante. Pendant qu'on m'arrosait ainsi, je restais tranquille et pratiquais *prânâyâma* pour préserver mon mental du froid. Je savais que c'était inutile de résister. Quand les villageois virent que je ne réagissais pas du tout au traitement, ils furent encore plus convaincus que j'étais fou. Finalement, quand le traitement fut terminé, ils m'amenèrent dans une maison du village, où ils préparèrent un *sambar* [sauce épicée] à la gourde amère [un genre de courge] qu'ils me firent avaler, croyant appliquer un autre traitement contre la folie. Une centaine de personnes s'étaient rassemblées pour assister à tout cela.

Pendant que je mangeais, l'une d'elles me dit : « Tu es un bon garçon, né dans une bonne famille, mais tu es devenu fou ».

Cette fois, ma patience était à bout.

« Je ne suis pas devenu fou », répliquai-je avec irritation. « S'il vous plaît, laissez-moi seul. Dites à ces gens d'arrêter de me tourner autour ou donnez-moi une chambre à part afin que je puisse être seul ».

Je ne m'attendais pas à une autre réponse qu'un « traitement » supplémentaire, mais, à ma grande surprise, ils accédèrent à ma requête et me permirent de me retirer dans une des chambres de la maison Avant qu'ils n'aient eu la moindre chance de changer d'idée, je verrouillai la porte et m'étendis sur le sol pour me reposer et me remettre de cette épreuve.

Un peu plus tard, je me redressai et essayai de méditer. Pendant que j'étais assis là, j'entendis le chef du village qui discutait de mon cas de l'autre côté de la porte.

Si vous me le permettez, je vais aller obtenir de ce garçon qu'il promette de se marier et de mener une vie normale. Suite a ces traitements, sa folie devrait avoir disparu ».

Il frappa à la porte et je le laissai entrer.

Se tenant debout en face de moi, il me dit très fermement : « Je t'en prie, comme tu n'es plus fou, fais-moi la promesse de te marier comme chacun de nous et de mener une vie normale de chef de famille ».

Je répliquai : « Je vous promets au contraire que je deviendrai *sannyâsin* ».

En faisant ma promesse, je frappais les mains pour lui montrer combien j'étais sérieux et pour sceller ma promesse. L'homme se retira sans ajouter un mot.

Je l'entendis s'écrier au-dehors : « *Ayô! Ayô!* (expression de l'Inde du Sud exprimant la surprise ou le choc). Alors que je lui demandais de me promettre une chose, il m'a promis le contraire ! »

Ma famille ne tint pas compte de ma promesse. Je sus par une femme qui me rendit visite que mon père était encore secrètement en train de faire des plans en vue du mariage. Je décidai donc que le moment était venu de mettre à exécution quelques projets personnels. D'abord, j'écrivis un mot à la jeune fille qui était censée m'épouser.

« Mon intention est de devenir *sannyâsin*. Je n'ai pas du tout l'intention de m'empêtrer dans une vie de chef de famille. Aussi, n'imaginez pas que vous allez m'épouser. Cela ne ferait que vous causer des désagréments ».

Je m'arrangeai pour que quelqu'un lui remette le message à domicile. Ensuite, le même jour, je m'enfuis de la maison et pris le chemin de Chidambaram (un célèbre centre religieux de l'Inde du Sud).

J'avais l'intention d'y prendre le *sannyâsa*, mais ne le fis pas de façon formelle. Ne voulant pas m'adresser à qui que ce soit pour l'initiation, je fis tout par moi-même.

> Le sannyâsa *est la quatrième et dernière étape de la vie pour un hindou orthodoxe. Celui qui prend le sannyâsa renonce à tous les liens avec sa famille et le monde de manière à consacrer son temps à la recherche de l'union avec Dieu, ou illumination. À strictement parler, on ne devrait pas devenir sannyâsin à moins d'y avoir été initié comme il se doit par*

son Gourou ou par le responsable d'un des nombreux ordres établis de sannyâsins. Cependant, cette règle est souvent ignorée.

Je pris un bain dans la rivière, me fis raser la tête, me mis un collier de graines de *rudraksha* autour du cou et m'habillai d'un *dhôti* court et d'une serviette. Je rentrai au village dans ce nouvel habit et annonçai à tout le monde que j'étais maintenant un *sannyâsin*. Ma nouvelle apparence convainquit enfin ma famille que j'étais sérieux et que je n'avais pas l'intention de me marier. Bien à contrecœur, sachant que les *sannyâsins* restent célibataires pour le reste de leur vie, ils abandonnèrent tous leurs projets de mariage.

Je repris mon ancien emploi du temps et commençai à faire des plans pour le *kumbhâbhishêkam* (cérémonie de consécration ; du *math*. J'invitai plusieurs groupes de chanteurs de *bhajan* des villages environnants et réussis même à persuader mes parents de me donner toutes les provisions qu'ils avaient achetées pour mon mariage. La nourriture qu'ils me donnèrent me permit de nourrir environ 400 personnes. Les autres dévots qui avaient contribué à la construction du Bhajan Math offrirent babeurre, *ragi* (une sorte de millet) et gruau de riz à tous les participants. Le jour du *kumbhâbhishêkam*, les chanteurs de *bhajan* invités défilèrent dans tout le village, exécutant un tour de chant dans chaque rue. Comme les cérémonies du *kumbhâbhishêkam* touchaient à leur fin, je célébrai une cérémonie privée à ma façon. Je fis *pâda pûjâ* (« adoration des pieds ») à mes parents et leur demandai formellement la permission de devenir *sâdhu*.

> Pâda pûjâ *est une cérémonie pendant laquelle on adore les pieds d'une autre personne. Normalement, on fait pâda pûjâ à un Gourou ou un swâmî en signe de grand respect. On peut aussi honorer de cette façon parents et membres plus âgés de la famille, mais c'est beaucoup moins habituel.*

Je demandai aussi à mes parents de me bénir afin que ma carrière spirituelle soit couronnée de succès. Tous les deux me donnèrent leur permission et me bénirent. Ni l'un ni l'autre n'essaya à nouveau de me détourner de la voie spirituelle.

Quelques semaines plus tard, j'entendis que le Shankarâcharya de Kanchipuram projetait de traverser notre village lors de l'une de ses tournées. C'est le même Shankarâcharya qui envoya Paul Brunton auprès de Bhagavan.

*Râmana Maharshi commença à être connu hors de l'Inde dans les années 30, après que Paul Brunton, un journaliste britannique, eut écrit un livre à grand succès sur les saints indiens et les Gourous intitulé* L'Inde secrète. *Brunton vint auprès du Maharshi après que le Shankarâcharya de Kanchipuram le lui eut conseillé. Ce Shankarâcharya est mort en janvier 1994, à l'âge de 99 ans, pendant que je préparais la dernière ébauche de ce livre.*

*Shankarâcharya Bhagavatpada, l'homme qui, au IX$^e$ siècle, rendit populaire l'advaïta, fonda cinq* maths *pour propager ses enseignements et soutenir l'orthodoxie hindoue. L'un d'eux se trouve à Kanchipuram, une ville de l'Inde du Sud. Chacun de ces* maths *a eu une lignée continue de Maîtres qui remonte jusqu'au premier Shankarâcharya. Le responsable de chacun de ces* maths *prend le titre de Shankarâcharya quand il entre en fonction. On considère généralement celui qu'Annamalai Swâmî a rencontré comme un des saints de l'Inde contemporaine.*

Quand j'appris cette nouvelle, je décidai d'essayer de faire en sorte que le Shankarâcharya s'arrête brièvement dans le village de manière à pouvoir avoir son *darshan*.

Darshan *signifie « regarder ». Dans un contexte religieux, avoir le* darshan *signifie voir la divinité d'un temple, ou un saint homme, ou être vu par lui.*

Sachant qu'une longue procession de personnes et d'animaux l'accompagnerait, je me dis que la meilleure chose à faire était de leur fournir de la nourriture et de l'eau à tous. Ainsi, ils seraient obligés de s'arrêter un petit moment pour manger mes offrandes.

Le jour venu, je préparai une grande quantité de babeurre pour les brahmanes qui l'accompagneraient. Je m'approvisionnai aussi en feuilles vertes de manière à pouvoir nourrir les chevaux et les éléphants. Comme la procession approchait du village, je fis des allées et venues rapides, distribuant des feuilles vertes et du *kanji*. Le Shankarâcharya était porté dans un palanquin, mais je ne pouvais pas le voir, parce que les rideaux étaient tirés. Quand j'offris du *kanji* aux porteurs, ils décidèrent de s'arrêter et de manger mon offrande. De ce fait, le Shankarâcharya tira les rideaux pour voir quelle était la cause de l'arrêt. Je me prosternai immédiatement devant lui.

Il me regarda en silence pendant quelques secondes, puis dit : « Je vais m'arrêter un moment à un kilomètre d'ici. Vous pouvez venir m'y voir ».

Il y avait une petite ville appelée Vepur à environ un kilomètre du village. J'appris par une des personnes de son entourage qu'on y avait organisé une *bhikshâ* [offrande de nourriture] et que le Shankarâcharya ferait halte au Bungalow des Voyageurs de Vepur.

Il y avait dans notre village un sous-inspecteur de police qui était un fervent dévot. Quand nous entendîmes que le Shankarâcharya ferait halte dans le voisinage, nous nous rendîmes à Vepur pour le voir. Une grande foule se pressait autour de lui quand nous arrivâmes, mais je réussis néanmoins à m'approcher suffisamment de lui pour pouvoir toucher ses pieds. Les serviteurs brahmanes se plaignirent en disant : « Les non-brahmanes ne doivent pas le toucher », mais le Shankarâcharya les fit taire en disant : « Ça ne fait rien : c'est un *brahmachâri* et un *sâdhu*. »

> Un brahmachâri est un étudiant célibataire qui se consacre à l'étude de la spiritualité. Le brahmachârya est un des quatre stades traditionnels hindous de la vie (appelés « ashramas »). Quand il a terminé ses études, l'étudiant passe généralement au deuxième stade de la vie – celui de chef de famille marié. Quelques aspirants spirituels sérieux sautent cette étape, deviennent sâdhus et restent célibataires toute leur vie.

> Une des fonctions principales des Shankarâcharyas est de soutenir et de faire respecter les dogmes traditionnels de l'hindouisme orthodoxe. Dans les années 20, cela comportait une stricte adhérence aux règles des castes qui affirmaient que le contact physique entre les brahmanes et des gens de castes inférieures ou des hors-castes entraînait une pollution spirituelle. Beaucoup de personnes estiment que les sâdhus et les sannyâsins se sont soustraits à la hiérarchie des castes, si bien que les règles ayant trait à la pollution ne s'appliqueraient pas à eux.

> De nos jours, les règles concernant les mélanges et les contacts entre castes sont pour une bonne part tombées en désuétude, bien que quelques brahmanes traditionnels les pratiquent toujours.

Comme le Shankarâcharya paraissait favorablement disposé envers moi, je lui demandai de m'initier et de me donner un *upadesa* [instruction spirituelle]. Il me donna le *mantra* « *Shivâya Namah* » à répéter, et me dit aussi de l'écrire 100 000 fois. Ayant réussi dans ma mission, je rentrai dans mon village et commençai à suivre son conseil. J'achetai plusieurs cahiers et les remplis avec le *mantra*. Suite à cela, je fis le *japa* (répétition continuelle) du *mantra* et en fis l'objet de mes méditations.

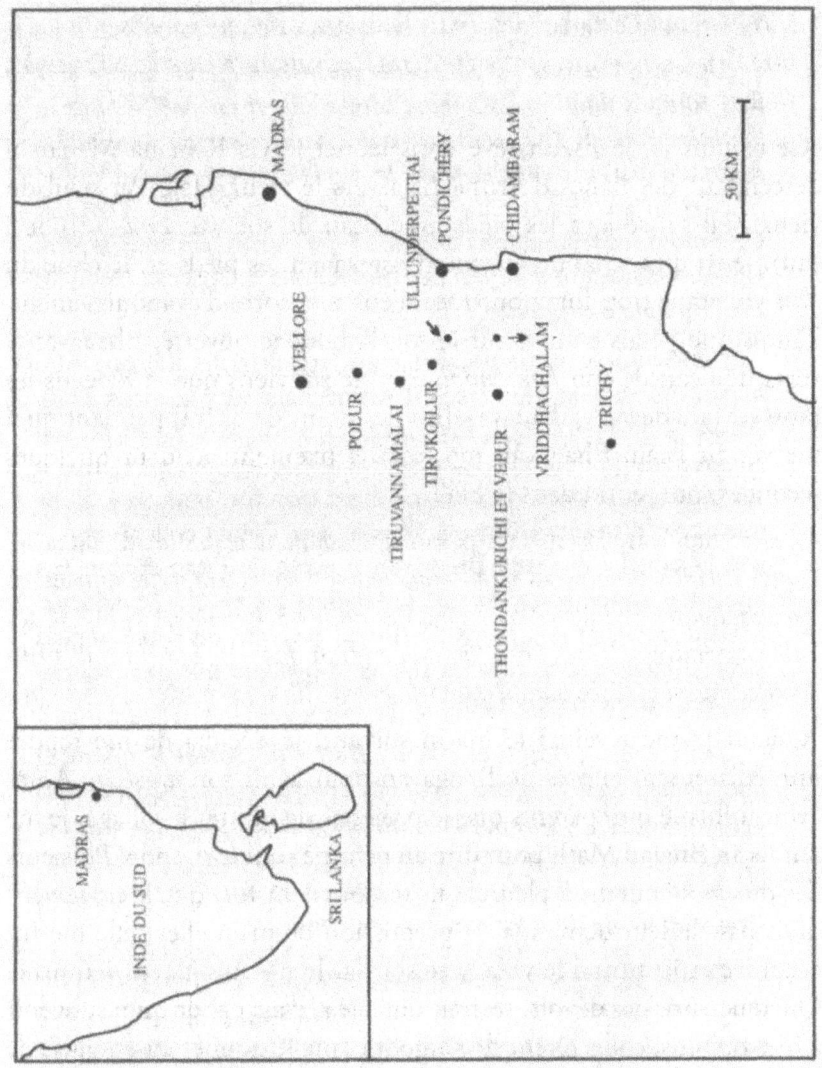

Dans le courant de l'année 1928, alors que j'avais 21 ans, un *sâdhu* errant de passage dans le village me donna un exemplaire d'*Upadesa Undiyâr* qui contenait une photo de Shrî Râmana Maharshi. Aussitôt que je vis la photo, j'eus le sentiment qu'il était mon Gourou. Simultanément, un intense désir d'aller le voir surgit en moi.

> Upadesa Undiyâr *est un poème philosophique de trente versets écrit en tamil par Râmana Maharshi. Il fut publié pour la première fois en 1927, environ une année avant qu'Annamalai Swâmî n'ait eu l'occasion de le voir.* Upadesa Sâram *est la traduction en sanscrit du même ouvrage par*

> Shrî Râmana. Certaines des traductions anglaises qui paraissent sous le titre Upadesa Sâram sont en fait des traductions d'Upadesa Undiyâr, l'œuvre tamile originale.

Cette nuit-là, je fis un rêve dans lequel je vis Râmana Maharshi descendant des flancs d'Arunâchala vers le vieux Hall. Au seuil du vieux Hall, il se lava les pieds avec l'eau de son *kamandalu* [pot à eau]. Je m'approchai de lui, me prosternai à ses pieds et, le choc du *darshan* étant trop fort pour moi, j'eus une sorte d'évanouissement. Tandis que j'étais couché sur le sol, la bouche ouverte, Bhagavan y versa de l'eau de son *kamandalu*. Je me souviens que je répétais les mots « Mahâdeva, Mahâdeva » [un des noms de Shiva] pendant qu'il me versait l'eau. Bhagavan me regarda fixement pendant quelques secondes, puis entra dans le Hall.

> Les termes « Hall » et « vieux Hall » désignent le bâtiment dans lequel Shrî Râmana vécut et enseigna entre 1928 et la fin des années 40. « Bhagavan » est un mot sanscrit qui signifie « Seigneur ». La plupart des dévots s'adressaient à Shrî Râmana en tant que « Bhagavan ». Ils utilisaient aussi ce titre quand ils parlaient de lui à la troisième personne.

Quand je me réveillai le matin suivant, je décidai de me rendre immédiatement auprès de Bhagavan pour avoir son *darshan*. Après avoir informé mes parents que je projetais de quitter le village, je me rendis au Bhajan Math pour dire au revoir à tout le monde. Plusieurs des dévots se mirent à pleurer : ils se doutaient fort que je ne reviendrais pas. Je leur demandai la permission de m'en aller ; elle me fut accordée et je quittai le village ce soir-là. Je n'y suis jamais retourné. Quelques-uns des dévots, réalisant que je n'avais pas de quoi subvenir à mes besoins, collectèrent de l'argent et me le donnèrent en guise de cadeau d'adieu.

J'avais décidé de marcher 40 km jusqu'à une ville voisine appelée Ullunderpettai, parce que j'avais entendu dire qu'il y avait un train de là jusqu'à Tiruvannamalai, la ville où vivait Râmana Maharshi. Cependant, avant que je ne me sois mis en route, un convoi de douze chars à bœufs en route vers Ullunderpettai traversa le village. Les dévots du village parlèrent à l'un des conducteurs et s'arrangèrent pour que je puisse monter sur son char. Le voyage dura toute la nuit, mais j'étais trop excité pour dormir. Je passai toute la nuit assis sur le char, pensant à Bhagavan.

À Ullunderpettai, je partageai ma nourriture avec les conducteurs de char avant de monter dans le train pour Tiruvannamalai. Ma première idée était de m'y rendre directement, mais quand l'un des passagers m'informa que le Shankarâcharya campait près d'une des villes que le train traversait, je décidai d'aller le voir afin d'obtenir sa bénédiction. Je descendis à Tirukoilur [à 25 km au sud de Tiruvannamalai] et me dirigeai vers Pudupalayam, le village où se trouvait le Shankarâcharya. L'ayant trouvé, je lui fis *namaskâram* et lui dis que j'avais eu son *darshan* à Vepur.

*Un namaskâram est soit une prosternation, soit un geste de respect dans lesquels on joint les paumes de ses mains en tenant les pouces contre le sternum. Chaque fois que le terme apparaît dans ce livre, il est employé dans le premier sens.*

Le Shankarâcharya me fixa pendant quelques secondes.

Puis, avec un sourire de reconnaissance, il me dit : « Oui, je me souviens de vous ».

« Je suis en route pour aller voir Râmana Bhagavan », lui dis-je. « Je vous en prie, accordez-moi votre bénédiction ».

Le Shankarâcharya parut très content d'entendre la nouvelle. « Très bien ! » s'exclama-t-il.

Il se tourna vers un de ses serviteurs et lui demanda de me donner de la nourriture. Quand j'eus fini de manger, le Shankarâcharya mit de la *vibhûti* sur un plateau et plaça sa main au-dessus afin de la bénir. Il mit ensuite une demi-noix de coco et onze pièces d'argent sur le plateau et me le présenta. Je pris l'argent, la *vibhûti* et la noix de coco, et lui rendis le plateau. Sentant que j'avais maintenant obtenu la bénédiction recherchée, je me prosternai devant lui, quittai le village et continuai mon voyage.

À mon arrivée à Tiruvannamalai, on me dit qu'il y avait là un autre grand saint appelé Seshadri Swâmî, et que ce serait de très bon augure si je pouvais avoir son *darshan* avant de me rendre à Shrî Râmanasramam, l'ashram où vivait Râmana Maharshi.

*Seshadri Swâmî, comme Râmana Maharshi, vint à Arunâchala dans sa jeunesse et y demeura jusqu'à sa mort. Pendant ses déambulations à travers les rues de Tiruvannamalai, il se comportait généralement de manière si excentrique que beaucoup de gens pensaient qu'il était fou. Il* se rachetait aux yeux de la population locale en étalant une étonnante profusion de pouvoirs surnaturels. Bien qu'il utilisât certains de ses pouvoirs de façon traditionnelle, par exemple en accomplissant des guérisons miraculeuses, il était plus enclin à les exercer de manière bizarre et imprévisible. Par exemple, il lui arrivait de saccager des boutiques du bazar de Tiruvannamalai en guise de bénédiction. Les propriétaires des boutiques se réjouissaient de son comportement destructeur, parce qu'ils savaient d'expérience que les dégâts seraient bien plus que remboursés dans les semaines suivantes, soit par une grande augmentation des gains, soit par le remboursement d'une dette depuis longtemps oubliée.

Quand Râmana Maharshi vint à Tiruvannamalai en 1896, Seshadri Swâmî fut l'une des premières personnes à reconnaître sa grandeur. Il essayait de protéger Bhagavan des perturbations indésirables et en parlait parfois comme de son petit frère.

Bhagavan avait beaucoup d'estime pour Seshadri Swâmî. Après qu'Annamalai Swâmî lui eut parlé de sa rencontre avec Seshadri Swâmî (qui est décrite dans les paragraphes suivants du récit), Bhagavan fit ce commentaire : « Il n'y a pas un seul endroit dans cette ville que Seshadri Swâmî n'ait visité, mais il n'a jamais été le jouet de mâyâ [l'illusion] ».

Seshadri Swâmî mourut en janvier 1929, quelques mois après l'arrivée d'Annamalai Swâmî à Tiruvannamalai. Son samâdhi, qui attire encore de grandes foules, est à environ 400 mètres de Shrî Râmanasramam.

Dans son récit, Annamalai Swâmî précise qu'il a rencontré Seshadri Swâmî dans un mandapam. Un mandapam est une structure architecturale hindoue, habituellement un hall supporté par des piliers de pierre. Un mandapam a toujours un toit, mais les côtés sont généralement ouverts.

Seshadri Swâmî ne demeurait pas dans un lieu particulier, mais je réussis bientôt à le repérer dans un *mandapam* qui se trouvait à proximité du temple principal. Il fut facile à trouver, parce qu'il y avait, devant le *mandapam*, 40 à 50 personnes qui attendaient sa sortie. Il s'était apparemment enfermé. Je jetai un coup d'œil à l'intérieur, par l'une des fenêtres, et le vis qui tournait continuellement autour d'un des piliers. Après avoir tourné ainsi pendant une dizaine de minutes, il sortit, s'assit sur un roc et croisa les jambes. J'avais apporté un *laddu* [grosse friandise ronde] que je voulais lui donner, mais ne savais pas très bien qu'en faire. Seshadri Swâmî dut percevoir mon indécision : il me regarda et me fit signe de poser le *laddu* sur le sol en face de lui.

Il y avait manifestement un bon moment que Seshadri Swâmî mâchait de la noix de bétel.

*La noix de bétel est une noix dure de couleur rouge foncé. Son jus est censé aider à la digestion. On la mange souvent avec une feuille verte enduite de limette. Dans ce mélange, elle est connue sous le nom de « pân ».*

Un mélange de jus rouge et de salive dégoulinait de sa bouche, trempait sa barbe et tombait goutte à goutte sur le sol. Seshadri Swâmî prit mon *laddu*, le barbouilla avec le jus de salive et de bétel qui souillait sa barbe et le jeta sur la route. Le *laddu* se brisa en tombant sur le sol : les gens se précipitèrent pour en ramasser des morceaux en guise de *prasâd*. Je parvins moi aussi à en ramasser un morceau pour le manger.

*Tout don fait à un dieu ou à un saint homme devient* prasâd *quand il est offert en retour à celui qui en a fait don, ou bien s'il est distribué au public. La nourriture est la forme la plus commune de* prasâd.

Un groupe de gens de l'endroit semblaient fâchés avec Seshadri Swâmî. Il les réduisit au silence en jetant des pierres dans leur direction. Ces pierres, au lieu de suivre une trajectoire normale, se balançaient et dansaient autour de leurs têtes comme des papillons. Les hommes à qui il avait lancé les pierres prirent peur et s'enfuirent en courant. De toute évidence, ils ne voulaient pas avoir affaire à un homme possédant de tels pouvoirs surnaturels.

Lorsque je me retrouvai face à Seshadri Swâmî, il se mit à crier après moi de façon vraiment insultante.

« Cet imbécile est venu à Tiruvannamalai ! Quel idiot ! Qu'est-ce qu'il est venu faire ici ? »

Il continua un bon moment dans la même veine, laissant entendre que je perdais mon temps en venant à Tiruvannamalai. Je me disais que je devais avoir commis un grave péché pour qu'un grand saint m'insulte ainsi. Pensant avoir été maudit, je me mis à pleurer.

Finalement, un homme appelé Manikka Swâmî, qui était le serviteur de Seshadri Swâmî, s'approcha de moi et me consola en me disant : « Votre voyage à Tiruvannamalai sera couronné de succès. Vous obtiendrez tout ce pour quoi vous êtes venu. Seshadri Swâmî vous a béni à sa manière. Quand il insulte les gens de cette façon, il est en fait en train de les bénir ».

Manikka Swâmî m'amena ensuite dans un hôtel tenu par un dévot de Seshadri Swâmî.

Il dit au propriétaire : « Seshadri Swâmî vient juste de déverser ses grâces sur cet homme. Je t'en prie, offre-lui un repas. »

Je n'avais pas particulièrement faim, mais comme le propriétaire insistait, je m'assis et mangeai une partie de sa nourriture. Quand j'eus mangé suffisamment pour le satisfaire, je me levai et fis à pied le reste du chemin jusqu'à Râmanasramam.

J'y arrivai aux environs d'une heure de l'après-midi. Comme je m'approchais du Hall, une partie du rêve que j'avais fait dans mon village se répéta dans la vie réelle. Je vis Bhagavan descendre de la montagne, traverser l'ashram et s'arrêter devant le Hall le temps de se laver les pieds avec l'eau de son *kamandalu* [pot à eau]. Puis il entra. Je m'aspergeai la tête avec cette eau, en bus un peu, et puis entrai pour le voir. Bhagavan était assis sur son divan. Un serviteur, Madhava Swâmî, lui essuyait les pieds avec un linge. Quelques minutes plus tard, Madhava Swâmî sortit et nous laissa seuls dans le Hall, Bhagavan et moi. J'avais acheté un petit paquet de raisins secs et du sucre candy pour les lui donner. Je les posai sur une petite table près de son sofa et me prosternai devant lui. Quand je me relevai, je vis que Bhagavan goûtait à mon offrande. Tandis que je le regardais avaler, la pensée me vint que mon offrande allait directement dans l'estomac de Shiva.

Je m'assis. Silencieusement, Bhagavan fixa ses yeux sur moi. Il me regarda ainsi pendant environ dix à quinze minutes. J'éprouvai un grand sentiment de soulagement et de détente physique pendant qu'il me regardait. Je ressentis une merveilleuse fraîcheur se répandre dans mon corps. C'était comme de s'immerger dans un bassin d'eau fraîche après être resté dehors sous le soleil brûlant.

Je demandai la permission de rester ; on me l'accorda de bonne grâce. Une petite hutte fut mise à ma disposition ; j'y demeurai une semaine en tant qu'hôte de l'ashram. Pendant ces premiers jours, je cueillais des fleurs pour les *pûjâs,* ou m'asseyais simplement près de Bhagavan dans le Hall.

Au fil des jours, je fus de plus en plus convaincu que Bhagavan était mon Gourou. Ayant une forte envie de m'installer à l'ashram, je demandai à Chinnaswâmî, le frère cadet de Bhagavan, si je pouvais y travailler. Chinnaswâmî répondit favorablement à ma demande et m'offrit de travailler en tant que serviteur de Bhagavan. En ce temps-là, Madhava Swâmî assumait cette fonction tout seul.

Chinnaswâmî me dit : « Madhava Swâmî est l'unique serviteur en ce moment. Chaque fois qu'il quitte le Hall ou va se reposer, il vous incombe de rester avec Bhagavan et de veiller à tous ses besoins ».

Environ dix jours après mon arrivée, je demandai à Bhagavan : « Comment éviter la souffrance ? »

Ce fut la première question spirituelle que je lui posai.

Bhagavan répondit : « Connaissez le Soi et agrippez-vous toujours à lui. Ne prêtez pas attention au corps et au mental. S'identifier avec eux est souffrance. Plongez profondément dans le Cœur, la source de l'être et de la paix, et établissez-vous-y ! »

Je lui demandai ensuite comment je pouvais atteindre la réalisation du Soi, et il me donna une réponse similaire : « Si vous cessez de vous identifier au corps et que vous méditez sur le Soi, que vous êtes déjà, vous pouvez atteindre la réalisation du Soi ».

Pendant que je réfléchissais à ces mots, Bhagavan me surprit en me disant : « Je vous attendais. Je me demandais quand vous viendriez ».

En tant que nouveau venu, j'avais encore trop peur de Bhagavan pour oser lui demander comment il savait et combien de temps il avait attendu. Cependant, j'étais enchanté de l'entendre parler ainsi, parce que cela semblait indiquer que c'était ma destinée de rester avec lui.

Quelques jours plus tard, je lui posai une autre question : « Les scientifiques ont inventé et produit l'avion qui peut voyager à de très grandes vitesses dans le ciel. Pourquoi ne nous fabriquez-vous pas un avion spirituel dans lequel nous pourrions rapidement et facilement traverser l'océan du *samsâra* ? »

> *Le samsâra est le cycle apparemment sans fin de naissances et de morts à travers différentes incarnations. Samsâra peut aussi signifier l'illusion du monde ou l'empêtrement dans les affaires du monde.*

« La voie de l'investigation du Soi, répondit Bhagavan, est l'avion dont vous avez besoin. Elle est directe, rapide et facile à utiliser. Vous voyagez déjà à très grande vitesse vers la réalisation. C'est seulement à cause de votre mental qu'il semble ne pas y avoir de mouvement. Autrefois, quand les gens prenaient le train pour la première fois, certains d'entre eux croyaient que les arbres et le paysage se déplaçaient et que le train restait immobile. Il en va de même avec vous maintenant : votre mental vous fait croire que vous ne vous acheminez pas vers la réalisation du Soi. »

*Philosophiquement, les enseignements de Bhagavan appartiennent à une école de pensée indienne : l'Advaïta Vedânta. (Cependant, Bhagavan lui-même disait que ses enseignements provenaient de sa propre expérience, plutôt que de quelque chose qu'il avait lu ou entendu). Bhagavan et les autres instructeurs de l'advaïta enseignent que le Soi (Âtman) ou Brahman est l'unique réalité et que tous les phénomènes sont d'indivisibles manifestations ou apparences en son sein. Le but ultime de la vie, selon Bhagavan et les autres enseignants de l'advaïta, est de transcender l'illusion que l'on est une personne individuelle qui fonctionne par l'intermédiaire d'un corps et d'un mental dans un monde d'objets séparés en interaction. Si l'on y parvient, on devient conscient de ce que l'on est réellement : conscience immanente et sans forme. L'ultime état de conscience (la réalisation du Soi) peut être obtenu, de l'avis de Bhagavan, par la pratique d'une technique qu'il appelait investigation du Soi.*

*Annamalai Swâmî mentionne plusieurs fois cette technique dans son récit, aussi convient-il de l'expliquer un peu en détail. L'explication qui suit résume à la fois la pratique et la théorie sur laquelle elle repose. Elle est reprise de No Mind – I am the Self, pp. 14-15.*

*La thèse de base de Shrî Râmana est que le soi individuel n'est rien d'autre qu'une pensée ou une idée. Pour lui cette pensée, qu'il appelle la pensée « Je », fait son apparition dans un lieu appelé le Centre-Cœur, qu'il situe sur le côté droit de la poitrine dans le corps humain. De là, la pensée « Je » s'élève vers le cerveau et s'identifie avec le corps : « Je suis ce corps ». Elle crée ensuite l'illusion qu'il y a un mental ou un soi individuel qui habite le corps et contrôle toutes ses pensées et actions. La pensée « Je » accomplit cela en s'identifiant avec toutes les pensées et perceptions qui surviennent dans le corps. Par exemple, « Je » (c'est-à-dire la pensée « Je ») fais ceci, « Je » pense ceci, « Je » me sens heureux, etc. Ainsi, l'idée que l'on est une personne individuelle* est-elle produite et soutenue par la pensée « Je » et son habitude de constamment s'attacher à toutes les pensées qui s'élèvent. Shrî Râmana soutient que l'on peut inverser ce processus en privant la pensée « Je » de toutes les pensées et perceptions auxquelles elle s'identifie normalement. Shrî Râmana enseigne que cette pensée « Je » est en fait une entité irréelle et qu'elle ne paraît exister que lorsqu'on s'identifie avec les autres pensées. Il dit que si l'on arrive à couper le lien entre la pensée « Je » et les pensées auxquelles elle s'identifie, alors la pensée « Je » elle-même commence à décliner et finit par disparaître. Shrî Râmana suggère de le faire en s'agrippant à la pensée « Je », c'est-à-dire le sentiment intérieur « Je » ou « Je suis », et en excluant toutes les autres pensées. En guise d'aide pour maintenir notre attention sur le sentiment intérieur « Je », il recommande que l'on se pose constamment la question « Qui suis-je ? » ou « D'où vient ce "Je" ? ». Il dit que si l'on réussit à garder son attention sur le sentiment intérieur « Je », et à exclure toutes les autres pensées, la pensée « Je » commence alors à se résorber dans le Centre-Cœur.

Ceci, selon Shrî Râmana, est tout ce que le dévot peut faire par lui-même. Quand le dévot a libéré son mental de toutes les pensées à l'exception de la pensée « Je », le pouvoir du Soi retire la pensée « Je » dans le Centre-Cœur et la détruit finalement complètement, au point qu'elle ne réapparaît plus jamais. C'est le moment de la réalisation du Soi. Quand cela a lieu, le mental et le soi individuel (que Shrî Râmana assimile tous deux à la pensée « Je ») sont détruits à jamais. Seul l'Âtman ou le Soi demeure alors.

Le conseil pratique qui suit a été écrit par Bhagavan lui-même dans les années 1920. Repris de Sois ce que tu es (1$^{er}$ éd., 1988, p. 78-79), il résume ses enseignements de base sur le sujet. Tous les nouveaux visiteurs étaient encouragés à lire l'essai (intitulé Qui suis-je ?) dont cet extrait est tiré. Il fut publié sous forme de brochure et Bhagavan encouragea le directeur de l'ashram à le vendre à bas prix dans de nombreuses langues de manière à ce que tous les nouveaux venus puissent se procurer à un prix abordable un résumé de ses enseignements pratiques qui fasse autorité.

Le seul moyen de réduire le mental au silence, c'est l'investigation « Qui suis-je ? » La pensée « Qui suis-je ? », détruisant toutes les autres pensées, sera finalement détruite elle aussi, de même que le bâton uti-

> lisé pour attiser le bûcher funéraire. Si d'autres pensées surgissent, on devrait, sans essayer de les compléter, rechercher : « À qui sont-elles apparues ? » Qu'importe combien de pensées surgissent ? Si, à l'instant même où chaque pensée surgit, l'on recherche avec vigilance : « À qui est-elle apparue ? », on saura que c'est « À moi. » Si on recherche alors « Qui suis-je ? », le mental retourne à sa source, et la pensée qui avait surgi s'estompe elle aussi. En pratiquant ainsi de manière répétée, le pouvoir du mental de demeurer dans sa source augmente.

Dans les années qui suivirent, j'eus beaucoup d'autres entretiens spirituels avec Bhagavan, mais son instruction de base ne changea jamais. C'était toujours : « Pratiquez l'investigation du Soi, cessez de vous identifier au corps et essayez d'être conscient du Soi qui est votre nature réelle ».

Avant ces premiers entretiens, je passais plusieurs heures par jour à accomplir des *pûjâs* et des *anushthânas* élaborées.

Quand je demandai à Bhagavan s'il me fallait continuer ces pratiques, il répondit : « Vous n'avez plus besoin de faire aucune de ces *pûjâs*. Si vous pratiquez l'investigation du Soi, cela seul suffira ».

Mes tâches de serviteur étaient assez simples et j'appris vite ce que j'avais à faire. Quand des dévots apportaient des offrandes, je devais en redonner une partie en guise de *prasâd*. Je devais aussi veiller à ce que les hommes s'assoient d'un côté du Hall et les femmes de l'autre. Quand Bhagavan sortait, un des serviteurs l'accompagnait, tandis que l'autre restait sur place pour nettoyer le Hall. Il nous incombait aussi de tenir propres les draps de son sofa et de laver ses vêtements. De bon matin, nous devions chauffer l'eau pour son bain, et s'il sortait pour des promenades pendant la journée, l'un d'entre nous l'accompagnait toujours.

> Les vêtements de Bhagavan consistaient en kaupînas et dhôtis. La plupart du temps, il ne portait qu'un kaupîna, une bande de tissu qui couvre les parties génitales et le milieu des fesses, maintenue par une autre bande de tissu qui est attachée autour de la taille. Occasionnellement, quand il faisait froid, il s'enroulait un dhôti autour du corps. Les dhôtis sont des bandes de tissu portées habituellement comme des jupes. Bhagavan préférait mettre le sien de manière à ce qu'il le recouvre des aisselles jusqu'aux cuisses.
>
> Quand il arriva à Tiruvannamalai en 1896, Bhagavan jeta tous ses effets

*personnels, y compris ses vêtements. Il ne porta plus jamais de vêtements ordinaires.*

Bhagavan avait l'habitude de faire une courte promenade environ trois fois par jour. Parfois il allait à Palakottu, un espace contigu à Shrî Râmanasramam, où vivaient quelques-uns de ses dévots, et parfois il se promenait sur les pentes basses d'Arunâchala. Il avait cessé de faire *giri pradakshina* en 1926, mais il lui arrivait encore, à l'occasion, de faire une longue promenade.

*Faire en signe de vénération ou en guise de culte le tour d'une personne ou d'un objet en marchant dans le sens des aiguilles d'une montre est appelé* pradakshina. *Giri signifie colline ou montagne. Dans ce contexte* giri pradakshina *signifie faire le tour de la montagne d'Arunâchala en marchant. Il y a une route de 14 km qui contourne la base de la montagne. Des milliers de dévots utilisent régulièrement cette route pour faire* giri pradakshina.

Je me souviens d'avoir été deux fois avec lui au lac Samudram, à environ 1,5 km au sud-ouest de l'ashram. La première fois il débordait; la seconde fois la station de pompage voisine était en action. Je l'ai aussi accompagné un jour à la forêt près de Kattu Shiva Ashram, à environ 3 km de l'ashram. Ganapati Muni vint avec nous: Bhagavan voulait lui montrer un arbre spécial qui poussait là-bas. Cette excursion étant inhabituelle, nous nous glissâmes furtivement hors de l'ashram pendant que tout le monde faisait la sieste. Si on nous avait aperçus, tous les gens de l'ashram auraient essayé de se joindre à nous. Bhagavan appréciait toujours ses promenades. Il disait que s'il ne faisait pas au moins une promenade par jour sur la montagne, ses jambes devenaient raides et douloureuses.

Bhagavan ne dormait que quatre à cinq heures par jour. Pour les serviteurs, cela signifiait de longues heures de travail parce que tout le temps où il était réveillé, l'un de nous était de service. Il ne dormait jamais après le déjeuner, tandis que la plupart de ses dévots le faisaient. Il utilisait souvent ce moment tranquille de la journée pour nourrir les animaux de l'ashram ou pour faire un tour de manière à inspecter les travaux de construction en cours.

En général, Bhagavan s'endormait vers 10 heures du soir, mais il se réveillait aux environs d'une heure du matin pour sortir uriner. Quand il revenait, il restait souvent assis une demi-heure ou une heure avant de se rendormir. Puis, entre 3 et 4 heures du matin, il se réveillait et allait à la cuisine couper les légumes.

Ces excursions-toilettes nocturnes devinrent un genre de rituel, et pour Bhagavan, et pour ses serviteurs. Quand il se réveillait, les serviteurs devaient prendre son *kamandalu*, le remplir d'eau chaude et le lui donner. L'eau était chauffée sur un *kumutti* [brasero à charbon de bois] qui se trouvait en permanence près du divan de Bhagavan. Puis le serviteur devait lui tendre son bâton et sa torche électrique, lui tenir la porte ouverte et le suivre dehors dans la nuit. Bhagavan allait d'habitude à l'endroit où se trouve maintenant le *samâdhi* [tombeau] de Muruganar, parce que nous n'avions pas de vraies toilettes en ce temps-là. À son retour, le serviteur lui nettoyait les pieds avec un linge.

Bhagavan ne réveillait jamais ses serviteurs. C'était leur devoir d'être réveillés et prêts à 1 heure du matin. Un matin, je manquai à mon devoir parce que j'avais fait un rêve dans lequel je me réveillai à 1 heure pour accomplir toutes les tâches que je viens de décrire. À la fin de mon rêve, je me rendormis, content d'avoir fait mon travail. Je fus réveillé un moment plus tard par Bhagavan revenant tout seul dans le Hall. Je lui présentai mes excuses pour être resté endormi et lui racontai mon rêve.

Bhagavan rit et dit : « Les services que vous avez rendus au Swâmî du rêve sont pour moi seul ».

À l'époque où je suis arrivé à l'ashram, il y avait encore des léopards dans la région. Ils rentraient rarement dans l'ashram, mais la nuit ils fréquentaient souvent l'endroit où Bhagavan allait uriner. Je me souviens de sa rencontre avec l'un d'eux pendant l'une de ses excursions nocturnes. Il ne fut pas effrayé le moins du monde ; il regarda le léopard et dit : « *Pôdâ !* » (Va-t'en !) Et le léopard s'en alla.

Peu après mon arrivée, Bhagavan me donna un nouveau nom. Mon nom d'origine était Sellaperumal. Un jour Bhagavan releva en passant que je lui rappelais quelqu'un du nom d'Annamalai Swâmî qui avait été son serviteur à Skandashram. Il commença à utiliser ce nom en guise de surnom pour moi. Quand les dévots entendirent cela, ils firent tous de même, et en quelques jours ma nouvelle identité fut fermement établie.

*Bhagavan vécut à Skandashram, sur les pentes est d'Arunâchala, de*

1916 à 1922. Annamalai Swâmî [le précédent] y mourut pendant un début d'épidémie de peste en 1922.

J'étais serviteur depuis environ deux semaines quand le Percepteur de Vellore [le fonctionnaire le plus haut placé de l'administration centrale du district] vint pour le *darshan* de Bhagavan. Il s'appelait Ranganathan et apporta un grand plat de friandises en guise d'offrande à Bhagavan. Bhagavan me demanda de les distribuer à toutes les personnes de l'ashram, y compris celles qui n'étaient pas dans le Hall. Pendant que je faisais la distribution à l'extérieur du Hall, j'allai dans un endroit où personne ne pouvait me voir et m'en servis en cachette une double ration. Une fois la distribution terminée, je retournai dans le Hall et posai le plat sous le sofa de Bhagavan.

Bhagavan me regarda et dit : « En avez-vous pris deux fois plus que tous les autres ? »

Je fus choqué : j'étais sûr que personne ne m'avait vu.

« Je l'ai fait à un moment où personne ne pouvait me voir. Comment Bhagavan le sait-il ? »

Bhagavan ne répondit rien. Cet incident me fit comprendre qu'il était impossible de cacher quelque chose à Bhagavan. Dès lors, sans y réfléchir davantage, je tins pour établi que Bhagavan savait toujours ce que je faisais. Cette prise de conscience me rendit plus vigilant et plus attentif à mon travail, parce que je ne voulais plus commettre semblable méprise.

Il incombait aussi aux serviteurs de protéger Bhagavan des dévots excentriques ou malavisés. Je me souviens très clairement d'un incident de ce genre. Un garçon d'environ 20 ans fit son apparition dans le Hall vêtu uniquement d'un pagne. Après avoir annoncé à la ronde qu'il était un *jnâni* lui aussi, il alla s'asseoir sur le sofa à côté de Bhagavan. Bhagavan ne fit aucun commentaire, mais ne tarda pas à se lever et à quitter le Hall. Je profitai de son absence pour expulser cet imposteur. Nous tous dans le Hall étions fâchés de son arrogance et de sa présomption, et je dois reconnaître que je l'ai un peu rudoyé en le jetant dehors. De plus, je lui interdis de revenir dans le Hall. L'ordre ayant été rétabli, Bhagavan revint dans le Hall et reprit sa place habituelle sur le sofa.

J'étais très heureux d'avoir trouvé un Gourou de la stature de Bhagavan. Dès que je l'ai vu, j'ai senti que je regardais Dieu lui-même. Cependant, au début, ni l'ashram ni les dévots qui s'étaient rassemblés autour de lui ne me faisaient grande impression. La direction paraissait très despotique et la plupart des dévots ne semblaient pas avoir beaucoup d'intérêt pour la vie spirituelle. À en croire ce que je voyais, ils étaient surtout intéressés par le bavardage. Ces premières impressions me perturbaient.

Je me disais : « Indéniablement, Bhagavan est un être d'exception. Mais si je vis en compagnie de ces gens, ma dévotion risque d'en pâtir. »

J'en conclus que spirituellement, je ne retirerais aucun bénéfice de la fréquentation de gens qui semblaient n'avoir guère de dévotion. Je sais maintenant quelle attitude arrogante c'était là, mais tels étaient mes sentiments à ce moment. Ces pensées me troublaient à tel point que pendant trois ou quatre nuits, je ne pus trouver le sommeil. Je décidai finalement de garder Bhagavan comme Gourou, mais d'aller vivre ailleurs.

Je me souviens que je pensais : « J'irai pratiquer la méditation sur le Soi ailleurs. J'irai dans un lieu inconnu où je ne serai pas distrait par la compagnie d'êtres humains, et je méditerai sur Dieu. Je pratiquerai *bhikshâ* [action de mendier la nourriture] et mènerai une vie solitaire ».

Environ trois semaines après mon arrivée à l'ashram, je partis embrasser ma nouvelle vie. Je n'informai personne, pas même Bhagavan, de ma décision. Je partis à 1 heure du matin, une nuit de pleine lune, et me mis à marcher en direction de la ville. Je traversai la ville, passai Easanya Math [une institution monastique du côté nord-ouest de Tiruvannamalai] et pris la direction de Polur. Je n'avais aucune destination particulière en tête. Je voulais simplement m'éloigner de l'ashram. Je marchai toute la nuit et atteignis Polur [à 30 km au nord de Tiruvannamalai] peu après l'aube. J'avais très faim après cette longue marche ; aussi décidai-je de me rendre en ville pour *bhikshâ*. Ce ne fut pas un grand succès. Je mendiais à environ cinq cents portes différentes, mais personne ne me donna la moindre nourriture. Un homme me dit de retourner à Tiruvannamalai, tandis qu'un autre, en train de servir un repas, me cria de m'en aller. Finalement, je renonçai et me dirigeai vers les faubourgs de la ville. Je trouvai un puits dans un champ et passai une demi-heure debout dans celui-ci, avec de l'eau jusqu'au cou, dans l'espoir que la fraîcheur de l'eau aurait raison de mes tiraillements d'estomac. Cela ne marcha pas. Je me dirigeai alors vers le *samâdhi* [tombeau] de Vitthoba et m'assis un moment.

> Vitthoba était un saint excentrique, un peu dans le genre de Seshadri Swâmî, qui vécut à Polur dans les premières décades de ce siècle. Il mourut quelques années avant le passage d'Annamalai Swâmî.

Je reçus enfin quelque chose à manger quand une vieille dame vint faire une *pûjâ*.

Elle me regarda et dit : « Vous avez l'air d'avoir très faim, vos yeux commencent à s'enfoncer dans vos orbites. Je n'ai pas grand-chose moi-même, mais je peux vous donner un peu de gruau de *ragi* [millet] ».

Elle me donna environ un gobelet et demi de gruau de *ragi* à boire. Cette petite quantité de nourriture n'eut pas un grand effet sur mes tiraillements d'estomac, mais je fus néanmoins très content de la recevoir.

La longue marche et le manque de nourriture m'avaient beaucoup fatigué. Pendant que j'étais assis, je commençai à me demander s'il était vraiment sage de quitter Bhagavan. Les choses n'avaient manifestement pas tourné de la manière souhaitée. J'y vis l'indication que ma décision n'était peut-être pas juste. Je conçus un plan qui me permettrait de tester la validité de ma décision. Je pris une grande poignée de fleurs, les posai sur le *samâdhi* de Vitthoba et commençai à les enlever deux par deux. J'avais décidé à l'avance que s'il y avait un nombre impair de fleurs, je retournerais auprès de Bhagavan. S'il y en avait un nombre pair, je m'en tiendrais à mon projet initial. Quand le résultat indiqua que je devais retourner auprès de Bhagavan, j'acceptai sur le champ la décision et me mis en route pour Tiruvannamalai.

Une fois que j'eus accepté que mon *prârabdha* était de rester avec Bhagavan, ma chance commença à tourner. Comme j'entrais dans la ville, un propriétaire d'hôtel m'invita dans son hôtel et m'offrit un repas et de l'argent. Il se prosterna même devant moi. J'avais décidé de rentrer à Tiruvannamalai en train, parce je voulais être de retour auprès de Bhagavan le plus tôt possible, mais, avant que j'aie atteint la gare, d'autres personnes m'invitèrent chez elles et m'offrirent de la nourriture. J'en mangeai un peu, puis m'excusai en arguant que je sortais de table. J'avais décidé d'essayer de voyager sans ticket, croyant à tort que l'argent qu'on m'avait donné ne suffisait pas pour le voyage. Ma bonne fortune se confirma dans le train. À mi-chemin, un contrôleur vint vérifier les tickets. Tout se passa comme si j'étais invisible pour lui : je fus la seule personne du wagon à qui il ne demanda pas son ticket.

Quelque chose d'analogue se passa à la fin du voyage. Quand je me retrouvai devant un autre contrôleur, sur le quai de la gare, il me dit : « Vous avez déjà donné votre ticket. Avancez ! Vous bloquez le passage ! » Ainsi, par la grâce de Bhagavan, je l'échappai belle par deux fois.

Je fis à pied le reste du chemin jusqu'à l'ashram. À mon arrivée, j'allai tout de suite voir Bhagavan, me prosternai devant lui et lui racontai tout ce qui s'était passé. Bhagavan confirma alors que c'était ma destinée de rester à Râmanasramam.

Il dit en me regardant : « Vous avez du travail à faire ici. Si vous essayez de vous en aller sans accomplir les travaux qui vous sont destinés, où pourriez-vous bien aller ? »

Après avoir dit cela, Bhagavan me regarda intensément pendant une quinzaine de minutes. Tandis qu'il me regardait, j'entendis un verset se répéter en moi. C'était si fort et si clair que j'avais l'impression qu'on m'avait implanté une radio. Je n'étais jamais tombé sur ce verset auparavant. Ce n'est que plus tard que je découvris que c'était un des versets *d'Ulladu Nârpadu Anubandham* [un des poèmes philosophiques de Bhagavan qui traite de la nature de la réalité]. Ce verset dit :

> L'état suprême, objet d'éloge, que l'on peut atteindre ici même, en cette vie, par la claire investigation du Soi qui s'élève dans le Cœur quand on bénéficie de la compagnie d'un *sâdhu*, ne saurait être atteint ni en écoutant des prédicateurs, ni par l'étude et la connaissance des Écritures, ni par des actions vertueuses, ni par un quelconque autre moyen.

*Quoique le mot « sâdhu » désigne généralement quelqu'un qui poursuit une carrière spirituelle à plein-temps, dans ce contexte, il signifie quelqu'un qui a réalisé le Soi.*

La signification était très claire : rester près de Bhagavan serait plus bénéfique pour moi que d'aller ailleurs poursuivre ma *sâdhanâ* tout seul.

Au bout des quinze minutes, je fis *namaskâram* à Bhagavan et dis : « Je ferai tout travail que vous m'ordonnerez de faire, mais je vous en prie, donnez-moi aussi *moksha* [libération]. Je ne veux pas devenir l'esclave de *mâyâ* [l'illusion] ».

Bhagavan ne répondit rien, mais son silence ne me perturba pas. Le seul fait d'avoir posé la question m'avait tranquillisé. Bhagavan me dit alors d'aller manger quelque chose. Je répondis que je n'avais pas faim, parce que je venais de manger.

J'ajoutai : « Ce n'est pas de la nourriture que je veux. Tout ce que je veux, c'est *moksha*, la libération de la souffrance ».

Cette fois Bhagavan me regarda, secoua la tête en signe d'approbation et dit : « Oui, oui. »

> Ce verset d'*Ulladu Nârpadu Anubandham* sur l'importance de la compagnie d'êtres qui ont réalisé le Soi est un des cinq versets sur le sujet, que Bhagavan a incorporés dans le poème. Il découvrit les versets sanscrits originaux sur un morceau de papier qui avait été utilisé pour envelopper des friandises. Il aima tellement les idées qu'ils véhiculaient qu'il les traduisit lui-même en tamil et les mit au commencement d'*Ulladu Nârpadu Anubandham*. Voici les quatre autres versets :

> Par satsang [le contact conscient avec la réalité ou, plus communément, la compagnie d'êtres réalisés] le lien avec les objets du monde se défait. Une fois ce lien défait, les attachements ou tendances du mental sont détruits. Ceux dont le mental est dépourvu d'attachements s'anéantissent dans cela qui est sans mouvement. Ils atteignent ainsi jîvanmukti [libération pendant que l'on est encore en vie dans le corps]. Chéris leur compagnie.

> Si l'on bénéficie de la compagnie des sâdhus, à quoi bon les observances religieuses ? Quand souffle l'excellente et fraîche brise du sud, à quoi bon un éventail ?

> La chaleur est dissipée par la fraîcheur de la lune, la pauvreté par l'arbre céleste qui comble les vœux, et le péché par le Gange. Mais sache que tous les trois, à commencer par la chaleur, se dissipent du seul fait d'avoir le darshan des incomparables sâdhus.

> Les sites de bains sacrés, constitués d'eau, et les images de dieux, faites de pierre et de terre, ne soutiennent pas la comparaison avec ces grandes âmes [mahâtmâs]. Ah, quel prodige ! Les sites de bains et

*les divinités n'accordent la pureté mentale qu'après d'innombrables jours, tandis qu'une telle pureté est accordée aux gens à l'instant même où les sâdhus les voient de leurs yeux.*

*Plusieurs années après cet incident, Annamalai Swâmî questionna Bhagavan à propos d'un de ces versets :*

« Nous savons où se trouve la lune, nous savons où se trouve le Gange, mais où se trouve l'arbre qui comble les vœux ? »

« Si je vous dis où il est, répondit Bhagavan, est-ce que vous serez capable de le quitter ? »

Cette réponse singulière m'intrigua, mais je ne poursuivis pas mon investigation. Quelques minutes plus tard, j'ouvris un exemplaire du *Yoga Vâsishtha* qui se trouvait près du sofa de Bhagavan. Sur la première page que je parcourus, je trouvai un vers qui disait : « Le *jnâni* est l'arbre qui comble les vœux ». Je compris immédiatement l'étrange réponse de Bhagavan à ma question. Avant que je n'aie eu l'occasion de lui en faire part, il me regarda et sourit. Il avait l'air de savoir que j'avais trouvé la bonne réponse. Je lui parlai du vers, mais il ne fit aucun commentaire. Il continua simplement à me sourire.

# Un maître d'œuvre peu ordinaire

Mon travail de serviteur dura en tout et pour tout environ un mois. À la fin de cette période, Bhagavan décida que je serais mieux employé à diriger les travaux de construction dans l'ashram. Je vaquais à mes tâches habituelles dans le Hall quand il me laissa entendre pour la première fois qu'il avait ce projet pour moi.

Soudain Bhagavan se tourna vers moi et dit : « Quelqu'un construit un mur près du réservoir d'eau. Allez voir ce qu'il fait. »

L'instruction paraissait plutôt vague, mais je l'exécutai de mon mieux. J'observai le maçon pendant quelques minutes, puis lui demandai ce qu'il faisait.

Il répondit : « Râmaswâmî Pillai m'a dit de construire un mur ici : je suis en train de le construire. »

Je retournai dans le Hall, rapportai à Bhagavan les paroles du maçon et lui fis un bref rapport sur l'évolution du travail.

Quelques minutes plus tard, Bhagavan me regarda et répéta son instruction initiale : « Allez voir ce qu'il fait. »

Un peu perplexe, je sortis et demandai à nouveau au maçon ce qu'il faisait.

Le maçon répondit : « Je vous l'ai déjà dit, je construis un mur. »

Comme je ne voyais rien à redire à propos du mur ou de la manière dont le maçon le construisait, je ne comprenais pas pourquoi Bhagavan me pressait avec tant d'insistance d'enquêter sur ses activités. Je retournai vers Bhagavan et lui fis un nouveau rapport sur la progression des travaux.

Quelques minutes plus tard, Bhagavan répéta son instruction pour la troisième fois : « Allez voir ce qu'il fait. »

Non sans raison, le maçon s'irrita quelque peu quand je vins lui demander pour la troisième fois ce qu'il faisait.

« Êtes-vous fou ? » dit-il. « Je vous ai déjà dit que je construis un mur. Est-ce que vous ne voyez pas ce que je fais ? »

Je n'aurais pas été surpris d'apprendre qu'il pensait vraiment que j'étais fou : il était évident – cela sautait aux yeux du premier venu – qu'il construisait un mur et le faisait de manière correcte et avec compétence. Rien ne justifiait mes questions répétées. Je ne me sentais obligé de les poser que parce que Bhagavan voulait savoir ce qui se passait. Pour la troisième fois, je retournai dans le Hall et rapportai à Bhagavan les propos du maçon.

Après être resté silencieux pendant quelques minutes, Bhagavan se tourna vers moi et dit : « Désormais quelqu'un d'autre peut assumer votre travail dans le Hall. Allez surveiller ce maçon. Veillez à ce qu'il fasse le travail correctement. »

Ma première réaction à cette nouvelle affectation fut : « Pourquoi Bhagavan ne m'a-t-il pas donné cette instruction au début ? Pourquoi m'a-t-il fait aller et venir trois fois avant de me dire quelle était sa véritable intention ? »

Plus tard je compris que Bhagavan me familiarisait avec ses propres méthodes de direction. Même s'il me donnait parfois des instructions détaillées, il me confia bien des travaux en se contentant de m'en toucher un mot des plus brefs. Il me fallait ensuite déterminer ce qu'il voulait vraiment, et exécuter le travail en conséquence.

Cette première tâche prit très peu de temps. Quand elle fut achevée, Bhagavan me dit de diriger la construction d'un grand mur du côté nord de l'ashram.

Pendant les premières années d'existence de Râmanasramam, le ruisseau qui coule maintenant derrière le mur nord passait au milieu de l'ashram. Bhagavan me demanda de construire ce mur pour empêcher le ruisseau de pénétrer dans l'ashram, et pour protéger ce dernier des torrents d'eau qui dévalaient de la montagne pendant la saison des pluies. Il y avait déjà un petit monticule de terre qui protégeait le côté nord de l'ashram, mais Bhagavan semblait penser qu'il ne suffirait pas à contenir une grosse crue. Pendant qu'il esquissait le travail, Bhagavan évoqua quelques-uns des problèmes que l'ashram avait eus par le passé.

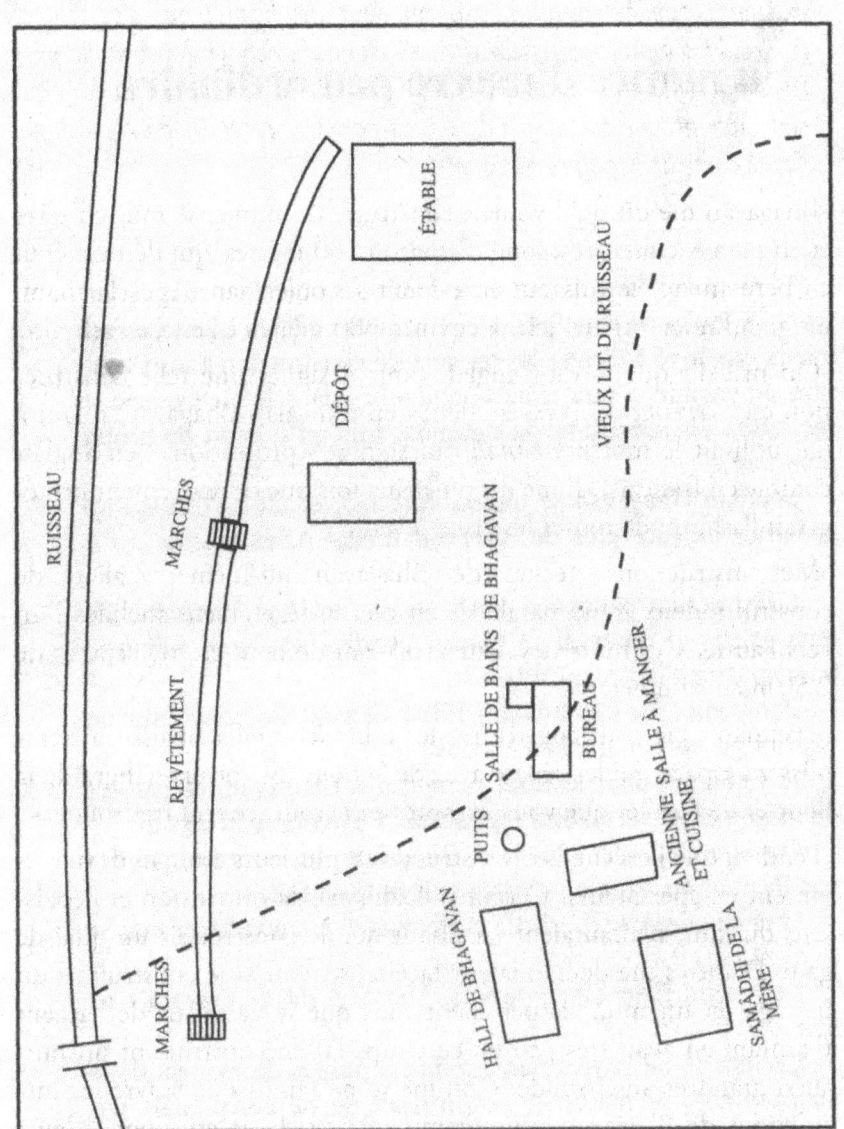

Sri Râmanasramam : Principaux Bâtiments et caractéristiques 1928-1935.

« Pendant nos premières années ici, dit-il, après une forte pluie, un torrent d'eau de 1 à 2 m de profondeur s'écoulait dans le canal qui traverse l'ashram. »

> *S'il nous fallait situer ce canal par rapport aux constructions qui existent actuellement dans l'ashram, nous dirions qu'il passait à l'ouest de la salle à manger, puis virait vers l'est pour s'écouler à travers la partie avant de l'actuel samâdhi Hall. Il quittait l'ashram près du pont qui se trouve proche du temple de Dakshinamûrti. Le cours en est indiqué sur la carte de la page précédente.*

Bhagavan me dit qu'il voulait construire un immense mur en terre et en pierres cimentées, long d'environ 100 mètres, qui détournerait en permanence le ruisseau et le ferait s'écouler dans Agni Tîrtham, un grand réservoir artificiel à environ 300 mètres à l'est de l'ashram.

On m'a dit que le mot anglais pour désigner une telle construction est « *revetment* » [« revêtement » en français]. Bhagavan, quant à lui, utilisait le mot *rakshanai*, qui signifie « protection » [en anglais comme en français]. Il me dit plusieurs fois que ce revêtement protégerait l'ashram de toutes les crues à venir.

Mes instructions, reçues de Bhagavan lui-même, étaient de construire deux murs parallèles en pierre, légèrement inclinés l'un vers l'autre. Ces murs devaient avoir 2 m de haut et être séparés de 2,50 m au sommet.

« Pendant que vous construirez les murs, conseilla Bhagavan, remplissez l'espace qui les sépare avec de la boue. Si vous mélangez de la boue et de l'eau et que vous compressez le tout, ce sera très solide. »

Pendant que j'exécutais ces instructions, plusieurs groupes de dévots vinrent en spectateurs. Certains, ébahis par la dimension et l'épaisseur du mur, plaisantaient en disant que je construisais un quai de gare. D'autres me demandaient facétieusement si je construisais un barrage ou un mur. Ils pensaient tous que je gaspillais de l'argent (l'ashram en avait très peu en ce temps-là) en construisant un mur aussi grand et aussi solide. Comme je ne faisais que suivre les instructions de Bhagavan, leurs commentaires, leurs critiques et leurs plaisanteries ne me perturbaient pas le moins du monde.

Un jour, tandis que je travaillais à ce mur, le percepteur d'impôts de Tiruvannamalai vint me regarder travailler.

Après quelques minutes, il dit : « Pourquoi construisez-vous un mur si grand ? Quel est le fou qui vous a donné ce plan ? » N'appréciant guère d'entendre insulter Bhagavan de cette façon, je me fâchai et lui dis sans ménagement : « Allez boire un café au bureau de Chinnaswâmî. Ne venez pas ici vous mêler de mon travail. Si vous revenez faire ce genre d'observations, je vous frappe à coups de sandales. »

Je parlai ainsi parce que j'avais lu quelque part une déclaration de Râmakrishna Paramahamsa : « Si quelqu'un insulte votre Gourou, vous devriez le frapper. »

Le collecteur d'impôts alla se plaindre à Chinnaswâmî que je l'avais menacé. Chinnaswâmî vint me voir avec le collecteur et demanda à savoir pourquoi je lui avais parlé de la sorte.

Je lui dis : « Cet homme est venu vers moi et m'a dit : "Quel est le fou qui vous a donné ce plan ?" Je suis les instructions de Bhagavan. Qui est-il pour insulter mon Gourou ? »

Chinnaswâmî parut accepter mon explication : il s'en alla avec le collecteur et ne revint pas sur l'incident. Je dois dire, pour expliquer mon comportement singulier, que j'étais plutôt impétueux à l'époque, et prompt à protéger l'honneur et la bonne renommée de Bhagavan.

Tandis que le travail touchait à sa fin, j'installai deux jeux de marches en pierre, l'un sur le côté ouest, l'autre au milieu, de manière à ce que Bhagavan et les dévots puissent facilement franchir le mur quand ils se rendaient dans la montagne.

L'idée et la prévoyance de Bhagavan s'avérèrent finalement justifiées. Pendant la mousson qui suivit l'achèvement du mur, le ruisseau derrière l'ashram déborda. La crue atteignit les trois quarts du mur. Heureusement, celui-ci était assez solide pour résister à la pression et détourner toute l'eau loin de l'ashram.

Une fois le mur achevé, Râmaswâmî Pillai combla le vieux lit du ruisseau. À cette époque, il fit beaucoup de travail de nivellement et de terrassement sur le terrain de l'ashram. Au début, quand Bhagavan vint s'installer à Râmanasramam en 1922, le terrain était plein de trous et de cratères dont la plupart avaient été creusés par les gens de la région qui y prenaient la terre et en faisaient de la boue pour leurs maisons. En quelques années, Râmaswâmî Pillai combla tous les cratères et nivela le terrain. Il était si ravi de le faire qu'il travaillait même la nuit.

Une fois le mur achevé, Bhagavan me demanda de diriger la construction du dépôt qui se trouve actuellement en face de la porte de la cuisine. Avant que je relate comment ce bâtiment et plusieurs autres dans l'ashram virent le jour, il convient de dire avec précision comment se profilait l'ashram en ce temps-là.

Quand j'arrivai à l'ashram en 1928, Bhagavan vivait dans le vieux Hall. On venait d'achever ce bâtiment. Auparavant Bhagavan avait vécu pendant cinq ou six ans dans une petite chambre qui faisait partie du bâtiment qui recouvrait le *samâdhi* de la Mère.

*Shrî Râmanasramam s'est développé autour du samâdhi de la mère de Râmana Maharshi. Après qu'elle eut réalisé le Soi au moment de sa mort en 1922, son corps fut enterré du côté sud d'Arunâchala. Quelques mois plus tard, Bhagavan déménagea de Skandashram dans l'édifice qui avait été construit au-dessus de sa tombe.*

Chinnaswâmî avait voulu qu'il habite cette chambre parce qu'il avait le sentiment que le *samâdhi* de la Mère devait rester le centre de l'ashram. Les autres dévots voulaient que Bhagavan ait son propre Hall. Pour parvenir à leurs fins, ils contournèrent l'opposition de Chinnaswâmî. Après avoir annoncé qu'ils allaient construire une salle à manger et une cuisine, ils se mirent au travail et construisirent le vieux Hall. De manière à rendre leur prétexte convaincant, ils construisirent sur le toit une grande cheminée reliée à un foyer au-dessous. Une fois la construction terminée, les dévots persuadèrent Bhagavan d'y emménager et d'y vivre. Chinnaswâmî ne put qu'accuser le coup et se plier à la volonté de la majorité. La cheminée chapeauta le Hall pendant plusieurs années. Elle fut démontée à la fin des années 30.

*Chinnaswâmî prit la direction de l'ashram à la fin de 1928. Il vint vivre auprès de Bhagavan à l'époque où Bhagavan était à Skandashram. Il y devint sannyâsin et prit le nom de Niranjanânanda Swâmî. Comme il était le frère cadet de Bhagavan, bien des gens l'appelaient par son surnom, Chinnaswâmî, qui signifie « Petit Swâmî » ou « Swâmî Cadet ».*

À propos des débuts de la vie dans le vieux Hall, une autre histoire mérite d'être relatée. Les premiers temps, il n'y avait pas de sofa dans le Hall. Bhagavan se tenait sur un banc de bois dans un coin de la pièce. Puis un jour, un homme du nom de Rangaswâmî Gounder amena un sofa et demanda à Bhagavan de s'y asseoir. Bhagavan refusa : Rangaswâmî se mit à pleurer. Il passa trois jours dans le Hall, pleurant et implorant Bhagavan d'accepter son cadeau. Finalement, la nuit du troisième jour, Bhagavan se leva de son banc et alla dormir sur le sofa. Depuis lors, de jour comme de nuit, il passa la plus grande partie de son temps assis ou couché sur ce sofa.

Il y a une autre histoire peu connue à propos du bâtiment qui recouvrait le *samâdhi* de la Mère. Initialement, on avait recouvert le *lingam* d'une petite hutte en feuilles de cocotier.

> Un lingam *est un cylindre de pierre vertical dont l'extrémité supérieure est arrondie. C'est un symbole de Shiva non manifesté et un objet de culte dans tous les temples de Shiva. Il arrive souvent que des lingams soient installés sur les tombes* (samâdhis) *de saints shivaïtes.*

Une fois, au milieu des années 1920, des briquetiers essayèrent de cuire des briques près de l'ashram ; la cuisson échoua : les fabricants laissèrent les briques sur place. Bhagavan, peu enclin à laisser se perdre quelque chose d'utile, décida d'utiliser les briques pour construire un mur autour du *samâdhi* de la Mère. Quelques jours plus tard, au milieu de la nuit, Bhagavan et tous les dévots résidents firent la chaîne entre le four à briques et le *samâdhi*. Se passant les briques le long de la chaîne, ils réussirent à toutes les transporter à l'intérieur de l'ashram au cours de la nuit. Le lendemain, un mur fut construit autour du *samâdhi*. Bhagavan fit lui-même tout le travail sur la face intérieure du mur pendant qu'un maçon professionnel travaillait à l'extérieur. Un toit de chaume compléta le bâtiment.

Entre ce bâtiment et le vieux Hall, à l'endroit où se trouve actuellement le *samâdhi* Hall de Bhagavan, il y avait un long bâtiment recouvert de tuiles dans lequel se trouvaient la cuisine et la salle à manger. Avant qu'il ne disposât de sa propre salle de bains, Bhagavan prenait son bain matinal dans un coin de ce bâtiment.

En 1928, l'année de mon arrivée, ces trois bâtiments – le *samâdhi* de la Mère, l'ancien réfectoire et le vieux Hall – étaient les seules structures majeures déjà construites. En plus de ces bâtiments, il y avait quelques huttes en feuilles de cocotier, où logeaient les dévots résidents, et quelques remises en chaume.

Tel était l'état de l'ashram quand Bhagavan me demanda de diriger la construction du dépôt. Rangaswâmî Gounder, l'homme qui avait offert le sofa, fit un don à l'ashram et demanda qu'on l'utilise pour construire une étable. Il promit aussi de donner des vaches quand l'étable serait terminée. Chinnaswâmî trouvait qu'un dépôt serait plus utile à l'ashram. Sans hésitation, il construisit un bâtiment en forme d'étable dans le seul but de faire plaisir à Rangaswâmî Gounder, mais le convertit en dépôt dès qu'il fut terminé. La conversion ne fut que partielle. Aujourd'hui encore, les anneaux de fer auxquels on aurait dû attacher les vaches pendent aux murs intérieurs. Comme on pouvait s'y attendre, ce changement de plan irrita Rangaswâmî. Il insulta vertement Chinnaswâmî, l'accusant de gaspiller son argent. Chinnaswâmî essuya les reproches sans se départir de son calme.

Le dépôt fut mon premier grand travail de construction. J'avais quelque appréhension à l'entreprendre, car je n'avais aucune expérience dans la construction de bâtiments. Mon père était un éminent constructeur, mais il ne m'avait appris aucune de ses techniques. Bhagavan, me sachant nerveux à cause de mon manque d'expérience, m'aida à faire le travail. Les ouvriers se doutaient bien qu'au départ je n'avais pas la moindre idée en matière de construction, mais ils furent assez diplomates pour se tenir cois. Cependant, une fois qu'avec l'aide de Bhagavan, j'eus acquis quelque connaissance, je pris mon courage à deux mains et dessinai pour eux quelques plans simples. Ceux-ci ne devaient pas être sans mérite : une fois que je me mis à les expliquer aux ouvriers, ils commencèrent à avoir une meilleure opinion de moi.

Pendant le travail, les maçons et les ouvrières n'arrêtaient pas de jacasser sur des questions profanes et vulgaires. Le chef maçon semblait encourager leur comportement en plaisantant très grossièrement avec eux. J'avais vécu une vie assez protégée jusqu'alors et je trouvais leur comportement plutôt choquant.

Finalement, j'allai dire à Bhagavan : « Je dois me tenir près des maçons et des ouvrières pour les diriger, mais ils n'arrêtent pas de parler très vulgairement de questions profanes. Je suis un peu troublé par tous leurs bavardages. »

Bhagavan fit un signe de la tête, mais ne répondit rien. Un peu plus tard, j'eus le plaisir de découvrir que le chef maçon avait été remplacé par un certain Kuppuswâmî. D'un abord bien plus agréable que son prédécesseur, il avait lu et étudié *Kaivalya Navanîtam* et *Ribhu Gîtâ* [des textes tamils sur la philosophie de l'*advaïta*] et avait assisté à des cours de *Vedânta* à Easanya Math. Nous nous entendîmes très bien tous les deux.

Bhagavan semblait avoir une aptitude naturelle pour le travail de construction; elle compensait largement son manque d'expérience: il semblait toujours à même de prendre la bonne décision au bon moment. Par exemple, il y avait trois très grandes voûtes dans le dépôt; les maçons qui les avaient construites avaient fait un mauvais travail et des fissures étaient apparues sur les murs au sommet de chaque voûte; Bhagavan me donna des instructions détaillées sur la manière de jointoyer les fissures et d'insérer des clefs au sommet de chaque voûte pour les renforcer. Je ne sais pas comment il savait ces choses. Je suis certain qu'il n'avait jamais construit une voûte en maçonnerie auparavant. Ces clefs de voûte sont encore visibles: elles dépassent d'environ 5 cm de chaque côté du mur.

C'est pendant la construction du dépôt que j'eus mon premier conflit avec Chinnaswâmî. Il avait ses propres idées sur la construction et continuait d'insister pour que je les mette à exécution. Ayant déjà reçu des ordres de Bhagavan contredisant les siens, je ne pouvais que refuser. Je n'ai jamais pu lui faire comprendre que les ordres de Bhagavan primaient les siens. Nous eûmes plusieurs querelles à ce sujet, car jamais – pas une seule fois – je n'acceptai de suivre ses instructions contre l'avis de Bhagavan. Mon intransigeance l'exaspéra: il pensait que je faisais délibérément fi de son autorité. Je ne tins aucun compte de sa désapprobation et campai sur mes positions parce que je savais qu'il aurait été incorrect d'agir contre la volonté de Bhagavan. Je ne le savais pas à l'époque, mais nous étions destinés à avoir semblables querelles à propos de presque chaque bâtiment que j'ai construit.

Pendant cette période d'apprentissage, il m'arrivait de me sentir très frustré. Il y avait beaucoup de problèmes difficiles à résoudre. De plus, c'était le milieu de l'été, il n'y avait pas d'ombre, et la chaleur était souvent insupportable.

Plusieurs fois la pensée me vint: « Pourquoi Bhagavan me cause-t-il tous ces ennuis en me faisant travailler ainsi en plein soleil au beau milieu de l'été ? »

Une fois, alors que de telles pensées me passaient par la tête, Bhagavan vint voir où j'en étais.

Se rendant compte de mon humeur du moment, il dit: « Je pensais que si je vous demandais de faire un travail vous seriez prêt et disposé à le faire. Je présumais que vous seriez capable de le faire. Sinon, ou si vous le trouvez trop difficile, laissez-le tout simplement tomber. »

Bhagavan me donnait une occasion de m'avouer vaincu, mais je refusai de le faire. Pendant les quelques minutes qui avaient précédé son arrivée, j'avais des idées de révolte. Mais, en entendant ses paroles, une grande détermination surgit en moi.

« Même si mon corps est complètement détruit au service de Bhagavan, pensai-je, je m'en tiendrai à ses ordres et ferai tout ce qu'il me demande. » Je dis à Bhagavan que je souhaitais continuer.

Quand le dépôt fut terminé, Bhagavan me demanda de faire un bas-relief d'Arunâchala au-dessus de l'entrée. Il le voulait en plâtre de chaux. Il m'avait déjà appris à travailler la chaux correctement, mais je ne savais pas du tout comment la sculpter en un tableau à trois dimensions.

« Je ne sais pas comment entreprendre un tel ouvrage, dis-je à Bhagavan. Qu'est-ce que je dois faire ? »

Bhagavan prit un bout de papier et y dessina Arunâchala. Outre le sommet, il y avait trois pics plus bas dont la silhouette se détachait dans le ciel. Quand il eut fini le dessin, il me dit que le sommet principal représentait Shiva, tandis que les trois autres représentaient Ambal, Vinayaka et Subramania. Puis il me donna le dessin et me dit d'en faire la réplique en chaux.

*Ambal est un autre nom de Pârvatî, l'épouse de Shiva ; Vinayaka (connu aussi sous le nom de Ganapati) et Subramania sont les fils de Shiva. Le mont Arunâchala est traditionnellement considéré comme une manifestation de Shiva.*

« Mais Bhagavan, dis-je, je ne sais pas du tout comment façonner des formes de ce genre avec de la chaux. Comment m'y prendre ? » Cette fois Bhagavan refusa de me donner le moindre conseil.

« Voici Annamalai, dit-il. Vous êtes Annamalai, vous aussi. Vous devriez savoir comment vous y prendre sans que je vous le dise. »

*Annamalai est un des noms tamils d'Arunâchala. Il signifie « montagne inatteignable ou inaccessible ».*

J'acceptai l'ordre, me mis au travail et essayai de l'exécuter. J'avais de sérieux doutes quant à ma capacité à le faire correctement, mais puisque Bhagavan m'avait chargé de le faire, je ne pouvais pas refuser le travail. Je dressai un échafaudage de manière à pouvoir m'asseoir face au mur. Pendant trois jours, je m'y assis, jouant avec la chaux, essayant de faire quelque chose qui ressemblât à Arunâchala. Toutes mes tentatives échouèrent.

Ma détermination à réussir n'était malheureusement pas suffisante pour compenser mon manque de compétence et d'expérience. Au milieu du troisième jour, Bhagavan, voyant que je ne faisais aucun progrès, grimpa à l'échelle et s'assit près de moi. Il m'expliqua comment faire le travail, me montrant la technique correcte avec quelques morceaux de chaux. Après l'avoir écouté et regardé travailler pendant quelques minutes, je compris soudain comment je devais m'y prendre. Après s'être assuré que j'avais assimilé la technique, Bhagavan me laissa finir le travail tout seul. J'achevai l'ouvrage avant la fin de ce troisième jour. Le lendemain, selon ses instructions, je fis un autre bas-relief identique au-dessus de la face intérieure de la porte d'entrée. On m'a dit qu'à présent ils sont peints en bleu pour contraster avec les murs blancs avoisinants.

Je fus surpris de la facilité avec laquelle j'acquis toutes les aptitudes nécessaires pour diriger le travail de construction. La plupart des dévots résidents en furent surpris eux aussi. Un jour, Tenamma Patti, une des cuisinières de l'ashram, interrogea Bhagavan à ce propos.

« Annamalai Swâmî a beaucoup de dévotion pour Bhagavan, dit-elle. C'est facile à comprendre. Mais il est aussi devenu un expert dans la construction de bâtiments, et cela, apparemment, sans études ni entraînement. Comment cela est-il possible ? »

Bhagavan l'étonna en lui disant : « Il était ingénieur dans sa dernière vie. »

Du fait de divers conseils et de commentaires qu'ils faisait à mots couverts, il était évident que Bhagavan connaissait les vies antérieures d'au moins une partie de ses dévots. Habituellement, il gardait cette connaissance pour lui. Il était très inhabituel qu'il fît, comme ce fut le cas en l'occurrence, une déclaration explicite indiquant avec précision ce qu'un dévot avait été dans sa vie précédente.

Ma nouvelle affectation importante fut de diriger la construction de l'étable. Chinnaswâmî avait pris des dispositions avec un maçon de la région pour construire une petite étable qui ne coûterait pas plus

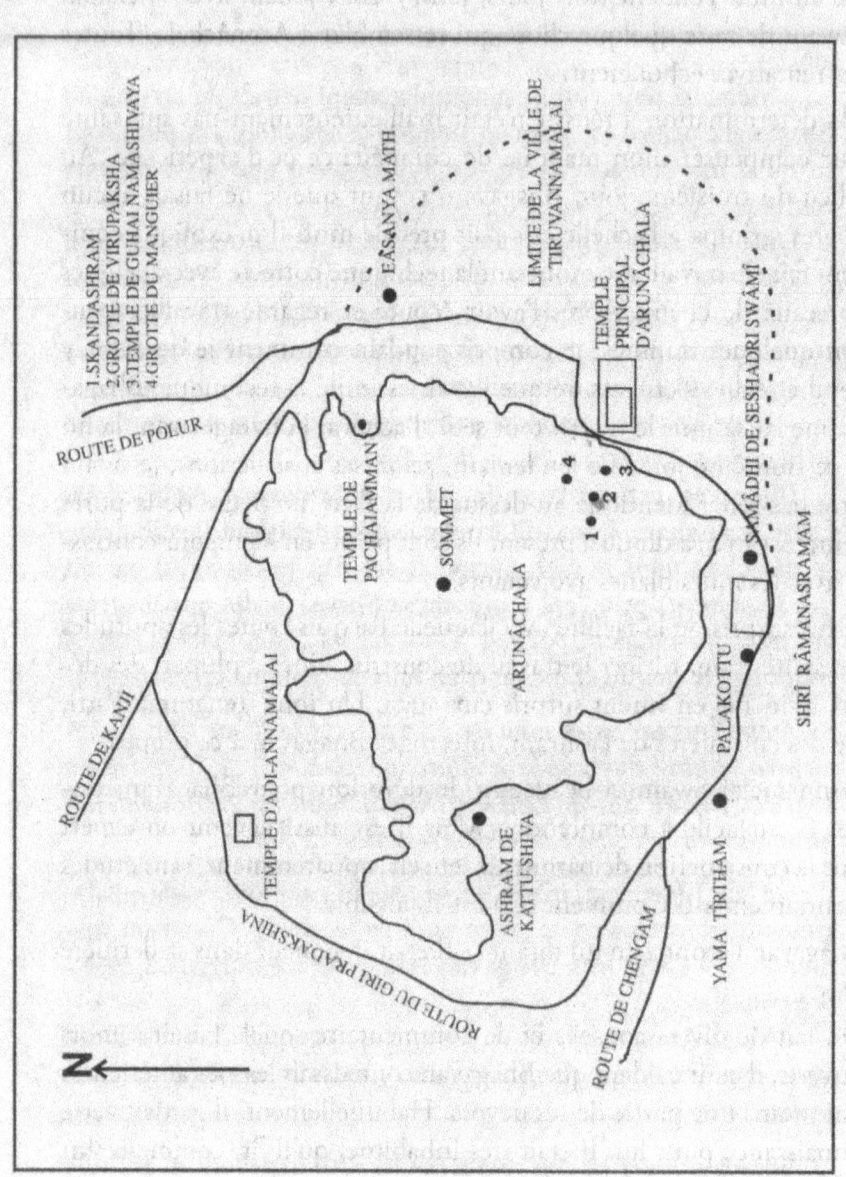

Arunâchala, la route du *giri pradakshina*, et les principaux lieux mentionnés dans le texte.

de 500 Rs. Lakshmi étant à ce moment-là la seule vache de l'ashram, il pensait qu'une petite étable ferait l'affaire. Bhagavan la voulait plus grande, mais, pour quelque raison, il décida de ne pas en parler à Chinnaswâmî.

Un matin vers dix heures, avant que la construction ne commence, Chinnaswâmî organisa une petite *muhûrtam* [cérémonie d'inauguration] à l'emplacement prévu pour la petite étable. Une fois que tout le monde fut parti, Bhagavan me prit à part et me dit qu'il fallait modifier le plan.

« Beaucoup de vaches vont venir ici ces toutes prochaines années, dit-il. Même si nous construisons une grande étable, il y aura tellement de vaches que certaines d'entre elles devront rester dehors. Nous devons construire une étable plus grande et c'est vous, plutôt que ce maçon, qui devez diriger sa construction. »

Il me conduisit au coin de l'ashram, à l'endroit où se trouve maintenant l'étable, et me montra où je devais la construire en traçant des lignes sur le sol. Nous ne mesurâmes pas la longueur des lignes, mais Bhagavan me dit qu'il voulait que chacun des quatre murs ait 16 m de long.

Quand il fut sûr que j'avais compris ce qu'il me fallait faire, il ajouta une singulière précision : « Si Chinnaswâmî vient se quereller avec vous à propos de ce projet, ne lui dites pas que c'est moi qui vous ai demandé de travailler comme cela. Prétendez que vous le faites de votre propre autorité. »

Je n'ai jamais demandé à Bhagavan pourquoi il voulait que son rôle dans cette affaire restât secret. À ce jour, cela demeure un complet mystère pour moi.

J'engageai immédiatement des ouvriers pour creuser les fondations. Chinnaswâmî étant retourné au bureau, nous pûmes mettre en chantier le nouveau projet à son insu. Vers une heure de l'après-midi, alors que le travail était déjà bien avancé, il décida de venir voir où nous en étions.

Il resta d'abord cloué sur place, muet de stupéfaction, mais une fois qu'il eut compris les implications de ce que je faisais, il se tourna vers moi et me dit non sans sarcasme : « Oh, vous avez changé les plans ! C'est maintenant un grand projet. Qui vous a autorisé à faire tout cela ? »

Je lui répondis que je le faisais de ma propre autorité. Chinnaswâmî m'ordonna de revenir au projet initial, mais je refusai. Je lui dis qu'une plus grande étable était nécessaire et que j'avais l'intention de poursuivre mon projet.

Chinnaswâmî, c'est compréhensible, se fâcha rouge quand je refusai de lui obéir.

« Pourquoi avez-vous modifié le projet sans me consulter ? » demanda-t-il. « Je suis le *sarvâdhikârî* [directeur général] de cet ashram. »

Comme je refusai de capituler, il m'invectiva et m'injuria, mais aucune de ses menaces ne réussit à me convaincre de me plier à ses ordres. Il proféra ses dernières paroles plus par frustration que par colère.

« Je commence à développer l'ashram. Comment puis-je y parvenir si vous n'obéissez pas à mes instructions ? Soyez vous-même le *sarvâdhikârî*. Pour ma part, je vais m'en aller ailleurs. »

Quand il eut finalement réalisé que je ne changerais pas d'avis, il partit et alla s'asseoir sur un rocher devant la porte de l'ashram. C'était une situation troublante pour lui. Jamais jusqu'alors des ouvriers ne lui avaient désobéi de façon aussi flagrante. Des dévots vinrent me dire qu'il resta longtemps devant la porte en proie à sa colère. Je retournai superviser le travail, aussi mon récit de ce qui se passa ensuite provient-il de ce que m'en ont rapporté des dévots qui en furent les témoins oculaires.

Chinnaswâmî resta plusieurs heures devant la porte, débitant des critiques à mon égard à qui voulait bien l'écouter.

« Je vais quitter l'ashram », continuait-il de se plaindre, « parce que cet homme s'oppose à tous mes projets. Qu'il prenne soin de l'ashram. Je vais aller vivre à Chengam [une ville distante de 24 km] ou ailleurs. »

Trois dévots – T.K. Sundaresa Iyer, Râmakrishnaswâmî et Munagala Venkataramiah – se rendirent auprès de Chinnaswâmî pour comprendre ce qui l'avait mis dans une telle colère.

Chinnaswâmî leur dit : « Annamalai Swâmî s'oppose à tous mes projets. Je vais quitter l'ashram. Il ne me reste qu'à partir. Je ne reviendrai que si Annamalai Swâmî est mis à la porte. » Les trois dévots se rendirent auprès de Bhagavan et lui dirent : « Chinnaswâmî est très fâché. Il veut quitter l'ashram. Il dit qu'il ne reviendra que si Annamalai Swâmî est mis à la porte. »

Bhagavan n'intervenait normalement jamais quand Chinnaswâmî renvoyait des ouvriers ou demandait à des dévots de quitter l'ashram, mais en l'occurrence il me soutint en disant : « Si Annamalai Swâmî s'en va, je m'en vais aussi. »

Chinnaswâmî revint sur sa menace de quitter l'ashram et accepta le fait que je devais y rester, mais continua à s'opposer à « mon » projet pour l'étable. Ce soir-là, il amena tous les dévots résidents dans le Hall et entama une discussion concernant les mérites relatifs de son projet et du mien. Bhagavan ne prit pas part à cette discussion. Il était simplement assis et écoutait. Tous les dévots qui prirent la parole se prononcèrent en faveur de la petite étable. J'étais le seul à être pour la grande, mais n'intervins pas. Quand chacun se fut exprimé, Chinnaswâmî mit un terme à la discussion.

« Maintenant, votons tous, dit-il. Est-il préférable d'exécuter mon projet ou celui d'Annamalai Swâmî ? »

Tout le monde vota pour le projet de Chinnaswâmî, surtout, je crois, par peur de lui. Je ne votai pas.

Bhagavan remarqua mon abstention et demanda : « Quelle est votre opinion ? »

Je lui dis : « Je pense que nous devrions construire une très grande étable sur les fondations que j'ai commencées ce matin. »

Bhagavan ne laissa pas transparaître le moins du monde à quel côté il était favorable. Quand, pendant le débat, un des dévots avait suggéré que j'exécutais peut-être un plan que Bhagavan m'avait donné secrètement, Bhagavan n'avait ni confirmé ni infirmé l'idée. Il resta neutre jusqu'à la fin.

Après que j'eus donné mon opinion sur la question, Bhagavan fit cette remarque : « Maintenant, il semble que les personnes présentes sont divisées en deux camps. Voyons lequel des deux projets va finalement se matérialiser. »

Ce fut son dernier mot sur la question. Après avoir parlé, il se leva et quitta le Hall.

Bien que le débat n'eût débouché sur aucune conclusion, Bhagavan m'avait donné une petite marge de manœuvre. En n'autorisant pas Chinnaswâmî à me flanquer à la porte, et en refusant d'appuyer son projet, il me parut qu'il avait tacitement approuvé la grande étable. Agissant sur la base de cette hypothèse, je continuai à creuser les fondations. Chinnaswâmî n'essaya pas de m'arrêter, mais me soumit à un torrent continuel de plaintes, surtout à propos du coût du projet.

C'était une situation très inhabituelle pour Chinnaswâmî. Il était habitué à exercer un pouvoir absolu, aussi l'intervention de Bhagavan en ma faveur était-elle quelque chose de tout à fait extraordinaire. Les implications de cette réaction inhabituelle n'échappèrent pas à Chinnaswâmî. Il arriva, avec raison, à la conclusion qu'il devait y avoir un accord secret entre Bhagavan et moi à propos du projet de l'étable. C'était la seule explication possible de ces deux événements inhabituels : mon insubordination et l'intervention de Bhagavan en ma faveur.

Chinnaswâmî ne put s'assurer du bien-fondé de sa théorie. Il avait bien trop peur d'approcher directement Bhagavan qui le congédiait habituellement d'un sec « *Pôdâ !* » [Va-t'en !] quand il commençait à se plaindre dans le Hall. De moi non plus, il ne put obtenir la moindre confirmation. Je respectais les ordres de Bhagavan et affirmais à quiconque m'interrogeait que j'étais le seul et unique instigateur du projet.

Le soir du troisième jour, j'allai voir Chinnaswâmî pour recevoir les salaires des ouvriers. D'habitude, je lui remettais une liste sur laquelle était inscrit le montant à verser à chaque ouvrier.

Ce soir-là, avant que je n'aie eu la plus petite chance de lui tendre la liste, il s'emporta contre moi et cria : « Nous n'avons pas reçu d'argent ! Nous ne pouvons pas payer les ouvriers aujourd'hui parce que vous avez modifié le projet ! Comment pourrions-nous payer un bâtiment de cette dimension ? »

Ensuite, sans même prendre la peine de contrôler la liste, il jeta dans ma direction le sac rempli de pièces de monnaie pour les salaires. Il mit beaucoup de violence et de colère dans ce geste final. Heureusement pour moi, il ne visa pas bien. Le sac manqua ma tête de peu.

C'était la goutte de trop pour moi. J'allai immédiatement voir Bhagavan et lui dis que Chinnaswâmî m'avait jeté ce sac de monnaie. Bhagavan écouta mon récit, puis resta silencieux un moment. Le fait que j'aie suivi ses instructions n'y changeait rien : il désapprouvait que des dévots viennent se plaindre à lui. Finalement, il me parla.

Il m'énuméra toute une série de choses, comprenant des aliments, dont il dit ne pas avoir besoin. Sans le dire ouvertement, il laissait entendre que si l'on n'avait pas gaspillé l'argent pour ces choses inutiles, l'ashram aurait assez d'argent pour construire l'étable. Quelques minutes plus tard, Madhava Swâmî essaya d'appliquer du *jambak* [baume contre la douleur] sur les jambes de Bhagavan.

Bhagavan réagit avec colère : « Je n'ai pas besoin de choses comme le *jambak*. Ce sont des dépenses inutiles. Je ne veux pas et n'ai pas besoin de choses de ce genre. » Peu après, Bhagavan refusa de la noix de bétel pour la même raison.

Les dévots présents dans le Hall assistèrent à tous ces échanges. Quand ils comprirent que l'ashram n'avait pas assez d'argent pour payer les ouvriers engagés ce jour-là, ils versèrent tous de l'argent pour combler le déficit. Le montant rassemblé s'avéra suffisant pour payer les salaires du jour aux ouvriers et pour les engager pour les deux jours suivants.

Quelques jours plus tard, alors que nous allions nous trouver à court d'argent, des fonds pour l'étable de Bhagavan apparurent dans des circonstances quasi miraculeuses. Plusieurs semaines auparavant, le rédacteur en chef du *Sunday Times*, un journal de Madras, était venu pour le *darshan* de Bhagavan. Il avait été tellement impressionné qu'il écrivit et publia un long et élogieux article sur lui. Cet article attira l'attention d'un prince du nord de l'Inde. Ce dernier fut lui aussi impressionné par Bhagavan, mais ne donna pas de suite immédiate à cette impression. Quelques semaines plus tard, ce prince décida d'aller à la chasse au tigre dans une de ses forêts. Il réussit à dépister un tigre, mais quand il leva sa carabine pour le tirer, une vague de peur soudaine et inattendue le paralysa. Il était tout à fait conscient que s'il ne tirait pas, le tigre allait bondir sur lui et le tuer, mais ses muscles paralysés étaient incapables de la moindre action.

Soudain, il se souvint de l'article sur Bhagavan et commença à prononcer une prière à son adresse : « Si cette chasse me réussit, non seulement je vous enverrai un mandat de 1 000 Rs, mais je vous enverrai aussi la tête et la peau du tigre. »

*Rs. est l'abréviation de roupie, l'unité de monnaie indienne. Le taux de change actuel (1996) est d'environ 7 roupies pour 1 franc français. Le pouvoir d'achat de la roupie était, bien sûr, beaucoup plus élevé à l'époque de cette histoire. En ce temps-là, les ouvriers non qualifiés recevaient environ un quart de roupie par jour – assez pour subvenir à leurs besoins vitaux.*

Sitôt la prière prononcée, la paralysie le quitta, et il tua le tigre du premier coup.

Le prince tint sa promesse. Deux jours après ces querelles à propos de l'étable, le postier arriva avec 1 000 Rs. Par un étrange effet du hasard, c'est à moi qu'il remit l'argent, plutôt qu'à Chinnaswâmî.

Je l'apportai à Bhagavan, qui dit avec désinvolture : « Oui, j'attendais ce mandat. Apportez-le à Chinnaswâmî au bureau. »

Quand je tendis l'argent à Chinnaswâmî, il oublia immédiatement notre dispute et me fit un grand sourire. La peau de tigre promise arriva environ une semaine plus tard. Bhagavan s'assit dessus quelques minutes, tandis qu'un photographe local prenait des photos.

Cette donation miraculeuse dissipa temporairement l'hostilité de Chinnaswâmî. Il vint me voir et me dit : « C'est Bhagavan qui vous a dit d'exécuter ce projet, d'où votre courage. Bhagavan ne me tient pas au courant de ses projets en ce moment ; vous ne semblez pas non plus disposé à me dire ce qu'ils sont. C'est la seule difficulté que j'aie avec vous. Dans de telles circonstances, petites querelles et disputes sont inévitables. J'essaie seulement de faire mon travail. Aussi, je vous en prie, ne soyez pas fâché avec moi. »

J'utilisai l'argent pour acheter du ciment, du bois et du fer pour l'étable. Quatre jours plus tard, quand tout l'argent eut été dépensé, Chinnaswâmî recommença à se plaindre à moi du coût élevé de la construction. Un dévot en visite qui nous entendit voulut savoir quelle était la cause de notre dispute. Je lui dis que Chinnaswâmî me critiquait parce que j'avais entrepris la construction d'une grande étable alors qu'il n'y avait pas d'argent pour la payer.

Le dévot, qui était venu de Madras pour voir Bhagavan, dit : « De quoi d'autre avez-vous besoin ? Peut-être puis-je vous aider. »

Je lui dis que notre besoin le plus pressant, c'était 4-5 tonnes de bois de tek. Je savais que ça coûterait beaucoup d'argent, mais cela ne découragea pas le dévot.

« Pas de problème, dit-il, je peux facilement vous faire parvenir cette quantité depuis Madras. »

Chinnaswâmî fut enchanté d'entendre cela parce qu'il savait que ce bois compterait pour beaucoup dans la facture finale. Il dit au dévot qu'il nous fallait ce bois dans les plus brefs délais et lui demanda d'aller tout de suite à Madras faire le nécessaire. Le dévot parut impressionné par le sens de l'urgence de Chinnaswâmî. Il se rendit dans le Hall, eut le *darshan* de Bhagavan, puis rentra à Madras s'occuper de notre affaire.

Le bois arriva quelques jours plus tard dans un wagon de chemin de fer. L'accompagnait une facture inattendue de 3 000 Rs. Quand le dévot avait offert d'envoyer le bois, nous avions tout naturellement présumé qu'il avait l'intention d'en faire don à l'ashram. Chinnaswâmî faillit exploser quand il vit la facture : le montant dû excédait de beaucoup tout l'argent que nous possédions à ce moment-là. Par bonheur, quelques-uns des plus riches dévots eurent vent de la situation critique dans laquelle nous nous trouvions. Ils se rencontrèrent, réunirent l'argent et payèrent la facture. Si le tek et la facture n'étaient pas arrivés à l'ashram, l'idée de faire ce don ne leur serait pas venue à l'esprit.

Nos finances furent toujours précaires pendant que nous construisions les grands bâtiments de l'ashram. Heureusement, comme les bâtiments étaient construits sur l'ordre de Bhagavan, nous ne connûmes jamais de véritable désastre financier. Pendant que le travail était en cours, il arrivait suffisamment de dons pour couvrir tous les frais. Si aucun travail de construction n'était en cours, aucun don n'arrivait. Pendant toutes ces années où je dirigeai la construction des bâtiments projetés par Bhagavan, jamais, pas même un seul jour, nous ne fûmes empêchés de travailler par manque d'argent. Chinnaswâmî finit par réaliser que si un projet avait la bénédiction de Bhagavan, il n'y avait pas lieu de s'en faire pour l'argent.

Quand l'étable fut presque terminée, il vint me trouver et dit : « Grâce au plan de Bhagavan, ce bâtiment va être une réussite. C'est seulement par sa grâce que nous avons été à même de le financer. Maintenant je vous crois. »

Bhagavan venait souvent à l'étable donner des instructions et voir comment le travail progressait. Il visitait le chantier même pendant la nuit.

Une fois, alors que nous dirigions le travail ensemble, Bhagavan

Râmanasramam à la fin des années 1920 : le bâtiment avec un toit de tuiles sur la droite est le Hall de Bhagavan. Les deux bâtiments en chaume au centre, parallèles et formant un angle de quatre-vingt-dix degrés avec le Hall, sont la salle à manger et la cuisine. Sur la gauche, parallèle au Hall, se trouve le bâtiment en chaume abritant le *samâdhi* de la mère de Bhagavan.

L'ashram vu depuis Pali Tîrtham. Sur la gauche se trouve le Hall de Bhagavan ; au centre, la cuisine ; et sur la droite, le *samâdhi* de la Mère.

L'intérieur de l'étable : une photographie récente. Dans les années 1930, il y avait beaucoup moins de vaches qu'actuellement.

Annamalai Swâmî debout derrière Bhagavan, bras croisés.

Rentrant d'une promenade sur la colline, Bhagavan s'approche du revêtement construit par Annamalai Swâmî.

Le bas-relief d'Arunâchala au-dessus de l'entrée du dépôt. L'arche au premier plan est celle que Bhagavan et Annamalai Swâmî ont réparée.

En-haut : l'étable.
En-bas : le bureau et la librairie.
Les deux photos ont été prises peu après la fin des travaux.

me dit : « Si vous construisez cette étable pour Lakshmi, nous aurons tout le *punya* [mérite accumulé par l'accomplissement d'actions vertueuses] nécessaire pour construire une librairie, une salle à manger et un temple pour la Mère. Tout cela arrivera en temps voulu. Cet endroit finira par devenir une ville. »

Lakshmi elle-même venait souvent voir où nous en étions avec sa nouvelle maison. Si Bhagavan était là, il lui caressait souvent la tête et disait : « Il te faut attendre quelques jours de plus. Le travail n'est pas encore fini. »

À cette époque, Lakshmi pouvait se promener partout où elle le souhaitait. Parfois quelqu'un l'amenait paître près du Lac Samudram, mais la plupart du temps elle restait à l'ashram.

Lors d'une des dernières phases de la construction, Bhagavan vint me dire que ce serait une bonne idée d'installer un pilon et un mortier de pierre de manière à ce que l'on puisse préparer une pâtée de graines de coton pour les vaches. Il me dit même où l'installer. Quand j'informai Chinnaswâmî du fait que je projetais d'installer cette pierre, il insista d'un air un peu irrité pour que je change son emplacement et la mette dans un autre coin de l'étable. Dès qu'il fut parti, j'ignorai ses ordres et mis la pierre à l'endroit indiqué par Bhagavan. Bhagavan m'épargna une autre querelle inutile en suivant Chinnaswâmî à l'étable lors de sa visite suivante.

Avant que Chinnaswâmî n'ait eu l'occasion de se plaindre, Bhagavan apparut et dit : « Demandez à Chinnaswâmî si c'est son plan ou le vôtre qui est le meilleur. »

Bhagavan n'avait pas dit que c'était son idée, mais Chinnaswâmî interpréta justement cette remarque peu équivoque comme signifiant que c'était Bhagavan lui-même qui m'avait donné ce travail. Chinnaswâmî saisit l'allusion et convint qu'il fallait retenir mon idée.

Bhagavan savait que Chinnaswâmî me créait beaucoup d'ennuis, mais il me dissuada de me plaindre. Mis à part l'incident du sac contenant les salaires, je ne me plaignis à lui que deux fois du comportement de Chinnaswâmî. Dans les deux cas, Bhagavan me blâma de lui avoir fait part de mes griefs. Dans l'un des deux incidents, Chinnaswâmî me demanda de jeter des pierres à un chien et de le chasser de l'ashram.

Je ne voulais pas punir un chien inoffensif, aussi me rendis-je auprès de Bhagavan et lui dis : « Chinnaswâmî me demande de jeter des pierres à ce chien innocent. »

Bhagavan me surprit en donnant raison à son frère : « Si vous préparez de la nourriture et la gardez dans votre maison, et qu'un chien s'approche, n'avez-vous pas le droit de le chasser avant qu'il ne prenne la nourriture ? »

Bhagavan était toujours très aimable avec les animaux. S'il avait vu un dévot jeter des pierres à un chien inoffensif, il l'aurait vraisemblablement réprimandé. Il me donna cette réponse dans le seul but de manifester son désaveu : les dévots n'avaient pas à venir se plaindre à lui.

Quand des dévots venaient se plaindre à lui, il le leur reprochait. Cela ne signifiait pas qu'il approuvait l'acte de celui qui avait provoqué la plainte ; cela signifiait simplement qu'il désapprouvait que des dévots trouvent à redire au sujet d'autres personnes.

Je n'arrive pas à me rappeler quelle fut ma troisième et dernière plainte, mais je me souviens de sa réponse ; elle illustre clairement son attitude envers les plaintes et ceux qui se plaignaient.

Il commença par dire : « Dans les questions pratiques, il est inévitable que des différends surgissent. Ne vous laissez pas troubler par eux. »

Ensuite il me demanda : « Pourquoi êtes-vous venu à cet ashram ? »

« J'ai lu, répondis-je, dans un commentaire sur la *Bhagavad Gîtâ*, que si le mental est pur, il devient le Soi. Je veux garder mon mental propre, de manière à pouvoir réaliser le Soi. Si je suis venu ici, c'est uniquement pour cette raison. »

« Est-ce que voir les défauts des autres ne nourrit pas le mental ? » demanda Bhagavan.

J'acceptai la critique de Bhagavan et lui dis qu'à l'avenir, j'essaierais de ne pas voir les défauts d'autrui.

En guise d'acte de contrition final, je me prosternai devant Bhagavan et lui dis : « À partir de cet instant, je ne me plaindrai plus au sujet de quiconque. »

Je tins parole : pendant toutes les années qui suivirent, je ne me plaignis pas une seule fois à Bhagavan au sujet d'un autre dévot.

Bien qu'en général Bhagavan n'aimât pas entendre les plaintes, je me souviens d'un incident au cours duquel il fit preuve d'un étonnant degré de tolérance envers un visiteur qui se plaignait. Il eut lieu plusieurs années plus tard. Bhagavan et moi marchions en direction de la porte arrière de l'ashram. Le déjeuner venait de se terminer et nous nous apprêtions à aller faire une promenade à Palakottu. Un *sâdhu* errant arrivé récemment s'approcha de Bhagavan et lui fit part de ses plaintes à propos de l'ashram.

« Vos *shishyas* [disciples] sont comme leur Gourou. Je suis venu à votre ashram et ai demandé de la nourriture, mais personne n'a voulu m'en donner. Swâmî Vivekânanda a beaucoup parlé d'*anna dâna* [don de nourriture aux voyageurs ou aux pèlerins] et en a fait l'éloge. Il a beaucoup parlé de *Vedânta* et de *Siddhânta* [philosophie], mais il a aussi insisté sur l'importance d'*anna dâna*. »

Tandis que j'écoutais toutes ces plaintes à propos de Bhagavan et de l'ashram, la colère me gagnait.

Finalement, je l'interrompis et lui dis : « Pourquoi dérangez-vous Bhagavan comme cela ? Allez-vous-en ! »

Bhagavan me fit taire d'un regard courroucé et autorisa le *sâdhu* à continuer sa complainte. Le *sâdhu*, réalisant qu'il ne serait ni interrompu ni chassé, sermonna Bhagavan perdant près d'une demi-heure à propos des défauts de l'ashram et des gens qui y travaillaient. Quand il s'arrêta enfin, à court de plaintes, Bhagavan lui demanda très calmement et très poliment s'il y avait autre chose qu'il souhaitait lui dire. Le *sâdhu* ne répondit rien.

Bhagavan dit alors : « La nourriture que je reçois ici ne m'est pas donnée pour rien. Chaque jour, je coupe les légumes, je veille sur les vaches, je donne le *darshan* aux dévots et réponds à leurs doutes et à leurs questions. C'est pourquoi on me donne à manger. »

Puis Bhagavan parut se laisser fléchir un peu. Il se tourna vers moi et dit : « Que faire ? Amenez-le à la cuisine et donnez-lui quelque chose à manger. »

Le *sâdhu* mangea son repas, quitta l'ashram et ne revint jamais.

Le style directorial de Chinnaswâmî éloignait beaucoup de dévots, mais, par principe, Bhagavan le soutenait presque toujours en cas de conflit. Je me souviens d'un incident qui illustre très bien ce fait. Un jour, une femme vint pour le *darshan* de Bhagavan. Étant très timide et n'aimant pas manger en compagnie des hommes, elle mangea toute seule dans une hutte à part, près de la salle à manger. Au lieu de la faire servir par Sampurnammal ou une autre des dévotes, Chinnaswâmî décida de lui apporter la nourriture lui-même et de la lui servir.

Quand Bhagavan remarqua ce qui se passait, il le réprimanda publiquement : « Pourquoi n'envoies-tu pas une des femmes pour la servir ? Pourquoi lui apportes-tu sa nourriture ? Elle est très timide. Elle n'a pas l'habitude d'avoir affaire à des hommes qu'elle ne connaît pas. »

Plusieurs dévots qui avaient été témoins de cette scène commencèrent à se dire : « Si Bhagavan traite Chinnaswâmî de cette façon, pourquoi devrions-nous le traiter avec respect ? »

Les jours suivants, ces dévots se mirent à traiter Chinnaswâmî avec peu d'égards. Bhagavan observa cela en silence pendant quelques jours.

Quand il vit que les dévots mécontents ne changeraient pas d'attitude s'il n'intervenait pas, il restaura le *statu quo* en leur disant : « Est-ce que vous pensez que Chinnaswâmî est un *killukkîrai* (une petite plante que l'on peut facilement arracher de terre avec les ongles et jeter) ? Chinnaswâmî est le *sarvâdhikârî* ici. Vous devriez respecter sa position et suivre ses instructions. »

Une fois l'étable terminée, Chinnaswâmî écrivit à Rangaswâmî Gounder, l'homme qui avait donné l'argent pour l'étable transformée en magasin.

« Nous avons achevé une grande étable. Vous pouvez venir voir par vous-même. S'il vous plaît, ne soyez plus fâché avec nous ! »

Rangaswâmî accepta l'invitation et fut enchanté de voir quelle grande étable nous avions construite. Il tint sa promesse initiale et fit don de plusieurs vaches à l'ashram. Pendant qu'on lui faisait visiter l'étable, il fit cette réflexion : « Quand j'ai vu que Chinnaswâmî avait dépensé ma donation précédente pour un magasin au lieu d'une étable, je me suis tout naturellement fâché avec lui. Je pensais qu'il avait gaspillé mon argent. Maintenant que cette nouvelle étable, qui est bien plus grande que celle que j'avais projetée, a été construite, je suis heureux et satisfait. Tout est bien qui finit bien. »

Chinnaswâmî était lui aussi un homme heureux. Les donations affluèrent à l'ashram pendant les ultimes étapes du travail ; à tel point qu'il restait beaucoup d'argent une fois le travail achevé. Cela réjouit fort Chinnaswâmî ; il était d'humeur plus exubérante que d'habitude.

« Chaque fois que vous travaillerez pour l'ashram à l'avenir, me dit-il, faites le travail sans regarder à la dépense. Bhagavan fournira tout le nécessaire. »

Comme l'ashram disposait maintenant d'argent liquide, Chinnaswâmî, avec la permission de Bhagavan, décida d'entreprendre plusieurs autres constructions.

Il vint me voir et me dit : « Je vais aller quelques semaines à Burma afin d'acheter assez de bois de tek pour construire ici une grande salle à manger et une cuisine. Pendant que je serai absent, vous devriez commencer à construire une salle de bains pour Bhagavan, un bureau et une librairie. Je vous fais confiance. Je sais – l'expérience me l'a appris – que vous vous conformerez aux plans de Bhagavan, et que vous ferez donc du bon travail. »

Le Maharaja de Mysore ayant déjà fait une donation pour la salle de bains de Bhagavan, je pus entreprendre ce travail quasiment sans délai.

La construction de tous ces bâtiments se déroula sans problème et je pus tous les achever sans avoir à déplorer le moindre incident fâcheux. Je dois dire, à l'intention de ceux qui ont visité l'ashram, que le bâtiment où se trouvent maintenant le bureau et la librairie a été construit après la mort de Bhagavan. Le vieux bureau et la librairie, que l'on utilisa du vivant de Bhagavan, se trouvaient dans les bâtiments qui sont aujourd'hui accolés au coin nord-est du *samâdhi* Hall de Bhagavan. Ils servent maintenant au stockage et à l'expédition des publications de l'ashram. La salle de bains de Bhagavan est la petite chambre accolée au côté nord de l'ancien bureau (voir le plan page 51). Elle a une petite porte qui fait face à la montagne.

Pendant que Chinnaswâmî était à Burma, je fus chargé de payer les salaires aux ouvriers. J'avais appris à lire par moi-même afin d'étudier les Écritures, mais je ne m'étais pas donné la peine d'apprendre l'arithmétique de base. Aussi étais-je incapable de tenir ces comptes correctement : je faisais souvent des erreurs en les transcrivant. Après quelques jours, je décidai que ce travail n'était pas de ma compétence.

J'allai dire à Bhagavan : « Il m'est facile de donner des instructions aux maçons et aux ouvriers. Mais j'ai beaucoup de peine à tenir ces comptes et à débourser les salaires justes. Je ne me sens pas à même de faire ce travail convenablement, car je commets beaucoup d'erreurs. Nous ne roulons pas sur l'or : le fait de commettre des erreurs me tracasse beaucoup. »

Bhagavan ne répondit rien, mais un dévot appelé Raghavendra Rao, qui était assis dans le Hall à ce moment-là, proposa de tenir tous les comptes à ma place. Ce Raghavendra Rao était un ingénieur à la retraite qui passait la plus grande partie de son temps libre à lire et à étudier la *Bhagavad Gîtâ*. En plus de tenir les comptes, il proposa aussi de m'aider à diriger le travail de construction. En tant qu'ingénieur, il devait s'y connaître bien mieux que moi en matière de bâtiments, mais il ne discuta jamais aucun de mes plans. Sachant que je ne faisais qu'exécuter les instructions de Bhagavan, il se contentait de travailler comme mon assistant.

Si Bhagavan confiait des travaux aux ouvriers de l'ashram, il entendait toujours qu'ils soient faits correctement. Il ne tolérait pas le travail négligé. Si les résidents de l'ashram ne réussissaient pas à accomplir une tâche de manière satisfaisante à ses yeux, soit il leur retirait le travail soit il insistait pour qu'ils le reprennent. Parfois, en pareille circonstance, Bhagavan intervenait personnellement et faisait le travail lui-même.

Bien qu'il imposât des normes exigeantes pour le travail fait par des ouvriers de l'ashram, il était moins enclin à intervenir dans le travail fait par des gens de l'extérieur. Si jamais des non-résidents s'acquittaient mal de leur tâche, il demandait habituellement à l'un des résidents de réparer le dommage ou de refaire le travail. Je me suis vu confier plusieurs travaux de ce genre durant mes années à l'ashram.

Une fois, nous avions besoin de pincettes pour extraire le charbon de bois du *kumutti* [brasero] de Bhagavan. On confia leur fabrication à un forgeron ; il fit une bonne paire de pincettes, mais la surface des poignées en métal était très rugueuse et inégale. Bhagavan accepta les pincettes sans se plaindre, mais quand le forgeron fut parti, il se tourna vers moi et me demanda d'achever le travail en lissant les poignées avec du papier de verre et une lime.

La première fois que le forgeron revint à l'ashram, Bhagavan lui tendit les pincettes fraîchement polies et dit : « Regardez si c'est bien là l'instrument que vous avez fait. »

Le forgeron accueillit la critique sous-entendue avec le sourire et nous complimenta pour la belle manière dont nous avions amélioré son ouvrage.

Parfois de petits morceaux de charbon de bois du brasero explosaient et sautaient hors du feu. Bhagavan, qui ne perdait jamais une occasion de nous donner un enseignement spirituel, utilisa une fois ce phénomène naturel pour expliquer la relation entre le mental et le Soi.

« C'est comme cela que le mental quitte le Soi, comme une étincelle qui saute hors du feu. De la même façon que ce morceau de charbon de bois sera dépourvu de chaleur s'il reste à l'écart du feu, ainsi le mental n'a ni pouvoir ni énergie par lui-même pendant qu'il s'imagine être séparé du Soi. »

Puis, ramassant le charbon de bois avec une paire de pincettes, il le remit dans le feu en disant : « Ceci est le *jîva* (soi individuel). Il faut le remettre en Shiva, le Soi. »

J'eus aussi à réparer le mur qui entoure le puits de l'ashram. Les ouvriers de l'extérieur qui l'avaient construit avaient bâclé le travail. Ils y avaient mis tant de hâte et si peu de soin que certaines pierres dépassaient de la surface plane du mur, tandis que d'autres étaient trop enfoncées. Et ils n'avaient même pas pris la peine de remplir tous les creux entre les pierres avec du ciment. Quand Bhagavan vit le mur, il me dit d'aplanir la surface et de remplir tous les creux. Je ne pus rendre le mur complètement lisse, mais je fis mon possible en mettant des petites pierres et du ciment dans les grands creux, et du ciment dans les plus petits et les fissures. Quand les maçons qui avaient si mal travaillé revinrent à l'ashram, Bhagavan adopta la même tactique que celle qu'il avait utilisée avec le forgeron.

Sans émettre aucune critique directe, il leur montra le mur et dit : « Regardez comme Annamalai Swâmî a bien arrangé ce mur que vous aviez construit. »

Bien des années plus tard, Bhagavan me demanda de faire des réparations du même genre dans le temple de la Mère. Pendant l'un de ses tours d'inspection, Bhagavan avait remarqué qu'il y avait çà et là des creux entre les dalles autour du *garbhagriha* [temple intérieur]. Certains avaient jusqu'à 2 cm de large. Il me montra aussi quelques espaces entre certaines pierres du mur et me demanda de les combler. Ce travail, que je fis dans les années 1940, fut l'un des derniers petits travaux de maçonnerie que je fis pour l'ashram.

Au début, quand je commençai à diriger les projets de construction de l'ashram, je pensais : « Ce travail touche à sa fin. Quand il sera fini, je pourrai retourner dans le Hall et m'asseoir avec Bhagavan. »

Bhagavan ne m'avait jamais dit : « Désormais vous devez vous livrer à plein-temps à ces travaux de construction. » J'avais donc présumé que dans les moments où il n'y aurait pas de travail, je pourrais retourner dans le Hall et m'asseoir avec lui. Ce fut Bhagavan lui-même qui m'ôta cette idée de la tête. Aussitôt que j'avais fini un travail, il trouvait invariablement quelque chose d'autre à me faire faire. Pendant toutes ces années où j'ai travaillé pour lui, il n'y eut pratiquement pas un seul jour où je pus m'asseoir avec lui dans le Hall, pendant les heures de travail.

Je ne ressentis pas trop vivement ce manque, parce que j'étais dédommagé par de nombreux petits privilèges. Tôt le matin, avant que le travail de construction ne commence, Madhava Swâmî et moi aidions Bhagavan pour son bain. Tous les deux, nous lui massions dos et jambes avec de l'huile, avant qu'il ne prenne son bain. Le soir entre huit heures et neuf heures et demie, j'étais autorisé à masser les pieds de Bhagavan avec de l'huile. Pendant que je lui massais les pieds, soit je lui parlais de questions spirituelles, soit je discutais avec lui de plans de construction. Le soir, quand j'avais terminé le massage, Bhagavan me permettait aussi de reposer ma tête sur ses pieds pendant quelques minutes.

Avant de poursuivre avec d'autres histoires, je dois donner une brève explication de la raison pour laquelle pratiquement tous les hommes de Râmanasramam étaient appelés « Swâmî ». À proprement parler, le titre « Swâmî » ne devrait être utilisé que pour ceux qui ont été initiés formellement dans l'un des ordres traditionnels de *sannyâsa*. Aucun des « Swâmîs » de l'ashram n'avait été formellement initié. La plupart d'entre eux acquirent leur titre simplement parce que Bhagavan avait commencé à s'adresser à eux de cette manière. Bhagavan parlait toujours aux gens d'une manière très respectueuse. Quand il voulait appeler un des *sâdhus* de l'ashram, il disait souvent son nom et ajoutait le suffixe « Swâmî » en signe de respect. Il le faisait si souvent que les *sâdhus* de l'ashram finirent par incorporer le mot « Swâmî » à leurs noms. Normalement, quand on devient *sannyâsin*, on reçoit un nouveau nom précédé du titre « Swâmî » comme d'un préfixe. La plupart des *sâdhus* de l'ashram gardèrent leur propre nom et ajoutèrent simplement le mot « Swâmî » comme un suffixe.

Beaucoup de dévots voulaient que Bhagavan les initie et leur donne le *sannyâsa* formel, mais, à ma connaissance, il n'accéda jamais à aucune de ces requêtes. Quelques dévots opiniâtres apportaient le *kâshâyam* [la robe orange portée par les *sannyâsins*] dans le Hall et demandaient à Bhagavan de la leur remettre ou de simplement la toucher en signe de bénédiction, mais Bhagavan n'accordait même pas cette sanction limitée.

Sâdhu Natanânanda, le compilateur d'*Upadesa Manjari* [publié en français sous le titre *Instructions Spirituelles* dans *Œuvres Réunies de Râmana Maharshi*] fut l'un des dévots qui essayèrent de se faire remettre le *kâshâyam* par Bhagavan.

Bhagavan refusa en disant : « Je n'ai pas l'habitude de donner le *kâshâyam* à quiconque. »

Natanânanda posa alors le *kâshâyam* sur la chaise qui se trouvait face au sofa de Bhagavan et que l'on utilisait pour les offrandes des dévots. Bhagavan refusa de toucher l'habit. Après quelques minutes, Natanânanda le reprit.

Sâdhu Natanânanda n'en resta pas là et devint *sannyâsin*, mais il fut bientôt mécontent de ce mode de vie. Après quelques mois, il revint à l'ashram, mit ses robes orange au rebut, et recommença à porter des vêtements ordinaires.

Chaque soir, je devais faire un rapport à Bhagavan sur l'état des constructions. Je lui disais ce qui avait été accompli et ce qu'il restait à faire. Parfois Bhagavan me donnait des instructions pour le lendemain. D'autres fois je lui faisais part de mes propres plans et obtenais son aval. Je me trouvais ainsi dans la position enviable d'avoir un très long entretien privé avec Bhagavan chaque soir. D'autres dévots qui avaient peur de parler à Bhagavan parce qu'ils étaient intimidés par Sa Majesté et sa grandeur m'utilisaient comme intermédiaire. Sachant que je parlais librement à Bhagavan chaque jour, ils me faisaient part de leurs problèmes et me priaient de demander à Bhagavan une solution pour ceux-ci.

Il y avait un autre petit privilège auquel j'accordais une grande valeur. Il y avait deux services pour le déjeuner et deux pour le dîner. Bhagavan mangeait toujours au premier service, tandis que je mangeais le plus souvent au second. Bhagavan finissait habituellement son repas quand j'entrais dans la salle à manger. S'il était encore en train de manger quand j'arrivais, je m'asseyais face à lui et restais dans l'expectative. Ma patience était souvent récompensée. À maintes reprises, Bhagavan poussait sa feuille[1] vers moi pour signifier que je pouvais m'y faire servir mon repas. Les dames de service comprenaient la signification de son geste, posaient la feuille devant moi et me servaient mon repas.

*La petite quantité de nourriture qui restait collée sur la feuille était considérée comme le* prasâd *du Gourou. De ce fait, il y avait souvent une farouche compétition pour obtenir la feuille de Bhagavan.*

Un jour, je tombai malade à cause de mon vif désir de manger les restes de Bhagavan. Mon acte s'inspirait d'une histoire à propos de Gourou Namashivaya, un yogi qui vécut à Arunâchala, il y a plusieurs siècles. Un jour, le Gourou de ce yogi vomit et lui demanda de nettoyer la saleté. Il dit à son disciple : « Mets ceci où l'on ne peut pas marcher et où cela ne peut pas toucher nos pieds. »

Gourou Namashivaya mangea le vomi, le considérant comme le *prasâd* de son Gourou. Celui-ci fut ravi et le félicita de sa dévotion.

Je me souvins de cette histoire un jour où Bhagavan avait très mal aux dents. Pour soulager sa douleur, il mit un morceau de tabac entre ses dents pendant quelques minutes, puis le cracha. Je décidai, plutôt bêtement, de montrer ma dévotion en imitant Gourou Namashivaya. Je me convainquis que le tabac était le *prâsad* de Bhagavan, l'écrasai entre mes dents et l'avalai. À peine l'avais-je avalé que j'eus de violentes douleurs d'estomac et une forte sensation de nausée. À plusieurs reprises, je fus sur le point de vomir, mais je réussis à me retenir en buvant de grandes quantités d'eau.

*Un grand nombre des composants chimiques du tabac sont fortement toxiques. Quand on fume, plusieurs de ces composants sont soit brûlés soit filtrés dans les poumons. Si on mange le tabac, tous les poisons pénètrent dans le corps.*

---

1. N.D.T. : La feuille sur laquelle son repas lui avait été servi. En effet, en Inde du Sud, on utilise fréquemment des feuilles de bananier en guise d'assiettes.

Tandis que je dirigeais le travail de construction, Bhagavan me disait souvent : « Vous travaillez dur dans la chaleur. Vous pouvez manger tout ce que vous voulez. »

Les dames de service, conscientes de l'attention que Bhagavan avait pour moi, me servaient toujours de grandes quantités de yogourt et de beurre clarifié pour contrecarrer la chaleur. J'avais aussi un remède à moi. Pendant l'été, quand la chaleur était presque insupportable, je découvris que mélanger un oignon cru haché avec ma nourriture m'aidait à garder mon corps frais. Un été, je mangeai une telle quantité d'oignon cru que plusieurs personnes commencèrent à m'appeler « Oignon Swâmî ».

Les premiers temps, avant que les gens ne commencent à venir en nombre à l'ashram, il était souvent possible de parler à Bhagavan pendant qu'il prenait son repas dans la salle à manger. Un matin, j'étais assis près de Bhagavan, pendant qu'il mangeait ses *iddlies*.

> Un *iddly* est un petit gâteau cuit à la vapeur, fait avec une pâte de riz et de pois chiche fermentée. Les iddlies sont le mets le plus fréquent des petits déjeuners à l'ashram.

Je posai des questions spirituelles à Bhagavan, mais avant qu'il n'ait pu terminer sa réponse, Chinnaswâmî nous interrompit en disant : « Pourquoi posez-vous des questions pendant que Bhagavan mange ? Posez vos questions à un moment plus approprié. »

Avant de continuer sa réponse, Bhagavan se tourna vers Chinnaswâmî et dit : « *Jnâna* est beaucoup plus important que manger des *iddlies*. Ce moment ne reviendra jamais. Si nous arrêtions de parler maintenant, il se peut que jamais une telle opportunité ne se représente. »

Tant de personnes voulaient manger sur la feuille de Bhagavan que l'on finit par établir un système de rotation. À l'époque où nous utilisions encore la vieille salle à manger, il n'y avait pas de système formel. Comme j'entrais délibérément dans la salle à manger et m'asseyais près de Bhagavan au moment où il était sur le point de finir son repas, il était rare que je ne me retrouve pas avec la feuille devant moi. Parfois l'un des autres dévots se plaignait à moi de mon quasi-monopole.

« Vous prenez la feuille de Bhagavan presque chaque jour. Vous gagnez une telle quantité de *punya*. Vous avez tant d'opportunités de recevoir la feuille de Bhagavan. Je vous en prie, laissez-moi manger sur cette feuille rien qu'une fois. »

Si quelqu'un se plaignait de la sorte, je lui tendais la feuille. Une fois la nouvelle salle à manger terminée, je ne réussis que rarement à obtenir la feuille. Les dernières années, Bhagavan cessa de la donner. Quand il constata que les gens traînaient près de lui à la fin de chaque repas rien que pour attendre sa feuille, il mit un terme à cette pratique en annonçant que dorénavant personne ne serait autorisé à l'utiliser après lui.

Il y avait d'autres formes de *prâsad* possibles dans la salle à manger. À la fin de chaque repas, Bhagavan se lavait les mains dans un petit récipient qu'il gardait près de sa feuille. Je buvais cette eau presque chaque jour. En outre, je buvais aussi l'eau qui avait été servie à Bhagavan. Les femmes de service mettaient toujours une tasse d'eau chaude près de l'assiette de Bhagavan. Habituellement, il en buvait la moitié et laissait l'autre moitié dans la tasse. Chaque fois qu'il faisait cela, je buvais l'eau qui restait. Les dernières années, quand je vivais à Palakottu et cuisinais ma propre nourriture, j'eus encore, de temps en temps, l'occasion de boire cette eau. Mudaliar Patti, une des femmes qui apportait chaque jour de la nourriture à Bhagavan, sachant quelle valeur j'attribuais à cette eau, la prenait pour moi à la salle à manger et me l'apportait.

Bhagavan me faisait travailler très dur, mais en même temps, il était toujours très aimable et plein d'égards pour moi. Un incident qui se produisit dans la salle à manger illustre très bien cela. J'avais passé toute la matinée à diriger des maçons qui posaient des marches près du dispensaire. Si je n'avais pas été présent, il est très probable qu'ils auraient négligé de mettre assez de remblai sous les pierres ou qu'ils n'auraient pas posé les pierres au bon endroit. Le travail dura si longtemps que j'étais très en retard pour le dîner. Quand j'arrivai à la salle à manger, je constatai que le repas qui avait été servi sur mon assiette était devenu froid et était couvert de guêpes. Une des femmes de service me reprocha mon retard.

« Vous travaillez peut-être, dit-elle, mais nous aussi nous travaillons. Vous ne devriez pas arriver si tard, vous devriez venir à l'heure. »

Bhagavan qui était dehors à ce moment-là, en train de se laver les dents, entendit ce qu'elles disaient.

Il déclara à haute voix : « Annamalai Swâmî ne reste pas sans rien faire. S'il était venu plus tôt, le travail qu'il dirigeait n'aurait pas été fait correctement. Si vous avez besoin de repos, vous pouvez aller vous reposer. Je viendrai servir Annamalai Swâmî moi-même. »

Cette intervention remua tellement les femmes qu'elles remportèrent mon vieux repas et m'en servirent un autre bien chaud sur une nouvelle assiette.

Je me rappelle deux autres incidents qui illustrent le genre d'attention dont Bhagavan faisait preuve envers moi. Le premier eut lieu après que je me fus blessé en laissant tomber une grosse pierre de granit sur mon orteil. Mon pied me faisait très mal ; je ne pouvais pas me déplacer ; je décidai donc de passer le reste de la journée dans ma chambre. Plusieurs personnes de l'ashram savaient que j'étais blessé, mais personne ne pensa à m'apporter de la nourriture ou de quoi me soigner. Bhagavan remarqua mon absence pendant le repas de midi et s'informa à mon sujet. Quand il découvrit qu'on m'avait laissé languir dans ma chambre sans nourriture et sans soin, il s'emporta contre toutes les personnes présentes.

« Vous tirez tellement de travail de cet homme, dit Bhagavan. Vous dites tous combien ce sera merveilleux quand tous ces nouveaux bâtiments seront terminés. Mais maintenant qu'il est malade, personne ne se soucie de prendre soin de lui. » Apparemment Bhagavan continua dans cette veine pendant un bon moment. Aussi, après le déjeuner, eus-je la surprise de recevoir une délégation de dévots ; ils avaient l'air un peu honteux, me firent don de nourriture et de médicaments, s'excusèrent de leur négligence, et me dirent comment Bhagavan y avait réagi.

Le second incident se produisit peu après la célébration d'un *jayanti*.

« Jayanti » *signifie « victoire ». Tout au long de ce livre, le mot* jayanti *désigne le jour où l'on célèbre l'anniversaire de la naissance de Bhagavan.*

Une grande quantité de légumes avait été offerte à l'ashram. Il était clair qu'à moins de trouver un moyen de les conserver, la plus grande partie de ceux-ci allaient pourrir avant qu'on ait pu les consommer. Bhagavan décida que la meilleure chose à faire était de couper les légumes et de les sécher au soleil : on pourrait ainsi les conserver plusieurs semaines. C'était un gros travail en perspective ; Bhagavan demanda donc à Chinnaswâmî d'appeler tous les dévots pour aider à couper les légumes. Je quittai mon travail de construction et me joignis aux autres.

Quand Bhagavan vit que je me présentais pour le travail, il dit ; « Cette règle n'est pas pour vous. Elle est seulement pour les autres. Vous travaillez déjà toute la journée sans aucun repos. »

Bhagavan ne m'encourageait pas toujours à prendre du repos quand j'étais malade ou blessé. Un jour, j'avais très mal à un pied ; j'éprouvais la même sensation que si quelqu'un me frappait de manière répétée avec une pointe de fer. Rien de visible ne provoquait la douleur ; je ne pouvais donc rien faire pour y remédier. Ce jour-là Bhagavan me confia plusieurs tâches. Claudiquant, j'allais de par l'ashram et en accomplis autant que je pus, mais, faute de temps, j'en omis une. Quand j'eus terminé tout le travail hormis cette tâche, j'allai voir Bhagavan et lui dis que j'avais très mal à un pied. Bhagavan ne tint aucun compte de ma remarque et me demanda si j'avais accompli la tâche que j'avais omise. Je lui dis qu'ayant mal au pied, je n'avais pas pu.

Bhagavan me dit : « Allez faire ce dernier travail et la douleur s'en ira. Elle disparaîtra pendant que le travail sera en cours. »

Comme d'habitude, la prédiction de Bhagavan s'avéra juste.

Je ne peux pas dire que j'appréciais toujours de travailler si dur. J'aurais bien aimé avoir un jour libre de temps en temps. Un jour, j'essayai de m'accorder un bref répit, mais les conséquences furent si désastreuses que je n'essayai plus jamais. Cela arriva alors que je me sentais très fatigué suite à une longue période de travail sans repos. J'allai demander à Bhagavan si je pouvais m'accorder un répit dans mes fonctions et faire *giri pradakshina* [marche autour de la montagne]. Je lui dis que j'en avais le désir depuis pas mal de temps. Sachant que j'avais beaucoup de travail en cours, Bhagavan commença par me refuser sa permission. En fait, il ne dit pas « non », il se contenta de rester silencieux. J'aurais dû accepter son silence comme une réponse, mais, assez stupidement, je persistai dans ma requête.

Finalement, Bhagavan me donna une réponse positive : « Vous dites souvent que vous voulez du temps libre de manière à pouvoir méditer. Faites *giri pradakshina* et méditez pendant que vous marchez. »

Je fis le tour de la colline, mais mon mental était trop agité pour méditer. Je me sentais coupable d'avoir abandonné mon travail malgré la réticence avec laquelle Bhagavan m'avait autorisé à le faire. Mes sentiments de culpabilité s'accrurent énormément quand je fus de retour à l'ashram. Je fus accueilli par un groupe de plusieurs dévots qui voulaient tous savoir où j'étais allé. Ils me dirent qu'au moment où j'avais quitté l'ashram, Bhagavan avait délaissé son sofa et avait commencé à diriger le travail que j'avais choisi de négliger. Il était resté dehors en plein soleil, dirigeant le travail, pendant toutes ces heures où j'avais été absent. Personne n'avait réussi à le persuader de rentrer. Les dévots qui étaient venus pour son *darshan* avaient été contraints de faire leur *namaskâram* dans la boue et la chaux qui entouraient ses pieds. Chinnaswâmî et les autres dévots étaient, non sans raison, fâchés contre moi : ils m'en voulaient d'avoir causé tout cet embarras à Bhagavan. Bhagavan, lui, ne dit rien, mais je compris aisément sa leçon silencieuse : accomplir le travail que Bhagavan assigne est plus important que de se réserver du temps pour la méditation ou pour *giri pradakshina*.

Bhagavan était plus accommodant quand il n'y avait aucun chantier à diriger à l'ashram. Pendant l'une de ces périodes d'accalmie, je décidai d'aller faire un tour au sommet de la montagne. Je demandai et obtins de Bhagavan la permission d'y aller, et lui demandai de m'indiquer le chemin le plus rapide pour me rendre au sommet. Bhagavan m'amena à l'arrière de l'ashram et me montra l'éperon ondulant qui s'étend quasiment de la cime jusqu'à l'ashram.

« Il y a trois pointes sur cet éperon », dit-il en me le montrant. « Vous les remarquerez en montant. Ne quittez pas ces pointes des yeux et marchez toujours dans leur direction. Quand vous aurez atteint le sommet de la troisième pointe, vous constaterez que vous ne pouvez pas continuer tout droit vers le sommet. Marchez un bout sur l'un des côtés et puis grimpez directement jusqu'à la cime principale. »

Râmaswâmî Pillai écoutait ces instructions. Quand Bhagavan eut fini de parler, il commenta : « Les quatre pics sont comme les pics de *karma*, *yoga*, *bhakti* et *jnâna*. Il nous faut les surmonter l'un après l'autre. »

Je suivis les instructions de Bhagavan et atteignis très facilement le sommet. Comme je craignais un peu d'avoir faim pendant la montée et de perdre toute mon énergie, je pris un sac contenant des *iddlies*, des cacahuètes, des lentilles, des bananes, de la noix de coco et de l'eau. Je mangeai une petite collation à intervalles réguliers et n'éprouvai ni faim ni perte d'énergie.

À mon retour, j'annonçai fièrement à Bhagavan : « À aucun moment de la journée, je n'ai été affecté par la faim. »

Bhagavan rit et se moqua de moi en disant : « Comment auriez-vous pu avoir faim ? Vous avez mangé toute la journée. » Bhagavan lui-même cessa d'aller au sommet vers le milieu des années 1920. Il aimait se promener sur la montagne, mais il savait que s'il entreprenait de monter au sommet, tout le monde à l'ashram essaierait de le suivre.

En 1938, un dévot de Salem s'appelant Rajagopala Iyer interrogea Bhagavan sur les différents chemins conduisant au sommet de la montagne.

Bhagavan décrivit les meilleurs chemins, puis commenta : « Si l'escalade est faite lentement, personne n'aura de difficulté. »

Subramaniam Iyer, qui entendit Bhagavan dire cela, essaya alors de recruter Bhagavan dans le groupe avec lequel il s'apprêtait à grimper la montagne en disant : « Si Bhagavan nous accompagne, aucun d'entre nous n'éprouvera de problème. »

Bhagavan répondit en plaisantant : « Si je viens, tout le monde à l'ashram voudra se joindre à nous. Même les bâtiments viendront avec nous ! »

Une dame qui écoutait notre conversation demanda à Bhagavan : « Est-ce que Bhagavan peut encore faire l'ascension de cette montagne ? »

Bhagavan rit et répondit : « Je peux encore faire l'ascension de cette montagne, et je peux aussi faire l'ascension de n'importe quelle autre montagne ! »

*Arunâchala s'élève à environ 900 mètres. Au moment de cet incident, Bhagavan avait dans les cinquante-huit ans. Pendant sa jeunesse, il faisait souvent l'aller-retour de Skandashram, situé à une hauteur d'environ 200 mètres, jusqu'au sommet, en à peu près une heure. Il faut d'habitude au moins le double de temps à un adulte normal en bonne santé pour couvrir la même distance. Les facultés d'escalade de Bhagavan sont d'autant plus remarquables si l'on considère qu'il ne portait jamais ni souliers ni sandales.*

Les premiers temps, quand Bhagavan habitait à la grotte de Virupaksha, il montait fréquemment au sommet tout seul, y restait un moment, puis revenait à la grotte. Il m'a raconté qu'un jour qu'il était monté seul au sommet, un dévot s'appelant Coutrallam Swâmî l'avait suivi secrètement. Dix minutes après que Bhagavan eut atteint le sommet, Coutrallam Swâmî fit son apparition avec un pot de terre contenant de l'eau. Il avait suivi Bhagavan jusqu'au sommet, portant le pot sur son dos, de manière à ce que Bhagavan ne souffrît pas de la soif après sa longue ascension.

Coutrallam Swâmî, qui était aussi connu sous les noms de Shivaya ou Mauni Swâmî, quitta finalement Bhagavan et devint lui-même une personnalité spirituelle réputée. Il devint le responsable de plusieurs *maths*, eut beaucoup de disciples, et avait même une grande voiture, chose très rare en ce temps-là.

Certaines personnes le considéraient comme un homme arrogant, mais un jour Bhagavan me parla de lui en termes élogieux : « C'est un bon dévot, mais il ne montre pas sa dévotion à l'extérieur. Sa dévotion est tout intérieure. Il la cache si bien que la plupart des gens pensent qu'il n'est pas un bon dévot. J'aime beaucoup ce genre de dévotion. »

# Avec un peu de riz et d'attention...

Quand Bhagavan se réveillait, habituellement entre trois et quatre heures du matin, il allait à la cuisine et commençait à couper les légumes qui seraient cuisinés dans la matinée. Les autres personnes qui travaillaient à la cuisine dormaient plus longtemps et se joignaient à lui un peu plus tard. Habituellement, avant de se mettre au travail, Bhagavan coupait un bout de gingembre en petits morceaux, ajoutait un peu de sel et avalait le tout. C'était son remède maison pour ses problèmes chroniques de digestion.

Bhagavan était, en apparence, un chef cuisinier très démocratique : il commençait toujours la journée en demandant à tous ceux qui travaillaient à la cuisine ce qu'ils souhaitaient préparer pour le repas de midi. Chacun était invité à faire part de ses idées et de ses projets, et les différentes possibilités étaient discutées jusqu'à ce qu'on parvienne à une sorte de consensus. On coupait alors les légumes d'après le projet retenu, mais souvent, quand la cuisson commençait, Bhagavan changeait de recette sans consulter personne.

Vers la fin de la matinée, quand la cuisson touchait à sa fin, Bhagavan disait très innocemment : « Nous avions projeté de cuisiner d'une certaine façon, mais il semble que cela s'est passé différemment. »

Ceux d'entre nous qui travaillaient avec lui avaient l'impression que la seule raison d'être de ces discussions du petit matin était de nous encourager à nous intéresser au travail. Ces changements de la mi-matinée n'étaient jamais source de mécontentement. Nous acceptions tous l'autorité absolue de Bhagavan et nous étions toujours heureux de nous conformer à tous les changements qu'il apportait, et à toutes ses suggestions.

Comme Bhagavan arrivait habituellement le premier à la cuisine, il lui incombait d'allumer le feu. Un certain Ranga Rao qui était aussi un matinal essaya quelquefois de décharger Bhagavan de cette tâche, mais il y réussit rarement. D'autres essayèrent de le décharger du travail de pilage avec guère plus de succès. Quand la coupe des légumes était terminée, Bhagavan s'enroulait un tissu autour de la tête et pilait le *chutney* dans un des mortiers de pierre. Il mettait toute sa force et son énergie dans ce travail, ne cédant sa place que si un dévot fort et expérimenté proposait de le remplacer. Une fois le *chutney* terminé, il se lavait les mains et se rendait au *pârâyana* (psalmodie d'œuvres scripturaires) du matin.

Bhagavan restait en contact avec le travail de la cuisine pendant qu'il était assis dans le Hall. Sampurnammal, ou l'une des autres cuisinières apportait un peu de *sambar* ou de légumes aussitôt qu'ils étaient prêts. Après y avoir goûté, Bhagavan donnait son approbation ou de nouvelles instructions telles que : « Ajoutez du sel ». Si les cuisinières oubliaient de venir, Bhagavan quittait le Hall au milieu de la matinée, allait à la cuisine et voyait par lui-même si la nourriture avait été préparée correctement ou non.

Habituellement, tout le monde était heureux de suivre les instructions de Bhagavan, mais quelquefois il dut exercer son autorité. Je me souviens en particulier de la fois où il apprit aux cuisinières comment faire l'*aviyal* correctement. L'*aviyal* est un plat épicé contenant plusieurs légumes différents, de la noix de coco et du yogourt. Bhagavan avait demandé avec insistance, à plusieurs reprises, que les piments et les autres épices soient pilés en une pâte avant d'être ajoutés aux légumes en train de mijoter. Comme c'était un travail fatigant qui prenait du temps, un jour, les cuisinières décidèrent d'ajouter des épices en poudre au repas au lieu de la pâte pilée à la main. Bhagavan s'en rendit compte : la première fois où l'on prépara de nouveau de l'*aviyal*, il vint à la cuisine et pila lui-même les épices. J'entrai par hasard dans la cuisine pendant qu'il le faisait.

Constatant qu'il était le seul à travailler et que toutes les femmes l'entouraient et le regardaient faire, je dis : « Vous êtes nombreuses à travailler à la cuisine. Pourquoi Bhagavan fait-il ce travail tout seul ? »

Bhagavan expliqua ce qui se passait : « Je leur ai dit de faire une pâte avec les piments, mais elles n'ont pas suivi mes instructions. Aussi, pour m'assurer que le travail soit fait correctement, je le fais moi-même. Ce n'est pas une tâche pénible pour moi. C'est un bon

L'ancienne salle à manger. Le bâtiment initial en chaume, dont la photo se trouve dans le premier cahier, a été remplacé par une construction en briques et en tuiles. C'est là que tout le monde mangeait en 1938.

Mudaliar Patti, dans une cour du temple d'Arunâchaleswara.

Natesa Iyer

Echammal

Santammal, chef de cuisine pendant la plus grande partie des années 1930 et 1940.

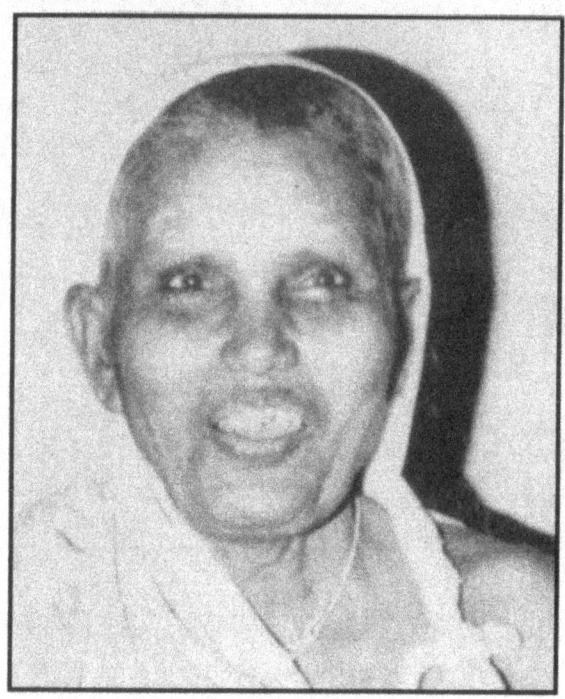

Sampurnammal

Dans cette photo et dans toutes les photos de groupe, seules sont identifiées les personnes dont il est question dans le texte.
Dernière rangée, de droite à gauche : 3ème Tenamma, 4ème Subbalakshmi Amma, 5ème Santammal.
Rangée du milieu ( de d. à g. ) : 2ème Subramaniam, 3ème Kunju Swâmî, 4ème Râmaswâmî Pillai, 6ème Râmanatha Brahmachari, 7ème Annamalai Swâmî, 9ème Samma Dada.
Assis (de d.à g.) : 1ème Madhava Swâmî, 2ème T.K. Sundaresa Iyer, 3ème Chinnaswâmî, 4ème Bhagavan, 5ème T.P. Râmachandra.

exercice pour les mains et pour les bras. »

Je me tournai vers les femmes et les réprimandai un peu : « Il y a tant de monde ici et vous laissez Bhagavan faire le travail pénible. Pourquoi restez-vous là à ne rien faire ? »

Bhagavan ne fit aucun commentaire ; il continua simplement à piler. Les femmes crurent comprendre qu'il était disposé à laisser quelqu'un d'autre poursuivre le travail.

Elles se mirent toutes à dire : « Laissez-moi le faire », « Je vais le faire », « Laissez-moi prendre la relève ».

Bhagavan rit et dit : « C'est seulement maintenant que vous le demandez. Pourquoi ne l'avez-vous pas demandé plus tôt ? » Il termina le travail et ne laissa personne d'autre prendre le pilon. Puis, après avoir ajouté la pâte à l'*aviyal* et l'avoir remué avec une cuillère, il nettoya lui-même pilon et mortier. Ce fut une bonne leçon pour tout le monde : plus jamais on n'ajouta des épices en poudre à l'*aviyal*.

Je me souviens d'une autre fois où Bhagavan nous donna une leçon en faisant un travail lui-même. Il y avait près de la cuisine une pièce que l'on nettoyait rarement. Elle était poussiéreuse et sale ; le sol était presque toujours jonché de vieilles feuilles de bananier et de bouts de légumes coupés. Beaucoup de monde passait par cette pièce, mais jamais personne ne prit la peine de la nettoyer. Un beau jour, Bhagavan lui-même prit un balai et nettoya complètement toute la pièce.

Pendant que Bhagavan faisait le travail, plusieurs dévots essayèrent de l'arrêter en disant : « S'il vous plaît, Bhagavan, laissez-moi faire ce travail. Je vais nettoyer cette pièce. » Bhagavan refusa de donner son balai.

À tous les volontaires, il donna la même réponse : « C'est seulement maintenant que vous y prêtez attention. N'avez-vous pas vu la saleté avant ? »

Bhagavan ramassa les ordures sur un grand morceau de papier, les porta dehors et les jeta. Depuis ce jour-là, la pièce fut nettoyée régulièrement.

En relatant comment Bhagavan s'est impliqué dans les activités de construction de l'ashram, j'ai mentionné que parfois il entreprenait des constructions alors que nous n'avions pas d'argent disponible pour les mener à bien. Je l'ai vu une fois adopter une stratégie similaire dans la cuisine. Un matin, alors qu'il n'y avait pratiquement pas de nourriture à l'ashram, je le vis prendre le petit peu de nourriture que nous avions et commencer à préparer un repas. Il avait assez de foi pour commencer le repas dans l'attente que Dieu envoie plus de nourriture avant que la préparation ne soit terminée. Il était environ cinq heures et demie du matin quand Bhagavan se mit à nettoyer une poignée de riz concassé. Il le lava dans un pot, sortit toutes les pierres, puis commença à le cuire sur un *kumutti* [brasero à charbon de bois]. Ces activités me laissaient assez perplexe.

« Ce riz, me dis-je, n'est même pas suffisant pour moi. Comment tous ces gens vont-ils manger ? »

Comme le riz commençait à bouillir, un dévot fit son apparition avec deux litres de lait. Quand le riz fut cuit, Bhagavan mit un plus grand récipient sur le *kumutti* et y fit cuire le riz et le lait ensemble. Quelques minutes plus tard, un autre dévot arriva avec une offrande de raisins et de sucre candy. Bhagavan lava les offrandes et les mit dans la marmite. Vers six heures et demie, alors que la cuisson touchait à sa fin, un groupe de dévots arriva de Kumbakonam. Ils avaient apporté avec eux un grand récipient contenant des *iddlies*, des *vadai*, du *chutney*, une variété spéciale de bananes de montagne et des tasses faites de feuilles de bananier. Ces tasses en feuilles de bananier (*tonnai*) étaient exactement ce dont nous avions besoin pour servir le *payassam* maison de Bhagavan.

*Le payassam, un porridge sucré et gluant, se compose de céréales, de lait, de sucre et parfois de fruits.*

Vers sept heures du matin, après le bain de Bhagavan, nous prîmes tous place pour un copieux petit déjeuner.

Plusieurs personnes ont écrit au sujet de la répugnance de Bhagavan à gaspiller quoi que ce soit d'utile. Cette habitude se manifestait souvent dans la cuisine. Une fois, pendant que l'on préparait le repas de midi, quelques graines de moutarde tombèrent sur le sol. Les cuisinières n'y prêtèrent aucune attention, mais Bhagavan les ramassa une à une avec ses ongles et les mit dans un petit pot.

Sama Iyer, un des brahmanes qui travaillait à la cuisine, dit : « Bhagavan ramasse ces quelques graines de moutarde et les met de côté. Bhagavan est aussi très regardant en matière d'argent. Pour qui met-il tout cela de côté ? »

« Toutes ces choses sont créées par Dieu, répondit Bhagavan. Nous ne devrions pas les gaspiller, même les petites choses. Si elles peuvent être utiles à quelqu'un, c'est bien de les garder. » Bhagavan feignait souvent de ne pas remarquer nos multiples fautes, mais s'il voyait des dévots se montrer gaspilleurs, il était rare qu'il reste impassible. En juin 1939, alors que Bhagavan revenait d'une de ses promenades sur la montagne, je le vis accoster le fils de Sundaresa Iyer et le sermonner vertement.

« Votre père me dit que vous achetez des tas de choses inutiles, dit Bhagavan. Ne dépensez pas votre revenu de manière inconsidérée. Vous devez être économe. Le feu, les dettes, les objets des sens et le poison : une infime quantité de l'un ou l'autre peut suffire pour nous détruire. »

Bhagavan me reprit une fois de la même manière pendant que je dirigeais la construction de la nouvelle salle à manger. Il me donna un clou rouillé et courbé de 4 cm et me demanda de le nettoyer, de le redresser et de l'utiliser pour la salle à manger.

« Mais Bhagavan, protestai-je, nous venons de recevoir plusieurs kilos de clous flambant neufs. Nous n'avons pas besoin d'utiliser de vieux clous comme celui-ci. »

Bhagavan ne fut pas d'accord. Après m'avoir dit que tout ce qui est utile devrait être utilisé, il répéta ses instructions : le clou devait être réparé.

L'insistance de Bhagavan sur l'économie et son aversion pour le gaspillage l'amenèrent à fabriquer plusieurs outils et ustensiles à partir de matériaux disponibles sur place. Une fois, quand il vivait à Skandashram, il prit une grande pierre de granit d'environ 2 mètres carrés et passa plusieurs jours à en aplanir la surface en y frottant du sable et de l'eau. Au bout du compte, la surface de la pierre était devenue si lisse et polie qu'on pouvait y voir son visage. On utilisa cette pierre pour refroidir le riz après la cuisson. À la fin des années 1930, quatre ou cinq dévots montèrent à Skandashram chercher la pierre parce qu'ils savaient qu'elle avait été façonnée par Bhagavan. Ils la portèrent en bas de la montagne et l'installèrent dans la nouvelle cuisine. À l'instar de Bhagavan, plusieurs dévots polirent de nouvelles pierres, environ 10 mètres carrés, et les utilisèrent à la même fin.

Bhagavan était disposé à passer plusieurs heures chaque jour à s'assurer que la nourriture de l'ashram soit préparée correctement, mais il n'aimait pas les repas élaborés se composant de plusieurs plats. Il se contentait tout à fait avec du riz, du *sambar* et un plat de légumes. Un jour, une dame du Kerala, habituée à préparer plusieurs plats différents à chaque repas, vint pour le *darshan* et demanda avec insistance à pouvoir cuisiner pour tout le monde. Moyennant une grande dépense de temps et d'énergie, elle réussit à préparer et à servir trente-deux mets différents. Bhagavan l'autorisa à les servir séparément sur sa feuille de bananier, mais quand le service fut terminé, il mélangea le tout en une masse homogène.

En guise d'explication, il lui dit : « Vous avez dépensé beaucoup d'énergie pour préparer toute cette nourriture. Le simple fait de réunir tous les ingrédients a dû prendre beaucoup de temps. Un seul légume – ce qui est assez pour nettoyer l'estomac et pour nous préserver de la constipation – suffit. À quoi bon tout cela ? En outre, il y a un autre problème : si vous préparez trente-deux plats, le mental est toujours en train de penser : « Est-ce que je mangerai celui-ci ou celui-là ? » Ainsi le mental est distrait pendant que l'on mange. S'il y a un seul mets, il n'y a pas de problème. On peut manger très simplement. De plus, des repas comme celui-ci donnent un mauvais exemple aux gens qui n'ont pas de quoi manger. Les pauvres gens vont apprendre que nous servons des repas somptueux et penser : « Nous avons très faim, mais ces gens qui sont censés être de simples *sâdhus* mangent tant de mets différents. » Des pensées de ce genre vont inutilement susciter de la jalousie. »

Plus tard il ajouta : « Si Bhagavan mangeait un mets avant les autres, la femme de service penserait : " Oh, Bhagavan aime beaucoup cela. " Puis elle viendrait en servir une autre portion sur mon assiette. C'est pourquoi je mélange tout en une seule boule. »

Pendant ses premières années sur la colline, la plus grande partie de la nourriture de Bhagavan lui était fournie par des dévotes comme Mudaliar Patti et Echammal. Elles préparaient la nourriture chez elles, puis l'apportaient soit à la grotte de Virupaksha soit à Skandashram. Quand l'ashram commença à préparer sa propre nourriture, les deux femmes continuèrent à en apporter chaque jour. Mudaliar Patti amenait assez de nourriture pour environ quatre personnes ; Echammal assez pour deux. Toutes les deux apportaient leurs offrandes au repas de midi et les servaient personnellement à Bhagavan et aux dévots. Quand les deux femmes devinrent âgées et que les installations de cuisine de l'ashram se furent développées, Bhagavan essaya de les dissuader d'apporter de la nourriture, mais ni l'une ni l'autre n'était disposée à abandonner le privilège durement gagné de servir Bhagavan personnellement chaque jour.

> Bhagavan demanda à plusieurs reprises à Echammal d'arrêter d'apporter de la nourriture, mais il ne fut jamais favorable à un interdit formel. Un jour, dans l'intérêt de la santé de Bhagavan, Chinnaswâmî interdit à Echammal de lui apporter de la nourriture. Ce jour-là, quand on sonna la cloche pour le repas de midi, Bhagavan refusa d'entrer dans la salle à manger. Il ne donna jamais d'explication, mais les dévots devinèrent bientôt qu'il protestait contre l'interdiction faite à Echammal. Echammal était déjà retournée en ville, aussi une délégation de dévots fut-elle dépêchée pour aller la chercher. D'abord, comme elle était encore fâchée contre la direction de l'ashram, elle n'était pas disposée à venir, mais quand on lui fit remarquer que Bhagavan jeûnerait probablement, à moins qu'elle ne vienne en personne, elle accepta de venir pour nous sortir de l'impasse. Quand elle demanda à Bhagavan de se rendre à la salle à manger pour dîner, il se leva et alla prendre son repas. Personne, pendant l'heure précédente, n'avait réussi à le convaincre de quitter le vieux Hall. Après cet incident, les droits d'Echammal à servir ne furent plus jamais mis en question.

Chaque fois que Bhagavan voyait arriver Mudaliar Patti, son visage s'éclairait d'un sourire. Souvent, après qu'elle l'eut servi, il lui demandait davantage de nourriture. Il arrivait même qu'il la rappelle quand elle avait fini de le servir et se serve lui-même d'une partie de la nourriture qui restait dans son panier. C'était très inhabituel. Bhagavan reprochait souvent aux personnes de service de mettre trop de nourriture sur son assiette et, sauf quand Mudaliar Patti était là, il demandait rarement une seconde portion. Nous avions tous le sentiment que c'étaient l'amour et la dévotion de Mudaliar Patti qui obtenaient cette aimable réponse de Bhagavan.

N'étant pas brahmane, je n'étais pas autorisé à faire la cuisine. Les rares fois où j'aidais à la cuisine, ma participation se limitait à couper les légumes. Il y eut cependant une occasion où Bhagavan n'observa pas les règles et m'associa à la préparation d'un repas. C'était un matin, le lendemain de la célébration d'un *jayanti*. Tous les cuisiniers étaient endormis, complètement épuisés après avoir nourri des milliers de personnes la veille. De toute évidence, ils n'allaient pas se lever à temps pour préparer le petit déjeuner. Bhagavan nous amena donc à la cuisine, Madhava Swâmî, Râmakrishnaswâmî et moi, pour préparer un *uppuma*. Sous la direction de Bhagavan, nous coupâmes les légumes et les noix de coco et fîmes un grand plat de *rava uppuma*.

> L'*uppuma* est un porridge épais, fait de blé, qui contient quelques légumes frits et des épices. Le rava, son principal ingrédient, est obtenu en concassant des grains de blé en petites particules.

Quand l'*uppuma* fut prêt, Bhagavan m'en donna un petit peu à goûter. Je déclinai d'abord l'offre, parce que, Bhagavan m'ayant amené directement de ma chambre à la cuisine, je n'avais pas eu le temps de me laver les dents ce matin-là.

Bhagavan ne voulut rien savoir de l'état de ma bouche. «Prenez-le, dit-il. Nous pouvons nous laver les dents après.»

Un peu plus tard, il ajouta: «Ne dites pas aux autres que c'est nous qui avons cuisiné cela. Les brahmanes ne mangeraient pas s'ils venaient à savoir que vous avez préparé leur nourriture.»

C'est un bon exemple de l'attitude de Bhagavan envers l'orthodoxie brahmane. Il se donnait beaucoup de peine pour éviter de froisser les sentiments des brahmanes orthodoxes, surtout en n'autorisant que des brahmanes à cuisiner la nourriture de l'ashram, mais il n'était pas strict au point de ne pas contourner les règles de temps en temps, si c'était pour une bonne raison. Son attitude était dictée par le désir d'éviter les plaintes et la dissension plutôt que par désir de coller à la lettre du *dharma* des castes.

Un autre incident, sans liens avec la cuisine, montre aussi à quel point il était attentif à ne pas froisser les sentiments des brahmanes de l'ashram. Alors que je me promenais avec Bhagavan du côté de l'étable, nous remarquâmes quelques femmes qui nettoyaient du riz près d'une des chambres d'hôtes. L'une d'elles venait de cracher du jus de betel sur le chemin sur lequel nous nous promenions. À l'aide de son pied nu, Bhagavan recouvrit le jus et l'enfouit sous un petit monticule de terre.

Ne voulant pas que les pieds de Bhagavan entrent en contact avec la salive, j'essayai de l'arrêter en disant: «Pourquoi Bhagavan fait-il cela ? Je vais le faire. »

Bhagavan déclina mon offre. « Quelle différence y a-t-il entre "vous" et "je" ? » demanda-t-il. Plusieurs brahmanes empruntent ce chemin pour se rendre au *pâthasâlâ*. S'ils venaient à voir cela sur le chemin, ils se fâcheraient. Je ne fais que l'enfouir pour éviter de les offenser. »

J'ai déjà évoqué le fait que des travailleurs de l'ashram ayant peur de parler directement à Bhagavan m'utilisaient quelquefois comme intermédiaire. Santammal, chef de cuisine de l'époque, me demanda une fois de transmettre un message à Bhagavan.

*Jusque vers la fin des années 1920, Chinnaswâmî était le chef cuisinier de l'ashram. Après qu'il prit la direction de l'ashram, la plus grande partie de la cuisine fut assurée par un groupe de veuves brahmanes : Santammal, Sampumammal, Tenamma Patti, Lokammal et Subbalakshmi Ammal.*

De longues heures de travail à la cuisine l'avaient beaucoup affaiblie.

« Vous parlez toujours avec Bhagavan, dit-elle. S'il vous plaît, dites-lui que je souffre beaucoup dans mon corps à cause de tout le travail que je fais. S'il vous plaît, demandez-lui ce que je dois faire. »

Quand je communiquai le message à Bhagavan, il ne se montra pas très compatissant.

« Elle travaille dans l'intérêt de son ego. Elle a le sentiment : "Je fais tout ce travail. J'ai la responsabilité de toute la cuisine." Elle essaie de montrer aux gens que c'est elle qui fait tout le travail et cherche ainsi à se faire une bonne renommée. Elle se plaint pour attirer l'attention des gens sur le fait qu'elle travaille dur. Dites-lui de travailler moins. Dites-lui de se contenter de diriger les autres dames. Il y a assez de monde à la cuisine pour faire tout le gros travail. Il n'est pas nécessaire qu'elle s'exhibe de cette façon. Si elle suit mes instructions, les douleurs vont disparaître. »

Puis, avant que j'aie eu le temps de transmettre le message, Bhagavan alla lui-même à la cuisine et lui dit : « À partir de maintenant, contentez-vous de diriger les autres femmes. Laissez-les faire le travail pénible. »

Il y avait un homme qui s'appelait Natesa Iyer, qui travaillait aussi à la cuisine en ce temps-là. C'était un homme très humble, quasiment sans volonté propre. Les cuisinières profitaient de cela en le faisant travailler très dur. Quel que fût le travail qu'elles lui donnaient, il le faisait de bon cœur, sans la moindre plainte, bien qu'il fût fréquemment très fatigué. Quand les femmes découvrirent qu'il ne se plaignait jamais et à quel point il était souple, elles se déchargèrent sur lui de tout le gros travail.

Après quelque temps, quand sa santé commença à s'en ressentir, il vint me voir et dit : « Les femmes me font beaucoup travailler. Je vous en prie, parlez-en à Bhagavan. Dites-lui que mon corps souffre beaucoup de faire tout ce travail. Comme vous parlez souvent avec lui, vous pouvez facilement lui en toucher un mot. »

Cette fois Bhagavan ne donna aucune réponse. Je ne sais pas pourquoi il n'intervint pas ouvertement dans cette affaire en allégeant la charge de Natesa Iyer ou en lui en parlant, mais cela lui ressemblait bien de traiter deux cas très semblables de manières si différentes. Bhagavan répondait toujours à l'état d'esprit du dévot plutôt qu'aux circonstances dans lesquelles il se trouvait. Si je devais hasarder une hypothèse dans ce cas particulier, je dirais que, prisant l'humilité plus que toute autre vertu, Bhagavan doit avoir pensé que ce serait bon pour Natesa Iyer de continuer à réagir humblement aux constantes brimades des cuisinières.

Les jours de *jayanti* [les jours où l'on célébrait l'anniversaire de Bhagavan] des milliers de visiteurs affluaient à l'ashram. Il n'était pas possible de tous les nourrir en même temps. Plusieurs services étaient organisés dans la salle à manger. Bhagavan mangeait toujours au premier service. Quand il avait terminé son repas, il allait faire un petit tour sur la montagne, avant de retourner dans le vieux Hall où il restait seul de midi à quatorze heures trente environ. Pendant ce temps, les portes du Hall étaient fermées de manière à ce qu'il ne soit pas assiégé par tous les visiteurs. C'était la coutume de l'ashram de nourrir quiconque se présentait le jour du *jayanti*. Aussi y avait-il invariablement une grande foule indisciplinée à contenir. Beaucoup de visiteurs ne venaient que pour recevoir un repas gratuit. Une fois les visiteurs nourris et la foule dispersée, Bhagavan recommençait à donner le *darshan*.

Du fait du grand nombre de personnes qui voulaient le voir, il ne lui était pas possible de donner le *darshan* depuis sa place habituelle dans un coin du vieux Hall. Au lieu de cela, les serviteurs mettaient son divan près de la porte, juste en deçà du seuil. Les visiteurs venaient jusque devant l'encadrement de la porte, avaient le *darshan* et partaient.

Un jour de *jayanti*, Bhagavan entendit Chinnaswâmî crier à haute voix : « Pas de *paradêsîs* [*sannyâsins*] au premier service ! »

Bhagavan, qui se rendait à la salle à manger, revint sur ses pas et retourna dans le vieux Hall. Il se considérait évidemment comme un *paradisi* et avait le sentiment qu'on lui avait interdit l'accès de la salle à manger. Cela créa un gros problème parce que selon une coutume établie de longue date, personne ne devait manger avant que Bhagavan n'ait commencé son repas. Chinnaswâmî vint dans le Hall, s'excusa d'avoir donné un ordre aussi discriminatoire et demanda à Bhagavan de venir manger au premier service. Plusieurs des plus vieux dévots firent de même. Bhagavan répondit qu'il ne mangerait que si tous les *paradêsîs* étaient autorisés à manger avec lui. Chinnaswâmî accepta de bonne grâce cette condition parce que tout le programme d'alimentation, impliquant des milliers de personnes, ne pouvait pas débuter avant que Bhagavan n'ait pris place dans la salle à manger.

Quand Bhagavan donnait le *darshan* les jours de *jayanti*, il évitait toute conversation occasionnelle avec ses serviteurs et les dévots parce qu'il ne voulait pas que les nombreux nouveaux visiteurs s'imaginent tous qu'ils devaient lui parler. Pendant la plus grande partie de la journée, il restait sur son divan, assis comme une statue. Ses yeux étaient ouverts, mais il ne fixait rien de particulier. Il était si tranquille que même son estomac et sa poitrine, qui auraient dû se soulever et s'abaisser doucement avec sa respiration, ne montraient aucun signe de mouvement. Plusieurs dévots, moi y compris, ressentaient qu'il irradiait plus de force et de grâce qu'à l'accoutumée les jours de *jayanti*. Nous ressentions tous très fortement cette force quand Bhagavan restait pétrifié dans ces états semblables au *samâdhi*.

# Les animaux dans la grâce de Bhagavan

Un jour, des dévots amenèrent un petit faon et le laissèrent à l'ashram. Tout d'abord, Bhagavan se montra peu disposé à l'accepter.

« Pourquoi donc voudrions-nous une biche à l'ashram ? Qui prendra soin d'elle ? » demanda-t-il.

Ce ne fut qu'une fois que Madhava Swâmî, le serviteur de Bhagavan, se fut proposé pour en prendre soin qu'il l'autorisa à rester. La biche, qui s'appelait Valli, grandit comme un animal familier de l'ashram. Bhagavan la nourrissait régulièrement avec du riz, des *dhals* et des noix de cajou, un mélange qu'elle appréciait beaucoup. Des dévots la nourrissaient aussi occasionnellement avec du riz soufflé et des *dhals*. Le riz soufflé n'intéressait pas Valli. Elle triait les *dhals* une à une et laissait le reste.

Valli venait souvent dans le Hall et posait sa tête sur la plante des pieds de Bhagavan. Parfois, quand elle le faisait, Bhagavan jouait avec elle en poussant fortement ses pieds contre sa tête. Valli répondait en frappant gaiement de la tête les pieds de Bhagavan. D'autres fois, quand Valli dansait sur ses pattes arrière, Bhagavan se tenait debout à côté d'elle, exécutant des pas de danse tandis que ses bras ondoyaient.

Un jour, Valli partit paître avec des chèvres. Quand elles arrivèrent à Easanya Math, distant d'environ 3 km, quelqu'un attaqua Valli et la blessa si gravement à une jambe qu'elle ne put pas rentrer à l'ashram. Elle resta couchée là, sans personne pour prendre soin d'elle, pendant plus d'une journée. Ce soir-là, constatant que Valli n'était pas rentrée à l'ashram, Bhagavan nous envoya à sa recherche, Rangaswâmî et moi.

Quelqu'un nous donna une fausse information, nous disant que la biche avait été vue dans une des rues musulmanes de la ville. Nous y allâmes, craignant qu'elle n'ait fini dans une marmite, mais personne ne se rappelait l'y avoir vue.

Valli fut retrouvée le lendemain par un groupe de dévots qui se promenaient près d'Easanya Math. Ils bandèrent sa jambe et la ramenèrent à l'ashram. Un vétérinaire du coin, qui était aussi un dévot, l'examina et diagnostiqua une jambe cassée. Il la banda et nous expliqua succinctement comment prendre soin d'elle. Nous l'installâmes dans un coin de la vieille salle à manger, mais elle ne se remit jamais de sa blessure. Environ un mois plus tard, Bhagavan, pressentant qu'elle était sur le point de mourir, s'approcha du panier où elle était couchée. C'était très tôt, environ quatre heures du matin. Il s'assit près d'elle, posa une main sur sa tête et l'autre sur son Centre-Cœur.

Bhagavan appliquait parfois ce traitement à des dévots sur le point de mourir. Son but était de ramener le mental dans le Cœur afin qu'il y meure. Quand cette technique aboutissait, le fortuné dévot atteignait la Réalisation du Soi. Il fit une première tentative avec Palaniswâmî, un de ses premiers serviteurs, mais cela ne réussit pas. Plus tard, il réussit à provoquer la Réalisation du Soi, et de sa mère et de la vache Lakshmi, en les touchant de cette façon pendant qu'elles mouraient.

Bhagavan garda ses mains dans cette position pendant environ une heure. À un moment, Valli urina sur lui, mais il n'y prêta pas attention. Il resta à ses côtés, touchant sa tête et son Centre-Cœur jusqu'à ce qu'elle rendît l'âme, vers cinq heures du matin. Je ne pense pas que Bhagavan l'ait amenée à la Réalisation du Soi, car il ne parla jamais de l'incident. S'il avait réussi, je suis sûr qu'il nous en aurait parlé.

> *J'ai récemment découvert par hasard un autre exemple d'un dévot que Bhagavan a touché de cette façon. À ma connaissance, l'incident n'a jamais été rapporté en entier.*
>
> *En 1939, un dénommé Sathya Narayana Rao était en train de mourir dans une des chambres de l'ashram. Il souffrait apparemment beaucoup. Un dévot vint donner cette information dans le Hall. Bhagavan sembla tout d'abord ne pas s'intéresser à la question.*
>
> *« Que puis-je faire ? » dit-il. « Suis-je médecin ? » Cependant, après quelques minutes, il se leva et, avec Krishnaswâmî, il se rendit dans la chambre où l'homme se mourait. Sathya Narayana Rao était couché sur un lit dans une petite chambre voisine du magasin. Bhagavan s'assit*

près de lui et lui mit une main sur la tête et l'autre sur le Centre-Cœur. Jusqu'alors Sathya Narayana Rao se tournait et se retournait dans son lit pour essayer d'alléger sa douleur, mais après que Bhagavan l'eut touché ainsi pendant quelques secondes, il s'apaisa, ferma les yeux et resta tranquillement couché sur le lit.

Au bout d'environ une demi-heure, Bhagavan dit : « Nous en avons fini ici. Nous pouvons aller manger. »

Bhagavan avait différé son dîner parce qu'il avait voulu finir son travail avec Sathya Narayana Rao. Pendant que Bhagavan mangeait, un dévot vint l'informer que Sathya Narayana Rao était mort. Cependant, avant de mourir, il avait ouvert les yeux, souri et tendu le bras pour toucher ses deux sœurs.

Quand Bhagavan entendit cela, il s'écria : « Ah ! Le voleur est revenu. Je pensais que son mental s'était complètement résorbé. Ses vâsanas [habitudes et tendances mentales] ont resurgi. Son attachement à ses sœurs lui a fait tendre le bras pour les toucher. »

Dans le cas de Palaniswâmî, Bhagavan dit que la pensée « Je » s'était échappée par les yeux au moment de la mort et avait pris une nouvelle naissance. On peut présumer que quelque chose de similaire se produisit dans ce cas.

Cette histoire m'a été racontée par Krishnaswâmî, qui a été un témoin oculaire de tous ces événements. J'ai aussi découvert que plusieurs des détails circonstanciels étaient corroborés par Narasimha Rao, le frère de Sathya Narayana Rao, dans un manuscrit non publié.

Plus tard dans la matinée, Bhagavan me demanda de construire un petit *samâdhi* [tombeau] près de la porte arrière de l'ashram.

« Nous devrions construire un *samâdhi* pour Valli dans l'ashram même », dit-il. « Nous n'avons pas besoin de maçons, nous pouvons le construire tous les deux ! »

Je fis le travail de maçonnerie. Bhagavan m'assista en me tendant les briques. Quand la structure principale du *samâdhi* fut terminée, Bhagavan me demanda d'installer un *lingam* et d'y faire une *pûjâ*. Je menais à bien les deux tâches avec Bhagavan debout à mes côtés. Tout cela prit plusieurs heures. Pendant la construction du *samâdhi* et la célébration des cérémonies funéraires, Bhagavan ne se rendit pas dans le Hall. Les dévots qui vinrent pour le *darshan* durent tous venir à l'endroit où nous travaillions.

Il y a deux autres petits *samâdhis* près de celui de Valli : ceux de Jackie le chien et d'un corbeau anonyme. Il y a peu à dire au sujet du corbeau. Madhava Swâmî le trouva un jour dans un état inconscient, couché sur le sol devant le Hall. Il le donna à Bhagavan, qui caressa sa tête et le massa doucement pendant un moment. Quand il atteignit le *samâdhi* dans les mains de Bhagavan, celui-ci ordonna qu'un second tombeau soit construit près de celui de Valli.

> Le mot samâdhi *est souvent utilisé comme euphémisme pour « mort ». Le mot a deux autres significations communes : 1) un tombeau et 2) un état semblable à une transe dans lequel on a une expérience directe du Soi.*
>
> *En plus de tous les tombeaux d'animaux de Râmanasramam, Bhagavan construisit deux samâdhis pour des animaux pendant qu'il vivait encore sur la montagne. Le premier, au-dessus de la dépouille d'un paon familier qui vivait à Skandashram, le second au-dessus d'un perroquet. Echammal vit le perroquet se faire attaquer par un corbeau alors qu'elle montait sur la montagne. Elle l'apporta, blessé, à Bhagavan qui vivait alors à Skandashram. Bhagavan le soigna pendant cinq jours avant qu'il ne meure.*
>
> *Quand il l'enterra sur la colline, il dit : « Un bâtiment va s'élever ici. »*
>
> *La prédiction se vérifia : un bâtiment apparut peu après sur le site du samâdhi. Par la suite, la grotte voisine du bâtiment fut connue comme « Kili Guha », la grotte du perroquet.*
>
> *À ma connaissance, l'histoire du samâdhi du perroquet n'a pas été publiée jusqu'à ce jour. J'ai trouvé cette version dans un récit non publié de la vie d'Echammal, écrit par Krishna Bhikshu.*

Jackie le chien, qui fut enterré après coup à côté de la biche et du corbeau, fut amené à l'ashram quand il était très jeune. Il ne se mêlait jamais aux autres chiens et ne jouait pas beaucoup. Au lieu de cela, il vivait une vie de *sâdhu*. Il s'asseyait en face de Bhagavan sur un tissu orange qu'un dévot avait fourni et regardait fixement les yeux de Bhagavan. Comme Bhagavan l'aimait beaucoup et qu'il se comportait toujours de manière aussi exemplaire, on s'occupait très bien de lui. Râmaswâmî Pillai, en particulier : chaque jour il lavait Jackie avec du savon et de l'eau et enlevait les insectes qui s'étaient fixés sur son corps. Chaque fois que l'on distribuait un *prasâd*, Jackie ne mangeait pas avant que Bhagavan n'ait commencé à manger sa part. En de telles occasions, il regardait intensément le visage de Bhagavan. Aussitôt que Bhagavan mettait un morceau dans sa bouche, Jackie commençait à manger.

Je me souviens d'un incident à propos de Jackie. Il eut lieu un jour où Bhagavan était assis près du puits, entouré de dévots. Jackie était assis avec les dévots, regardant intensément Bhagavan, quand un chien errant entra dans l'ashram par la porte arrière. Jackie, distrait par le nouveau venu, commença à aboyer.

Bhagavan le gronda doucement en disant : « Tu n'as qu'à fermer les yeux ! Tu n'as qu'à fermer les yeux ! Tu n'as qu'à fermer les yeux ! Si tu le fais, tu ne pourras pas voir le chien. »

Jackie obéit à l'instant, mais quelques-uns d'entre nous continuèrent à regarder le chien errant.

Quand je vis ce qui se passait, je ris et dis : « C'est une bonne leçon. Elle n'est pas seulement pour Jackie, elle est pour tout le monde. »

Jackie vécut à l'ashram pendant plusieurs années, mais je ne me rappelle pas comment il mourut. Cela dut se passer pendant les années 1930, alors que je dirigeais les travaux de construction, parce que je me rappelle avoir construit le petit *samâdhi* qui se trouve au-dessus de son corps.

*J'ai trouvé la relation suivante de la mort de Jackie dans un récit non publié de Narasimha Rao :*

*« Les premiers temps où nous allions à l'ashram [au début des années 1930], il y avait un chien du nom de Jack. Il était alors très malade. Bhagavan lui avait préparé un lit moelleux et s'occupait très affectueusement de lui, pourvoyant à ses besoins. Après quelques jours, il devint plus faible et commença à sentir mauvais. Cela ne modifia en rien l'attention que Bhagavan lui prêtait. Il le prenait dans ses bras, le tenait contre lui et le caressait avec amour. Finalement, il expira dans ses bras. À aucun moment, le chien ne manifesta le moindre signe de souffrance : il endura tout cela courageusement. On l'enterra dans l'enceinte de l'ashram et on érigea un monument au-dessus de sa dépouille. »*

Les *samâdhis* de Valli la biche, du corbeau anonyme et de Jackie le chien sont alignés les uns à côté des autres. La rangée est complétée par le *samâdhi* de Lakshmi. Son histoire a été racontée dans plusieurs livres, aussi ne prendrai-je pas la peine de la répéter ici. Je me contenterai de relater à son sujet un ou deux incidents que je crois inédits.

Chaque fois que Lakshmi venait pour le *darshan,* elle marchait très vite, ne se souciant pas de savoir qui se trouvait sur son passage. C'était aux dévots de décider s'ils voulaient lui faire place ou se faire écraser. Quand elle arrivait au divan de Bhagavan, elle se tenait souvent en face de lui et posait sa tête sur ses pieds. Si elle s'approchait davantage, il lui caressait doucement la tête et le cou. Souvent, ils étaient si proches l'un de l'autre que la salive de Lakshmi tombait sur le corps de Bhagavan. Si l'on préparait de la nourriture spéciale à l'ashram, Bhagavan en servait à Lakshmi dans le Hall même. Je l'ai vu lui servir des *iddlies,* du *payassam* et des *vadai,* le tout sur une feuille de bananier, tout à fait comme si elle était un être humain. Parfois il apportait directement la nourriture à l'étable et la lui servait.

Une fois, alors qu'il y avait très peu d'herbe à l'ashram, Bhagavan remarqua que Lakshmi n'avait pas eu assez à manger. Ce jour-là, quand il vint à la salle à manger, il refusa de manger le repas qu'on lui avait servi et demanda aux personnes qui servaient de le donner à Lakshmi. Quand la nouvelle de cet étrange comportement parvint à l'étable, ceux qui y travaillaient comprirent que Bhagavan protestait indirectement contre le mauvais traitement infligé à Lakshmi. On amena du fourrage du bazar, permettant ainsi à Bhagavan et à Lakshmi de reprendre leurs repas habituels.

Il a été largement rapporté que Lakshmi donnait souvent naissance à un veau le jour de l'anniversaire de Bhagavan. J'ai eu l'occasion de voir un de ces veaux ; d'une couleur blanche très pure, il était dans le Hall, assis en face de Bhagavan. Du fait de sa couleur et de sa position, il ressemblait à Nandi [le *vâhana* ou monture de Shiva]. À ce moment-là, Bhagavan était assis sur une peau de tigre, Valli la biche était assise à proximité, le *kumutti* brûlait devant le sofa, et il y avait tout près, un cobra d'argent que l'on utilisait comme support pour l'encens. Avec tous ces emblèmes de Shiva en évidence, on se serait cru au Mont Kailas [la montagne de l'Himalaya où, selon la tradition, réside Shiva].

Cela me rappelle un autre petit incident, sans aucun rapport avec les animaux, qui eut lieu dans le Hall. Un dévot avait apporté un album de peintures religieuses, toutes peintes par le grand artiste Ravi

Varma. Bhagavan nous les montrait, une à une. Quand il arriva à une peinture du Seigneur Shiva méditant les yeux fermés, je fis la remarque qu'elle était très belle.

L'unique commentaire de Bhagavan fut : « Shiva ! Si tu restes assis comme cela, les yeux fermés, qui va veiller sur toutes les activités du monde ? »

Beaucoup de dévots croyaient que Lakshmi était une réincarnation de Keeraipatti, une femme qui préparait et amenait de la nourriture à Bhagavan pendant qu'il vivait sur la montagne. Bhagavan ne confirma ni n'infirma jamais cela. Plusieurs dévots croyaient aussi que le paon blanc qui vivait avec Bhagavan dans les années 1940 était une réincarnation de Madhava Swâmî, qui avait été le serviteur de Bhagavan pendant plusieurs années. En l'occurrence, Bhagavan semblait un peu mieux disposé à admettre qu'un de ses dévots s'était réincarné dans un corps d'animal.

Un jour, alors que j'étais dans le Hall, quelqu'un demanda à Bhagavan : « Comment se fait-il que Madhava Swâmî soit revenu sous la forme d'un paon blanc ? »

Bhagavan, sans se donner la peine de nier ou d'éluder l'hypothèse, répondit : « Cela s'est passé de la même manière que de nouveaux corps se créent dans un rêve. »

Madhava Swâmî avait été le serviteur de Bhagavan pendant plusieurs années. Il avait commencé à servir Bhagavan à la fin des années 1920 et continué à le faire jusqu'au début des années 1940. Par sa stature, sa corpulence et son teint, il me ressemblait beaucoup. Il avait aussi des dons de télépathie : si Bhagavan voulait quelque chose, Madhava Swâmî captait la pensée et fournissait l'objet désiré.

Bien qu'il fût constamment en présence de Bhagavan, son mental errait beaucoup. Il trouvait difficile de méditer et éprouvait de l'amertume parce qu'il devait passer tout son temps à servir Bhagavan dans le Hall. En venant à l'ashram, il s'imaginait qu'il pourrait passer tout son temps en méditation. Au lieu de cela, comme moi, une semaine après son arrivée, il s'était retrouvé à travailler à plein-temps comme serviteur de Bhagavan.

Madhava Swâmî n'aima jamais son travail et éprouva toujours de la jalousie envers les dévots qui pouvaient méditer toute la journée. Après que j'eus moi-même quitté l'ashram, avec la permission de

Bhagavan, pour me consacrer à la méditation à plein-temps, Madhava Swâmî vint me voir et se plaignit de son sort.

« J'étais déjà au service de Bhagavan avant vous, dit-il. Bhagavan vous a donné votre liberté, mais moi, je dois encore travailler. Comme Bhagavan ne m'a pas encore accordé sa grâce, je dois continuer à travailler. »

La plupart des dévots auraient été étonnés de l'entendre parler ainsi. En tant que serviteur, il avait le privilège de passer toute la journée auprès de Bhagavan, qui lui parlait fréquemment de questions spirituelles, et il était une des rares personnes autorisées à toucher et masser le corps de Bhagavan. Madhava Swâmî n'en retirait aucune satisfaction.

Il me dit une fois : « Ces dévots qui viennent dans le Hall de Bhagavan pensent que c'est un paradis. Mais pour moi le Hall de Bhagavan est comme l'enfer. »

Madhava Swâmî faisait ouvertement preuve d'un profond dégoût pour les femmes, tout particulièrement les belles. Quand il en venait pour le *darshan,* il disait à haute voix : « Pourquoi ces femmes viennent-elles voir Bhagavan ? »

Quand Madhava Swami se permettait un commentaire de ce genre, Bhagavan le réprimandait en disant : « Pourquoi les regardez-vous comme des femmes ? Vous n'avez qu'à les regarder en tant que voire Soi. »

Vers la fin de sa vie à l'ashram, il commença à mépriser tous les visiteurs, hommes et femmes.

Il dit une fois à Bhagavan : « Si être *sâdhu* signifie vivre dans une grotte et pratiquer tout le temps la méditation, pourquoi toutes ces foules viennent-elles voir Bhagavan ? » Il s'imaginait qu'ils auraient tous dû rester chez eux, assis en méditation.

Bhagavan lui dit : « Pourquoi les regardez-vous comme « autres » ? Pourquoi faites-vous des distinctions ? Occupez-vous de ce que vous avez à faire et regardez votre propre Soi. Regardez les autres comme des formes de Dieu ou comme des formes du Soi. »

Pendant ses premières années auprès de Bhagavan, il était paisible et content. C'est seulement vers la fin des années 1930 que son mental commença à le perturber à tel point qu'il finit par sombrer peu à peu

Bhagavan avec le paon blanc.

Les samâdhis d'animaux.
De gauche à droite : la biche Valli, le corbeau, le chien Jackie et la vache Lakshmi.

Photo de groupe, prise à la fin des années 1920, où on peut voir, au premier plan, Jackie le chien.

La vache Lakshmi, aux côtés de Bhagavan.

Skandashram : On voit le chemin de Râmanasramam sur la gauche.

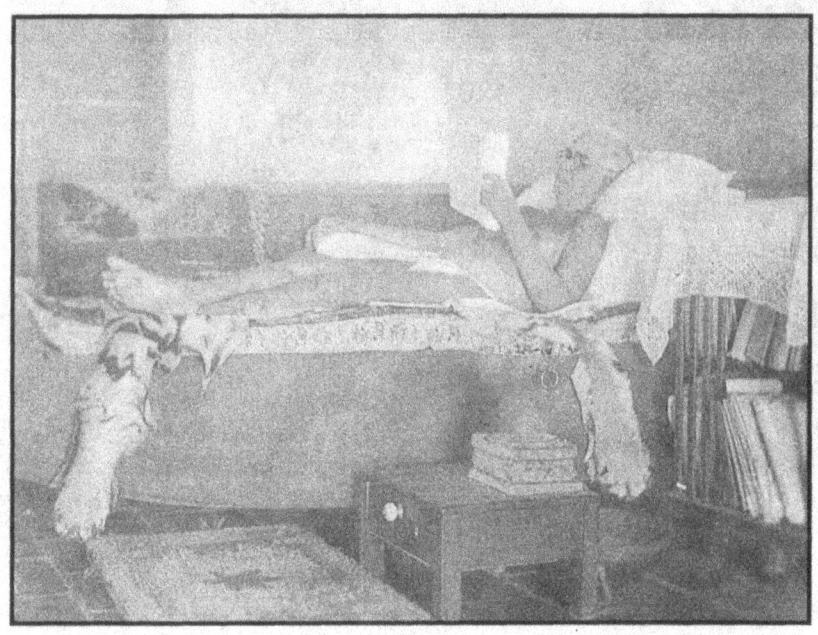
Bhagavan couché sur son sofa, lisant un magazine.

Debout, groupés en arrière-plan, de droite à gauche : 1$^{er}$ Madhava Swâmî, 2$^{ème}$ Annamalai Swâmî (bras croisés), 6$^{ème}$ Subramaniam, 7$^{ème}$ Râmakrishna Swâmî, 8$^{ème}$ (en chemise, bras croisés) Râmaswâmî Pillai, 10$^{ème}$ Rangaswâmî. Debout en ligne, au centre, de droite à gauche : 2$^{ème}$ T.K. Sundaresa Iyer, 4$^{ème}$ Ganapati Sastri. Assis sur le banc, de droite à gauche : 1$^{er}$ Grant Duff, 2$^{ème}$ Bhagavan. Assis sur le sol, de droite à gauche : 1$^{er}$ Narayana Iyer, 2$^{ème}$ Munagala Venkataramiah, 3$^{ème}$ Yogi Ramaiah, 4$^{ème}$ Chinnaswâmî.

dans la folie. Je me souviens qu'un jour, voyant des ouvriers du jardin creuser un trou pour le compost, il fut convaincu que des gens de l'ashram projetaient de le tuer et de l'enterrer dans ce trou.

Quand on lui dit que ce n'était qu'un trou pour le compost, il cria : « Non ! Non ! Ces gens creusent ce trou parce qu'ils veulent m'enterrer ! »

Finalement, Madhava Swâmî démissionna de son travail de serviteur et quitta l'ashram. Il revint pour des visites occasionnelles, mais passa la plus grande partie de son temps en pèlerinage, espérant trouver un peu de tranquillité mentale. Il ne la trouva jamais. Avec les années, son agitation et son instabilité mentale augmentèrent. Au milieu des années 1940, l'ashram reçut un message disant que Madhava Swâmî séjournait à Kumbakonam et qu'il avait besoin d'assistance. Bhagavan envoya Kunju Swâmî pour voir ce que l'on pouvait faire pour lui. Kunju Swâmî fut choqué de voir à quel point son état s'était détérioré mentalement et physiquement.

Il lui transmit le message que Bhagavan lui avait donné : « Vous avez servi Bhagavan pendant bien des années. Vous étiez constamment en sa présence. Pourquoi êtes-vous venu ici ? Pourquoi ne revenez-vous pas à l'ashram ? »

Madhava Swâmî avait bien trop peur de revenir et de voir Bhagavan. Il était persuadé que ses problèmes mentaux s'aggraveraient en présence de Bhagavan.

Il dit à Kunju Swâmî : « La gloire et la grâce de Bhagavan sont indescriptibles. Mais mon *karma* est trop lourd pour moi. Qu'y puis-je ? Seule la grâce de Bhagavan me permet de le supporter. Il est très intense. C'est mon lot de souffrir comme cela. »

Quelques mois plus tard, il se suicida en mangeant des graines vénéneuses. Kunju Swâmî, agissant sur les ordres de Bhagavan, alla à Kumbakonam et fit tous les arrangements funéraires. Par chance pour Madhava Swâmî, ce ne fut pas la fin de l'histoire. Sa dévotion pour Bhagavan lui permit de renaître en tant que le paon blanc de Bhagavan.

Quelques indices convainquirent plusieurs personnes que ce paon était certainement la réincarnation de Madhava Swâmî.

Chaque fois qu'il venait dans le Hall, le paon ne manquait pas d'inspecter tous les livres sur les étagères ; or s'occuper de la bibliothèque qui se trouvait là était l'une des tâches quotidiennes de Madhava Swâmî. Une autre de ses tâches était de réparer les livres endommagés ou d'en refaire la reliure. Quand le paon faisait son tour d'inspection, il donnait souvent des coups de bec aux livres dont Madhava Swâmî avait refait la reliure, mais ne touchait pas les autres. Un autre indice avait trait au fait que Madhava Swâmî était quelque peu misogyne, à tel point qu'il faisait souvent des remarques inconvenantes quand des femmes entraient dans le Hall. Le paon garda ce trait en refusant d'avoir quoi que ce soit à faire avec les paonnes vivant à l'ashram. J'ai une petite histoire de mon cru à ajouter au dossier. Quand Madhava Swâmî me rendait visite, il s'asseyait toujours sur un banc de béton près de la porte. Plus tard, le paon blanc me rendait aussi visite de temps en temps. Chaque fois qu'il venait, il s'installait sur le banc à la même place que Madhava Swâmî.

S'il y a une morale à tirer de cette histoire, je pense qu'elle se trouve dans un bref incident dont je fus témoin à l'ashram. Bhagavan avait essayé en vain de faire s'installer le paon blanc dans un nid que l'on avait fait exprès pour lui.

Comme le paon refusait de collaborer, Bhagavan constata : « Tu ignores presque toujours mes conseils. »

Quand quelqu'un amenait un nouvel animal à l'ashram, Bhagavan refusait habituellement de l'accepter à moins qu'un dévot ne se porte volontaire pour prendre soin de lui. Dans un premier temps, Bhagavan ne voulait même pas accepter Lakshmi et le paon blanc. Ce ne fut qu'après que des dévots lui eurent donné l'assurance qu'ils seraient bien soignés qu'il accepta de les laisser rester à l'ashram. Des animaux qui ne trouvèrent grâce aux yeux de personne furent rendus à ceux qui les avaient donnés. Je me souviens d'un bébé tigre qui tomba dans cette catégorie qu'un dévot du nord de l'Inde apporta à Bhagavan. Bien que petit, il était déjà très féroce. Il se fâchait avec tous ceux qui l'approchaient, à l'exception de Bhagavan. Bhagavan le prit sur ses genoux et fut photographié ainsi, mais personne d'autre ne pouvait le maîtriser. Après une semaine, quand il devint clair que le tigre ne s'assagirait pas, Bhagavan dit au propriétaire de l'emmener.

En plus des animaux familiers de l'ashram et des vaches, il y eut nombre d'animaux sauvages qui vinrent pour le *darshan* de Bhagavan. Les histoires de singes sont bien connues, mais il y a un incident à propos de deux moineaux qu'à ma connaissance, personne n'a encore rapporté.

Un jour deux moineaux vinrent et se perchèrent au sommet des portes doubles qui étaient alors du côté sud du Hall. Chacun des moineaux se percha sur une des portes et regarda intensément Bhagavan pendant toute une journée. Aucun des deux ne manifestait le moindre signe de peur quand des dévots en visite entraient ou sortaient par la porte. Habituellement, on fermait les portes du Hall le soir, mais comme les moineaux refusèrent de partir, même une fois la nuit tombée, Bhagavan dit à ses serviteurs de laisser les portes ouvertes. Ils restèrent toute la nuit et partirent de bonne heure le lendemain matin. Après qu'ils furent partis, Bhagavan nous dit que deux *siddhas purushas* [êtres parfaits] étaient venus sous la forme de moineaux pour avoir son *darshan*.

*Il y a une tradition à Tiruvannamalai, selon laquelle un certain nombre d'êtres parfaits, appelés siddhas, vivent sur Arunâchala dans des corps invisibles. On a rapporté plusieurs autres exemples de Bhagavan disant qu'un ou plusieurs de ces êtres avaient pris la forme d'un animal et lui avaient rendu visite pour avoir son darshan.*

Il y avait d'autres moineaux, moins nobles, dans le voisinage. Un jour l'un d'eux essaya, à plusieurs reprises, de construire un nid au-dessus du sofa de Bhagavan. Il ne put jamais parvenir à ses fins parce qu'à chaque fois, Madhava Swâmî détruisait le nid avec un long bâton. Après plusieurs tentatives vouées à l'échec, le moineau vint se percher au sommet des portes d'entrée, regarda Bhagavan et pépia à plusieurs reprises à son adresse. Pour les personnes qui se trouvaient dans le Hall, cela sonnait comme le bruit ordinaire d'un oiseau, mais Bhagavan comprit qu'il se plaignait.

Il se tourna vers Madhava Swâmî et demanda : « Qui a détruit son nid ? Il se plaint à moi à ce sujet. »

« C'est moi, répondit Madhava Swâmî. S'il construit son nid sur n'importe quelle autre poutre, il n'y aura pas de problème. Mais il y aura toujours des ennuis s'il le construit juste au-dessus du sofa. Il y aura toujours de l'herbe qui tombera sur la tête de Bhagavan. »

Bhagavan fut d'accord et fit clouer deux planches de bois aux poutres dans un autre coin du Hall. Le moineau se laissa bon gré mal gré persuader de reconstruire son nid sur ces nouvelles planches. On ne le dérangea plus; il y pondit des œufs et y éleva une famille. Comme touche finale de cette histoire, il me faut mentionner qu'un jour, un des bébés moineaux tomba du nid. Bhagavan lui donna du lait, puis demanda à un des dévots de le remettre dans le nid. Le moineau resta là pendant deux mois. Un jour, quand tous les petits eurent appris à voler, il s'en alla et ne revint jamais.

Bhagavan faisait toujours preuve de sollicitude lorsqu'un animal se trouvant dans son entourage était blessé ou dans l'embarras pour une raison ou pour une autre. Un jour, alors que je me promenais sur la montagne avec Bhagavan, un pigeon tomba devant nous. Un oiseau plus grand l'avait attaqué et l'avait gravement blessé à la tête. Bhagavan me demanda de le ramasser et de l'emmener à l'ashram. Quand nous fûmes de retour dans le Hall, Bhagavan le posa sur ses genoux et massa la blessure avec de l'huile de castor. De plus, de temps en temps, il soufflait doucement sur la plaie. Étant soit en état de choc, soit inconscient, l'oiseau se laissa faire. Après le traitement de Bhagavan, l'oiseau se rétablit rapidement et presque miraculeusement. Le lendemain nous le ramenâmes dans la montagne et le relâchâmes. Il s'envola sans manifester le moindre signe de la sérieuse blessure dont il venait d'être victime.

Bhagavan avait l'habitude de nourrir les animaux de l'ashram environ une heure après le déjeuner, tandis que la plupart des dévots dormaient. Comme la plupart des écureuils vivaient dans le Hall, c'est là qu'il les nourrissait. Quant aux autres animaux, il les nourrissait habituellement à l'extérieur.

Les singes, qui étaient tous passablement agressifs, recevaient toujours leur nourriture à l'extérieur. Sachant que leur présence dérangerait beaucoup de dévots, Bhagavan ne voulait pas qu'ils prennent l'habitude de venir chercher leur nourriture dans le Hall.

Bhagavan nourrissait les écureuils dans le Hall, chaque jour, aux environs d'une heure de l'après-midi. Les dix à quinze écureuils qui vivaient dans et aux alentours du Hall se montraient toujours à peu près à ce moment-là et attendaient que Bhagavan les nourrisse. Ils se montraient aussi à d'autres moments de la journée, surtout s'ils entendaient Bhagavan ouvrir la boîte de noix qu'il gardait près de son sofa. Les écureuils ne manifestaient jamais le moindre signe de peur ou d'appréhension quand ils étaient avec Bhagavan. Bien qu'ils fussent des animaux sauvages, ils couraient joyeusement sur ses jambes, ses bras et sa tête en attendant leur nourriture. Cette intrépidité fit une fois une victime : un écureuil qui courut dans un des coussins de Bhagavan fut soit étouffé, soit écrasé à mort quand Bhagavan s'appuya par inadvertance sur celui-ci. Heureusement, de tels accidents étaient très rares.

La compassion de Bhagavan pour les animaux ne s'étendait pas à tous les membres du royaume des insectes, car il ne semblait pas malheureux de laisser tuer des insectes s'ils étaient source de désagrément.

Un matin, par exemple, peu avant le déjeuner, Bhagavan remarqua qu'un grand nombre de fourmis noires entraient dans le Hall par le trou d'écoulement.

> *Les sols indiens de pierre ou de ciment sont régulièrement lavés avec de l'eau. Dans de telles pièces, il y a un petit trou d'évacuation d'environ 2 cm de diamètre à la jonction de l'une des parois et du sol. Bien des sols sont légèrement inclinés de manière à ce que l'eau s'écoule naturellement vers ce trou.*

Se tournant vers moi, Bhagavan dit : « Trouvez d'où viennent ces fourmis. S'il y a un nid là-dedans, bouchez la sortie de sorte que les fourmis ne puissent pas entrer dans le Hall. Vous devez faire ce travail rapidement, parce que tous les dévots vont revenir vers trois heures. »

Je descellai la dalle sur laquelle se trouvait le trou d'écoulement. Comme je retirais la pierre hors de la paroi (elle y était imbriquée de quelques centimètres), je vis une grande colonie de fourmis noires qui vivaient là, dans un trou. Découvertes, les fourmis réagirent en se répandant dans le Hall. Certaines d'entre elles commencèrent même à envahir le sofa de Bhagavan. Il y en avait tellement autour de mes pieds qu'il m'était impossible de faire un pas sans en tuer. Bhagavan remarqua que la peur de tuer inutilement des fourmis m'immobilisait.

« Pourquoi restez-vous debout là à les regarder ? » demanda Bhagavan. « Vous devez boucher le trou avant que les dévots ne reviennent. Dites-moi ce dont vous avez besoin pour finir proprement le travail. Tout ce dont vous avez besoin – boue, eau, brique – , dites-le-moi et je vous l'apporterai. »

J'étais trop inquiet à l'idée de tuer des fourmis pour pouvoir répondre à Bhagavan. Il renouvela donc son offre : « Dites-moi ce que vous voulez et j'irai le chercher. Est-ce qu'il me faut apporter des briques cassées et un peu de ciment ? »

Cette fois, je réussis à expliquer mon inactivité.

« Il y a des fourmis partout, Bhagavan. Je ne peux pas bouger ni faire le moindre travail sans en tuer. »

Bhagavan écarta mon excuse. « Où est le mal ? » demanda-t-il. « Est-ce vous qui le faites ? Tout le monde bénéficiera de ce que vous faites. Si vous laissez tomber l'idée : "Je fais ceci", alors, il n'y aura pas de problème. Ce n'est pas quelque chose que vous avez vous-même décidé de faire. Vous le faites parce que je vous l'ai demandé. »

Bhagavan perçut intuitivement que j'étais encore réticent à marcher sur les fourmis, aussi essaya-t-il une autre approche.

« Dans la *Bhagavad Gîtâ*, Krishna demande à Arjuna de tuer ses ennemis. Devant les hésitations d'Arjuna, Krishna lui explique qu'il a déjà décidé que ces gens devaient mourir. Arjuna n'est qu'un outil qui exécute la volonté divine. De même, puisque je vous ai dit de faire ce travail, aucun *pâpam* [les conséquences karmiques qui découlent de l'accomplissement d'actes immoraux] ne retombera sur vous. »

Quand Bhagavan m'eut donné cette assurance, je remplis le trou avec des briques et du ciment. De nombreuses fourmis furent tuées pendant l'opération.

Je découvris plus tard que Bhagavan dissuadait généralement les dévots de tuer des insectes à moins qu'il ne fussent en train de blesser ou de faire souffrir des personnes ou des animaux, ou sur le point de le faire. S'ils causaient un problème, il n'avait pas de scrupule à les tuer. Je vis une fois Bhagavan enlever les tiques d'un des chiens de l'ashram et les tuer en les jetant dans le charbon de bois qui brûlait dans son *kumutti*.

Un dévot qui regardait demanda : « N'est-ce pas un péché de tuer des insectes de cette façon ? »

Râmaswâmî Pillai, qui avait l'habitude d'enlever les insectes des chiens et de les tuer de la même manière, justifia cette activité en racontant une histoire à propos de Râmakrishna Paramahamsa.

« Il semble, dit-il, qu'un des dévots de Shrî Râmakrishna Paramahamsa se demandait si c'était un péché de tuer les punaises. Il alla questionner Râmakrishna à ce sujet. Quand il arriva, il trouva Râmakrishna en train de tuer les punaises dans son propre lit. Le dévot eut ainsi une démonstration directe en guise de réponse à sa question.»

Bhagavan ne répondit pas lui-même au questionneur, mais quand Râmaswâmî Pillai eut terminé son histoire, il approuva d'un signe de tête et dit: «Oui».

Une autre fois, tandis qu'un visiteur maintenait qu'on ne devrait tuer aucune vie d'insecte, Bhagavan répliqua: «Si vous cuisinez et coupez des légumes, vous ne pouvez pas éviter de tuer quelques insectes. Si vous pensez que tuer des vers est un péché, alors vous ne pouvez pas manger de légumes.»

Si Bhagavan voyait des gens tuer délibérément des insectes inoffensifs, il manifestait habituellement sa désapprobation. Un jour, par exemple, un petit garçon brahmane vint dans le Hall et commença à attraper et à tuer des mouches rien que pour s'amuser. Il écrasait les mouches en frappant ses mains l'une contre l'autre.

Bhagavan lui dit: «N'attaque pas les mouches comme cela. C'est un péché.»

Pas troublé le moins du monde, le garçon répliqua avec ce qu'il pensait être un contre-argument de poids: «Vous avez tué un tigre de 2 m de long et vous êtes assis sur sa peau. N'est-ce pas aussi un péché?»

Bhagavan rit et laissa tomber l'affaire.

> *D'autres personnes demandaient à Bhagavan pourquoi il choisissait de s'asseoir sur une peau de tigre. La plupart d'entre elles pensaient qu'il approuvait tacitement le fait de tuer des tigres en s'asseyant sur leurs peaux. Bhagavan répondait habituellement que les peaux étaient des cadeaux arrivés à l'ashram sans avoir été sollicités et qu'il n'avait pas demandé que l'on tue des tigres pour lui.*
>
> *Bhagavan s'opposait vivement à l'acte de tuer toute forme supérieure de vie. Il donnait l'ordre que même les serpents et les scorpions ne soient pas tués dans l'ashram. La règle générale semblait être: les insectes peuvent être tués s'ils causent de la douleur ou sont potentiellement nuisibles, mais toutes les formes supérieures de vie, y compris les animaux dangereux et venimeux, sont sacro-saintes.*

Les moustiques étaient un problème continuel pour la plupart des dévots. Bhagavan ne critiquait jamais les dévots s'ils écrasaient les moustiques qui les piquaient. Dans les années 1940, il autorisa même la vaporisation de l'étable avec des pesticides, afin que les vaches ne soient pas incommodées par des insectes. Cependant, si on le questionnait sur l'aspect moral de l'acte de tuer les moustiques, il répondait habituellement qu'on ne devrait pas s'identifier avec le corps qui est piqué.

Un dévot qui le questionna à ce sujet reçut la réponse suivante : « Si vous portiez plainte contre les moustiques devant un tribunal, les moustiques auraient gain de cause : leur *dharma* [les règles d'après lesquelles ils doivent vivre] est de piquer ; ils vous enseignent que vous n'êtes pas le corps. Vous n'objectez à leurs piqûres que parce que vous vous identifiez au corps. »

# Fragments

## Réprimandes aux serviteurs et ouvriers

Les serviteurs de Bhagavan étaient toujours choisis et recrutés par Chinnaswâmî. À ma connaissance, Bhagavan n'a jamais demandé à quelqu'un d'être son serviteur ; il n'a jamais non plus essayé de se débarrasser de l'un d'eux. De temps en temps, des gens s'offraient pour faire ce travail, mais sans succès : les serviteurs de Bhagavan devaient toujours être de jeunes hommes célibataires ; ainsi le voulait la coutume de l'ashram.

Un jour, une femme, une infirmière qualifiée du nord de l'Inde, s'offrit pour être au service de Bhagavan. Il répondit en disant : « Demandez aux gens dans le Hall. »

Krishnaswâmî, le serviteur-chef et quelques-unes des autres personnes qui se trouvaient dans le Hall exprimèrent leur désapprobation.

« Non ! Non ! Nous ne pouvons pas avoir de femmes au service de Bhagavan. Cela ne va pas ! »

Bhagavan se tourna vers la femme et dit : « Ces gens pensent tous comme cela. Qu'y puis-je ? »

Bhagavan était un maître d'œuvre sévère ; il insistait toujours pour que l'on exécute correctement et ponctuellement les tâches qui nous incombaient. En conséquence, les serviteurs, qui travaillaient sous sa constante surveillance, faisaient souvent l'objet de ses commentaires critiques. Il se fâchait rarement contre quelqu'un, mais quand il le faisait contre l'un de ses serviteurs, c'était dû au fait que celui-ci avait manqué à quelque devoir.

Peu après l'arrivée de Krishnaswâmî à l'ashram, Bhagavan se fâcha rouge contre lui parce qu'il refusait de chasser les singes hors du Hall. Les singes des environs, sachant que beaucoup de gens venaient dans le Hall avec des offrandes de fruits, s'asseyaient tout près et essayaient de voler les fruits des visiteurs qui n'étaient pas sur leurs gardes. Bhagavan n'encourageait pas les dévots à nourrir les singes près du Hall, parce qu'il ne voulait pas qu'ils prennent l'habitude d'y attendre de la nourriture. Même s'il lui arrivait de rire quand des singes réussissaient à voler une banane ou une mangue, Bhagavan se fâchait aussi avec ses serviteurs quand les singes réussissaient leurs incursions dans le Hall. Il réprimandait fréquemment Krishnaswâmî parce qu'il ne chassait pas les singes et les laissait entrer.

Finalement, Bhagavan lui dit : « Il semble que vous ne vouliez rien entendre de ce que je dis. Vous ne ferez votre travail correctement que si Chinnaswâmî vient vous dire ce que vous devez faire. »

Sur ce, Bhagavan rapporta l'affaire à Chinnaswâmî, qui vint sur le champ faire sévèrement la morale à Krishnaswâmî, lui intimant l'ordre d'accomplir son devoir correctement. Après cela, Krishnaswâmî devint un zélé chasseur de singes. Il gardait une catapulte à portée de main et chassait les singes à la moindre provocation.

Un autre serviteur, appelé Rangaswâmî, passa lui aussi par une période d'inattention. Après avoir été de service dans le Hall pendant un certain temps, il cessa de prêter attention à ses devoirs et, au lieu de cela, se mit à méditer. Il ne se souciait même pas des singes. Quand des visiteurs posaient leurs offrandes de fruits près de Bhagavan, les singes pouvaient les voler sans crainte d'être molestés, parce que Rangaswâmî, l'homme qui était censé veiller sur les fruits, était assis par terre, les yeux fermés.

Bhagavan toléra ce comportement pendant quelques jours, mais finit par le secouer en lui disant : « Si vous voulez vivre ici, vous devez faire votre devoir comme tout le monde. La méditation est incluse dans le service au Gourou. »

Rangaswâmî réalisa son erreur et recommença à s'acquitter de ses devoirs.

Une autre fois, Bhagavan se fâcha rouge contre lui parce qu'il lui avait dit un mensonge. Pendant que Rangaswâmî réglait la radio dans le Hall, il tourna un des boutons de telle façon que la radio cessa de fonctionner.

Au lieu d'avouer à Bhagavan qu'il l'avait cassée, il lui dit : « Il semble que quelqu'un a cassé la radio. »

Plus tard dans la journée, Rangaswâmî me confessa avoir cassé la radio et menti à Bhagavan à ce sujet. Il me parut évident qu'il fallait dire la vérité à Bhagavan ; je me rendis donc dans le Hall et fis part à Bhagavan de ce que Rangaswâmî m'avait confié.

Bhagavan réagit en s'écriant avec colère : « Même à moi, il dit des mensonges ! Il ne mérite même pas que je le regarde ! »

Bhagavan mit sa menace à exécution en ignorant l'infortuné Rangaswâmî pendant le reste de la journée.

Il arrivait aussi que Bhagavan se fâche avec ses serviteurs s'ils se montraient très inattentifs. Vaikunta Vas, un des serviteurs des dernières années, s'attira une fois le courroux de Bhagavan en lui brûlant la jambe par inadvertance. Il était environ neuf heures du soir ; Vaikunta Vas était un peu somnolent, car il avait trop mangé au repas du soir. Il appliqua distraitement une bouillotte sur les jambes de Bhagavan sans prendre la peine de contrôler la température. L'eau était beaucoup trop chaude. Bhagavan fit une grimace de douleur, se fâcha contre lui et lui ordonna de quitter le Hall. Vaikunta Vas fut si mortifié de son erreur qu'il quitta immédiatement l'ashram et retourna dans son village près de Pondichéry, où il resta quelque temps avant de revenir.

Bhagavan était rigoureux et exigeait une obéissance absolue, mais seulement de la part de ceux qui travaillaient à plein-temps à l'ashram. Si des visiteurs commettaient des erreurs, il était rare qu'il les réprimandât. Un jour, Srinivasa Rao, un docteur de Madras, reçut la permission de masser les pieds et les jambes de Bhagavan. Habituellement, seuls les serviteurs et parfois quelques vieux dévots étaient autorisés à le faire.

Bhagavan dit à ce docteur : « Frottez des genoux vers les chevilles et non dans l'autre sens », mais le docteur ne tint aucun compte de ses instructions.

Pensant que ses connaissances médicales étaient supérieures à celles de Bhagavan, il s'obstina à masser en sens contraire. Bhagavan n'émit aucune plainte, mais après quelques minutes, il dit au docteur : « Ça ira comme ça ! »

Une fois que le docteur eut quitté le Hall, Bhagavan constata : « Parce qu'il est docteur, il ne veut pas écouter mes conseils. Ni ses propos ni sa manière de masser n'étaient corrects. »

Bhagavan laissa cet homme continuer le massage parce qu'il ne faisait pas partie de l'ashram. Si un de ses serviteurs avait essayé de se comporter comme cela, d'une manière aussi contraire à ses souhaits, il aurait eu droit à une réprimande immédiate de Bhagavan.

Il arrivait aussi que Bhagavan se fâche contre d'autres employés de l'ashram s'ils lui désobéissaient délibérément. Un certain Mauni Srinivasa Rao qui travaillait au bureau s'attira le mécontentement de Bhagavan en essayant d'outrepasser ses instructions. De nombreuses questions spirituelles arrivaient à l'ashram par la poste. Une des tâches de Mauni Srinivasa Rao était de rédiger le brouillon des réponses à toutes ces questions, puis de les montrer à Bhagavan, qui les examinait à fond et faisait toutes les corrections nécessaires. Un jour, Mauni Srinivasa Rao refusa de considérer les corrections de Bhagavan comme définitives. Il les modifia et renvoya la lettre dans le Hall. Bhagavan parcourut la lettre une seconde fois et raya toutes les corrections ajoutées par Mauni Srinivasa Rao. Quand la lettre revint au bureau, Mauni Srinivasa Rao modifia une nouvelle fois quelques-unes des corrections de Bhagavan et apporta le nouveau brouillon dans le Hall, mais quand il essaya de le faire lire par Bhagavan, ce dernier refusa même de le regarder.

Au lieu de cela, il jeta la lettre à Mauni Srinivasa Rao et dit avec beaucoup de colère : « Faites ce que bon vous semble ! »

Parfois, Bhagavan manifestait son mécontentement de manière plus subtile. Une nuit, après le repas du soir, il y eut une grande dispute dans la salle à manger, qui se termina par un coup de Subramaniam Swâmî au visage de Krishnaswâmî. Krishnaswâmî vint immédiatement se plaindre à Bhagavan, mais Bhagavan parut ne pas s'intéresser à l'affaire.

Quelqu'un avait payé pour une grande *bhikshâ* pour le lendemain, ce qui signifiait beaucoup de travail pour tout le monde à la cuisine. D'ordinaire, Bhagavan serait venu à la cuisine vers trois heures du matin pour aider Subramaniam à couper les légumes, mais ce matin-là, il resta dans le Hall et laissa Subramaniam faire tout le travail lui-même. Subramaniam passa les deux premières heures à se demander pourquoi Bhagavan était en retard, mais finit par se rendre compte qu'il était puni d'avoir agressé Krishnaswâmî. Bhagavan le confirma dans son idée en refusant de lui parler et même de le regarder pendant le restant de la journée.

## Râmakrishnaswâmî

Râmakrishnaswâmî, un des employés de l'ashram, faisait les commissions de l'ashram en ville. Il allait si régulièrement en ville qu'il réussit à établir une liaison avec une femme habitant dans le quartier des maçons. Elle travaillait elle aussi pour l'ashram ; il pouvait donc la voir pendant la journée. Une telle chose ne pouvait pas rester secrète : les proches parents de la femme découvrirent bientôt ce qui se passait. Ils dirent à Râmakrishnaswâmî qu'ils le tabasseraient s'il ne leur payait pas 1 000 Rs. Ils ne mirent jamais leur menace à exécution, mais Râmakrishnaswâmî s'était fait une si mauvaise réputation qu'il quitta la ville et alla vivre à Kumbakonam. Au bout de quelques mois, il se dit que la colère de ces gens s'était probablement atténuée, et revint secrètement à Tiruvannamalai. Mais il avait encore peur d'eux. Il changea donc de direction à l'approche de la ville et fit tout le trajet du *giri pradakshina* dans le sens contraire des aiguilles d'une montre pour éviter de la traverser. Se sentant trop gêné pour aller directement à l'ashram, il alla séjourner dans la hutte de Kunju Swâmî à Palakottu.

> *Les pèlerins qui font giri pradakshina font le tour de la montagne à pied en marchant dans le sens des aiguilles d'une montre. Une partie du parcours de 13 km traverse la ville de Tiruvannamalai. En parcourant 8 km autour de la montagne dans le sens contraire des aiguilles d'une montre, Râmakrishnaswâmî évita la section de 3 km qui traverse la ville.*

Il y resta plusieurs jours, essayant sans succès de rassembler assez de courage pour aller se présenter à Bhagavan. Finalement, Bhagavan lui-même vint le voir et lui demanda de venir à l'ashram avec lui. Là, à la grande surprise de tout le monde, au lieu de le critiquer, il lui demanda de travailler pendant quelque temps dans le Hall comme serviteur.

Quelques-uns des dévots qui pensaient que Râmakrishnaswâmî avait sali la réputation de l'ashram désapprouvèrent l'affectation. Bien qu'ils fussent trop polis pour faire part de leurs sentiments, Bhagavan sentit leur désapprobation. De manière à les apaiser, il expliqua sa conduite.

« Avant, quand il travaillait ici, il passait beaucoup de temps à l'extérieur pour le compte de l'ashram. Il ne venait jamais au *pârâyana*, et ne venait pas non plus dans le Hall écouter les enseignements. Son mental était toujours extraverti parce qu'il ne s'adonnait pas à la méditation. Si nous le gardons quelque temps dans le Hall, son mental va s'améliorer. »

Bhagavan fit une pause avant de terminer par ce commentaire : « Son cas a été révélé au grand jour, tandis que ce que d'autres ont fait et font encore, ne l'a pas été. »

## La visite de Gandhi

Dans les années 1930, Mahâtmâ Gandhi vint à Tiruvannamalai faire un discours politique. Les organisateurs ayant choisi un terrain en plein air à quatre cents mètres de l'ashram comme emplacement pour l'événement, plusieurs personnes à l'ashram espéraient que le Mahâtmâ rendrait aussi visite à Bhagavan. Quand le jour du discours arriva, j'attendis à la porte de l'ashram avec de nombreux autres dévots dans l'espoir d'entrevoir Gandhi au passage. Quand il arriva enfin à notre hauteur, on put facilement le voir, parce qu'il était conduit au meeting dans une voiture découverte. Râjagopalachari, important politicien du Congrès, qui avait organisé cette tournée de discours dans l'Inde du Sud, était assis près de Gandhi. Comme la voiture avançait très lentement, je courus à sa hauteur et saluai Gandhi en joignant mes paumes au-dessus de ma tête. À mon grand étonnement et pour mon plus grand plaisir, Gandhi me retourna la salutation en faisant le même geste. La voiture s'arrêta un tout petit moment près de la porte de l'ashram, mais repartit bientôt, Râjagopalachari ayant fait signe au chauffeur de continuer et de ne pas entrer dans l'ashram.

> *Râjagopalachari devint plus tard Premier ministre de la Présidence de Madras, une région qui incluait la plus grande partie de l'Inde du Sud. Après l'indépendance, il devint le premier Indien à remplir la fonction de Gouverneur général.*

Un des résidents de l'ashram, T. K. Sundaresa Iyer alla au meeting et offrit deux livres à Gandhi : *Aksharâmanamâlai* et *Râmana Sannidhi Murai*. En offrant les livres, il cita un verset d'*Aksharâmanamâlai* : « Oh Arunâchala ! Joyau de la conscience, qui brilles dans toutes les créatures, grandes et petites, détruis le mal dans mon cœur. » Gandhi vendit les livres aux enchères et remit le produit de la vente à un fonds de bienfaisance harijan.[1]

---

1. N.D.T. : Les harijans, ou hors-castes, sont des hindous qui n'appartiennent pas aux quatre castes principales.

Aksharâmanamâlai *est un long poème de Bhagavan à la louange d'Arunâchala.* Râmana Sannidhi Murai, *écrit par Muruganar, est un recueil de poèmes faisant l'éloge de Bhagavan.*

Une fois le meeting terminé, j'allai dans le Hall et racontai à Bhagavan comment Gandhi m'avait salué sur la route. Je mentionnai aussi le fait que Râjagopalachari avait fait signe au chauffeur d'aller directement au meeting, refusant ainsi à Gandhi la possibilité de faire une brève visite à l'ashram. Bhagavan répondit par un commentaire des plus intéressants.

« Gandhi avait envie de venir ici, mais Râjagopalachari avait peur des conséquences. Il sait que Gandhi est une âme avancée et craint donc qu'il n'entre en *samâdhi* ici et n'oublie tout ce qui concerne la politique. C'est pourquoi il a fait signe au chauffeur de continuer. »

Quelques jours plus tard, Gandhi était à Madras ; Krishnaswâmî alla le voir et réussit à avoir un entretien avec lui. Quand il se présenta à Gandhi comme résident de Râmanasramam, Gandhi fit cette remarque : « J'aimerais aller voir Bhagavan, mais je ne sais pas quand l'occasion se présentera. »

*Bien que Gandhi continuât par la suite à exprimer le désir de voir Bhagavan, il ne revint jamais à Tiruvannamalai.*

## Versets épars

Je demandai un jour à Bhagavan : « Quels sont les versets les plus importants de *Kaivalya Navanîtam* ? » Je lui tendis mon livre et il sélectionna immédiatement les versets douze et treize du chapitre un :

Écoute donc mon fils ! Celui qui a oublié sa vraie nature naît et meurt alternativement, tournant et retournant dans l'incessante roue du temps, comme une plume prise dans un tourbillon, jusqu'à ce qu'il réalise la vraie nature du Soi. S'il vient à voir le soi individuel et son substrat, le Soi, alors il devient le substrat, qui est Brahman, et échappe aux renaissances. Si tu te connais toi-même, aucun mal ne pourra t'arriver. C'est à ta demande que j'ai parlé ainsi.

Après nous les avoir lus, Bhagavan commenta : « Tous les autres versets de *Kaivalyam* ne sont qu'un développement et un commentaire de ces deux versets. »

*Dans la traduction anglaise de cet ouvrage, publié par Shrî Râmanasramam, on a modifié la numérotation des versets. Les versets sélectionnés par Bhagavan y sont numérotés dix-neuf et vingt.*

*Bhagavan doit avoir fait de semblables commentaires à d'autres personnes. Munagala Venkataramiah, l'éditeur et le traducteur de l'édition de Râmanasramam, a annoté ces versets comme suit : « Ici l'enseignement est complet. »*

Une autre fois, je demandai à Bhagavan de me sélectionner de la lecture ; il me donna une courte liste de six livres : *Kaivalya Navanîtam, Ribhu Gîtâ, Ashtâvakra Gîtâ, Ellâm Onru, Swarûpâ Sâram* et *Yoga Vâsishtha*.

Il mit un accent particulier sur *Ellâm Onru*, en me disant : « Si vous voulez *moksha*, écrivez, lisez et pratiquez les instructions contenues dans *Ellâm Onru*. »

*La Ribhu Gîtâ est un texte sanscrit qui apparaît dans un ouvrage intitulé Shiva Rahasya. Le livre qui était lu et étudié à Râmanasramam en était une traduction tamile. L'Ashtâvakra Gîtâ est un texte védantin attribué au sage Ashtâvakra, qui fut compilé vers la même époque que les Upanishads les plus récentes. Swarûpa Sâram contient les enseignements de Swarupânanda, un Gourou tamil du XVII$^e$ siècle. Ellâm Onru est un texte tamil du XIX$^e$ siècle sur l'advaïta, dont le style est semblable à celui de la Ribhu Gîtâ. Kaivalya Navanîtam est un ouvrage tamil sur l'advaïta, et le Yoga Vâsishtha est un ouvrage sanscrit dans lequel le sage Vâsishtha transmet ses enseignements advaitins au Seigneur Râma.*

En février 1938, je persuadai Bhagavan d'écrire un bref verset tamil sur *l'advaïta*. Je lui adressai ma requête après qu'il nous eut fait ce bref exposé :

« On ne devrait pas pratiquer *l'advaïta* [non-dualité] dans les activités ordinaires. Cela suffit s'il n'y a pas de différenciation dans le mental. Si l'on entretient des wagons de pensées discriminantes au-dedans, on ne devrait pas prétendre que tout est un à l'extérieur.

« Les Occidentaux pratiquent les mariages mixtes et mangent avec n'importe qui. À quoi bon ? Seuls des guerres et des champs de bataille en ont résulté. Qui a retiré du bonheur de toutes ces activités ?

« Le monde est un immense théâtre. Chaque personne doit remplir le rôle qui lui est assigné. C'est la nature de l'univers d'être différencié, mais en son for intérieur nul ne devrait avoir le moindre sens de différenciation. »

Ce bref discours me toucha tellement que je demandai à Bhagavan de résumer ces idées dans un verset écrit en tamil. Bhagavan accepta, prit un verset sanscrit de *Tattvôpadêsa* [verset 87] qui exprimait une idée semblable, et le traduisit en un *venbâ* tamil.

> *Tattvôpadêsa est un ouvrage philosophique attribué à Adi-Shankarâcharya. Un venbâ est une forme de verset tamil composé de trois vers de quatre pieds et d'un vers de trois pieds.*

Quand il fut satisfait de sa traduction, je réussis aussi à le persuader d'écrire la première copie au propre dans mon journal. Ce verset, retranscrit ci-dessous, fut finalement publié comme le verset trente-neuf d'*Ulladu Nârpadu Anubandham*.

> Ô, mon fils, éprouve toujours la non-dualité dans le Cœur, mais ne l'exprime jamais dans l'action. La non-dualité peut s'exprimer dans les trois mondes [de Brahma, Vishnou et Shiva], mais sache que la non-dualité ne doit pas s'exprimer à l'égard du Gourou.

Le verset vingt-neuf du même ouvrage a aussi été écrit à ma demande. Un jour, je demandai à Bhagavan : « Si l'on atteint *jnâna*, par quels indices peut-on savoir que l'on a atteint le but spirituel ? » Bhagavan répondit en composant le verset suivant :

> Sache que le pouvoir de l'intellect et le rayonnement de ceux qui ont découvert la réalité augmentent nécessairement, tout comme sur cette terre, le printemps venu, les arbres resplendissent de beauté et de tant d'autres qualités.

> *Ce verset n'est pas une composition originale. C'est une traduction tamile d'un verset (livre 5, 76.20) du Yoga Vâsishtha.*

Quelques années plus tard, j'étais en chemin pour aller voir Bhagavan quand Mauni Srinivasa Rao m'appela et me dit : « Des exemplaires de la *Bhagavad Gîtâ Sâram* viennent d'arriver de chez les imprimeurs. »

Chinnaswâmî m'en offrit un exemplaire, que je montrai à Bhagavan. En parcourant la brochure, Bhagavan remarqua que le dernier verset avait été omis par inadvertance. Il l'écrivit à l'endroit approprié avant de me rendre la brochure. Je m'assis dans le Hall pour la lire. Venamma, la sœur d'Echammal vit que Bhagavan y avait écrit le verset manquant, alla s'en acheter un exemplaire et demanda à Bhagavan d'y inscrire le verset.

Bhagavan affecta un air sévère et feignit d'être fâché contre moi.

« J'étais assis tranquille comme Shiva, dit-il. Pourquoi m'avez-vous donné ce livre et incité à y écrire ce verset ? C'est de votre faute. Si j'écris pour cette femme, toutes les autres femmes dans le Hall me forceront à le faire pour elles aussi. Tout cela n'arrive que parce que vous m'avez fait écrire ce verset. »

La version de Bhagavan concernant la manière dont je l'avais forcé à écrire dans mon livre différait tellement des faits que je compris qu'il ne manifestait de la colère que pour éviter d'avoir à écrire dans toutes les centaines de livres défectueux. Sa démonstration de colère eut l'effet désiré : aucun des dévots présents dans le Hall n'osa l'approcher avec son exemplaire.

## Arunâchala

Bhagavan appelait parfois Arunâchala « la montagne-médecine ». Il disait : « Pour tous les maux du corps et du mental, *giri pradakshina* est un bon remède. »

De manière à faire essayer ce remède aux gens, il prescrivait souvent un *pradakshina* quotidien aux *sâdhus* qui passaient la plus grande partie de leur temps assis en méditation. Il leur disait que faire *pradakshina* une fois par jour était un bon moyen de maintenir le mental en *sattva guna* [un état de tranquillité et d'harmonie].

Bhagavan évoqua une fois la grandeur d'Arunâchala en la comparant à une fameuse montagne du *Râmâyana*.

« Quand Râma, Lakshmana et leur armée entrèrent à Lanka, dit-il, Indrajit, le fils de Ravana leur lança une flèche très puissante. L'impact de la flèche fut tel que même Râma et Lakshmana perdirent conscience. Toute l'armée, à l'exception d'Hanuman, sombra dans l'inconscience. Hanuman retourna en Inde et revint avec une montagne tout entière qui contenait l'herbe médicinale *sanjîvini*. Quand l'air qui avait été en contact avec cette herbe toucha Râma, Lakshmana et leur armée, ils se réveillèrent tous et furent guéris. »

Bhagavan conclut cette histoire en disant : « Ce mont Arunâchala est plus puissant que cette montagne. »

De temps en temps, quand des gens interrogeaient Bhagavan sur la grandeur de la montagne, il restait assis en silence. Cette manifestation de *mauna* [silence] était sa réponse à la question. D'autres fois, il était plus disposé à parler. En mars 1938, en réponse à la question d'un visiteur, il donna un bref résumé de quelques-unes des histoires que l'on trouve dans les Écritures à propos d'Arunâchala.

« La grandeur de cette montagne a été évoquée de différentes manières par différentes personnes. Dans les *Purânas* [Écritures qui traitent surtout de mythologie], il est dit que l'intérieur de cet Arunâchala a la forme d'une grotte. On dit aussi que beaucoup de *siddhas* [yogis accomplis ou parfaits] et d'ascètes y vivent. Gourou Namashivaya a chanté la grandeur de cette montagne. Dans l'un de ses versets, il dit que la montagne attire ceux qui pratiquent intensément un *jnâna-tapas*. Alors que Ambal, l'épouse de Shiva, accomplissait son *tapas* à Annamalai [un des noms tamils d'Arunâchala], le démon à tête de buffle, Mahîshâsura, vint lui parler.

« " Pourquoi ne m'épousez-vous pas ? demanda-t-il. Quel bonheur avez-vous trouvé en accomplissant ce *tapas* ? "

« Ambal l'ayant éconduit, il devint violent. Elle se transforma aussitôt en Durga, la forme terrifiante d'Ambal, par le simple fait de souhaiter que la transformation ait lieu. Cette transformation effraya tellement Mahîshâsura qu'il décida de rentrer chez lui et de rassembler son armée avant d'engager le combat. Ambal, qui connaissait ses projets, lui envoya le *Hitopadesa* par l'intermédiaire de Saruga Muni. »

> Hitopadesa *est un petit traité contenant des conseils à l'attention de Mahîshâsura. Le mot signifie « bon conseil ».*

Comme ce *Hitopadesa* n'était disponible qu'en sanscrit, je demandai à Bhagavan de l'écrire en tamil. Bhagavan en fit gracieusement une traduction partielle en composant le verset suivant :

> Ce lieu saint [Arunâchala] est à jamais la demeure des personnes vertueuses et des fervents adorateurs. Ici, les personnes viles qui ont l'intention de faire du tort aux autres périront affligées de nombreuses maladies et, d'une seconde à l'autre, le pouvoir des méchants les aura quittés, sans laisser la moindre trace. Donc, ne tombe pas dans le feu redoutable de la colère du Seigneur Arunâchala dont la forme est une montagne de feu.

Bhagavan conclut cette leçon en nous disant : « Qui peut vraiment parler de la grandeur d'Arunâchala ? »

*Au fil des années, Bhagavan traduisit un total de sept versets de Shrî Arunâchala Mahâtmyam [La Grandeur d'Arunâchala], l'œuvre sanscrite qui est la principale source scripturaire d'histoires au sujet d'Arunâchala. Tous les sept ont été édités ensemble dans* Five Hymns to Arunâchala *[Cinq hymnes à Arunâchala].*

Quelques mois plus tard, Bhagavan parla à nouveau de la grandeur d'Arunâchala : « Cette montagne ne s'est pas formée à un certain moment pour être détruite à un autre moment. C'est un *swayambû* [qui se manifeste spontanément] *lingam*. Le mot *lingam* peut se décomposer : « *ling* » signifie « union » et « *gam* » signifie « ce qui forme ». Le mot a plusieurs autres significations, telles que Dieu, Âtman, forme, et Shiva. »

*Les* swayambû lingam *apparaissent spontanément, comme un acte divin. Ils ne sont ni créés ni produits par une quelconque activité humaine ou géologique.*

« Cette montagne n'est pas vraiment sur terre. Tous les corps célestes y sont reliés. Le nom de cela qui est la source de la manifestation et en quoi tout se résout est *lingam*. »

Pendant que Bhagavan évoquait ainsi la grandeur d'Arunâchala, il fit des observations à propos d'autres histoires des *Purânas*.

« Les histoires des *Purânas* disent que Dieu recueille la poussière des pieds de ses dévots dans une boîte. Puis, dit-on, enveloppant cette poussière dans de la soie, il lui fait une *pûjâ*. Il le fait pour montrer qu'il est le dévot de ses dévots. Il dit : "Je glorifie celui qui me glorifie en ce monde." »

## Lakshmana Sharma

À la fin des années 1920, Bhagavan demanda à Lakshmana Sharma, un de ses dévots érudits, s'il avait étudié *Ulladu Nârpadu*. Lakshmana Sharma répondit : « Non, Bhagavan, le tamil est trop difficile pour moi. »

Ulladu Nârpadu *est un poème de quarante-deux versets, composé par Bhagavan en tamil, qui explique la nature de la réalité et les moyens de la découvrir.*

> *Bien que Lakshmana Sharma fût lui-même un tamil, il n'était pas familier avec toutes les règles grammaticales du tamil littéraire. Le tamil parlé et le tamil littéraire ont des structures grammaticales différentes. Les différences sont si marquées que même des tamils instruits qui n'ont pas étudié les règles du tamil écrit classique ont de la difficulté à comprendre les textes littéraires.*

Comme Bhagavan pensait qu'il fallait que Lakshmana Sharma connaisse cette œuvre, il offrit de la lui expliquer, ligne par ligne. Chaque jour pendant les semaines qui suivirent, Lakshmana Sharma eut le rare privilège d'avoir des leçons privées de Bhagavan. Il prit des notes pendant que Bhagavan expliquait la signification de chaque verset et utilisa plus tard les informations que Bhagavan communiquait pour écrire un commentaire tamil sur l'ouvrage.

> *Pour s'assurer qu'il en avait bien compris le sens, Lakshmana Sharma traduisit chaque verset en sanscrit. Bhagavan vérifia ces traductions si minutieusement qu'il les fit souvent réécrire cinq à six fois par Lakshmana Sharma. Ces versets sanscrits et une traduction anglaise de ceux-ci furent publiés plus tard sous le titre Revelation. Le commentaire original tamil de Lakshmana Sharma est encore en vente, mais il n'a jamais été publié en anglais.*

Ce commentaire fut d'abord publié par épisodes dans un hebdomadaire appelé *Jana Mittiran*. Quand les numéros de ce journal, contenant ces épisodes, arrivaient à l'ashram, Bhagavan découpait les commentaires et les gardait près de son sofa.

Lakshmana Sharma souhaitait que l'ashram publie le commentaire sous forme de livre, mais Chinnaswâmî refusa parce que précédemment, Lakshmana Sharma et lui avaient eu quelques sujets de dispute. Lakshmana Sharma dut donc se résoudre à publier le livre lui-même.

Bhagavan n'intervenait presque jamais dans les affaires de l'administration courante du bureau de l'ashram, mais quand il entendit que Chinnaswâmî avait refusé de publier ce livre, il fit une exception. Il alla à la chambre de Chinnaswâmî et regarda à l'intérieur, par la fenêtre, pendant une quinzaine de minutes. Chinnaswâmî, occupé à vérifier des comptes, ne le remarqua pas. Finalement, des dévots durent aller lui dire que Bhagavan était debout devant sa fenêtre depuis un bon bout de temps.

Quand Chinnaswâmî se leva enfin pour le saluer, Bhagavan dit :

« Tout le monde dit que le commentaire de Lakshmana Sharma sur *Ulladu Nârpadu* est le meilleur. Personne n'a étudié *Ulladu Nârpadu* de la façon dont Sharma l'a fait. Pourquoi ne publies-tu pas ce livre ? »

Chinnaswâmî accepta le « conseil ». Il consentit à publier le livre comme une publication de l'ashram dès que la première édition serait épuisée.

En attendant, il acheta la plupart des exemplaires invendus de Lakshmana Sharma, colla le nom de Shrî Râmanasramam par-dessus le nom et l'adresse du premier éditeur et vendit le livre à la librairie de l'ashram.

## Menus larcins

Au début des années 1930, il y avait si peu de monde à l'ashram que le vieux Hall était souvent vide. Un jour, tandis que Bhagavan était allé prendre son bain, un voleur entra dans le vieux Hall, qui était désert à ce moment-là, et vola ses lunettes. Celles-ci, qui avaient des montures en or, lui avaient été offertes par un dévot.

Quand le vol fut découvert, Bhagavan fit, avec sévérité, cette remarque à son serviteur : « On les a volées parce que vous avez laissé la porte ouverte. »

Dès lors, jusqu'au moment où les visiteurs commencèrent à affluer, au milieu des années 1930, le vieux Hall était toujours fermé quand Bhagavan sortait.

Bien que Bhagavan lui-même ne fût pas attaché aux biens matériels – il disait souvent que ses seuls biens étaient son bâton et son pot à eau – il nous mettait fréquemment en garde contre les voleurs. Il nous conseillait notamment de tenir nos chambres fermées quand nous n'y étions pas. Il montrait l'exemple en fermant lui-même la porte d'entrée de l'ashram vers neuf heures du soir. En ce temps-là, la porte principale se trouvait près du grand arbre *iluppai* et non au bord de la route. Pendant un certain temps, dans les années 1930, les dévots résidents prirent l'habitude de s'asseoir devant la porte chaque soir. À neuf heures, Bhagavan venait fermer la porte bien qu'il vît que nous étions encore tous assis dehors. Au début, je me demandais pourquoi Bhagavan agissait ainsi. Plus tard, je compris qu'il nous rappelait délicatement que les portes devaient être fermées la nuit.

Bien que Bhagavan nous encourageât à dissuader les voleurs de nous dérober nos biens, il était généralement très indulgent si des voleurs se faisaient prendre dans l'ashram. Je me souviens de deux incidents lors desquels Bhagavan autorisa des voleurs à s'en aller sans être punis. La première fois, ce fut quand notre gardien attrapa un homme en train de pêcher la nuit dans Pali Tîrtham avec un grand filet. De telles activités n'étaient pas autorisées en ce temps-là. Le coupable s'avéra être un homme appelé Chinna qui possédait un arpent de terre près de l'étable de l'ashram.

Quand le gardien amena Chinna devant Bhagavan et dit qu'il voulait l'emmener au poste de police parce qu'il l'avait attrapé en train de pêcher dans le réservoir, Bhagavan dit : « Laissez-le aller, ce n'est que notre Chinna. »

L'autre larcin eut lieu en plein jour. Un dévot qui s'appelait Somasundaram Swâmî attrapa un homme en train de voler des mangues de l'un de nos arbres. Ils eurent une brève querelle qui atteignit son point culminant quand Somasundaram Swâmî traîna le voleur devant Bhagavan. Quand Bhagavan fut informé du larcin, il dit à Somasundaram Swâmî de relâcher l'homme.

Le jour suivant, un grand colis de mangues mûres arriva dans le Hall. Sur l'une des mangues, quelqu'un avait mis une étiquette avec l'inscription « *Râmana Bhagavan* ».

Accompagnant le colis, il y avait un mot qui demandait que Bhagavan mange la mangue sur laquelle se trouvait l'étiquette. Les autres mangues étaient à l'intention des dévots de l'ashram.

Quand Bhagavan vit les mangues, l'étiquette et le mot, il se tourna vers Somasundaram Swâmî et dit : « Hier vous vous battiez pour ce que vous pensiez être nos mangues. Mais regardez, en fait, nos mangues poussaient ailleurs. Voyez! On a même imprimé nos noms dessus. »

## Râmanatha Brahmachari

Râmanatha Brahmachari vint voir Bhagavan pour la première fois à l'époque où il vivait à la grotte de Virupaksha. Il avait une apparence très caractéristique, parce qu'il était très petit, portait des lunettes épaisses et se couvrait toujours le corps d'une grande quantité de *vibhûti*. À l'époque de Virupaksha, il allait en ville pour *bhikshâ*. Il apportait à la grotte toute la nourriture qu'il avait réussi à mendier, la servait à Bhagavan, puis mangeait ce qui restait.

Un jour, tandis qu'il apportait de la nourriture à Bhagavan, il rencontra son père sur la montagne. Il était assis à l'extérieur du temple de Guhai Namashivaya à environ mi-chemin entre la ville et la grotte de Virupaksha. Son père dit qu'il avait très faim et demanda à son fils une partie de la nourriture qu'il avait mendiée.

Râmanatha Brahmachari, pensant que ce serait inconvenant et irrespectueux de nourrir quelqu'un, même son propre père, avant que Bhagavan n'ait reçu sa part, dit à son père: «Viens avec moi auprès de Bhagavan. Nous pouvons y partager la nourriture.»

Son père, qui n'avait aucun intérêt pour Bhagavan, refusa de venir. Il demanda à son fils de lui donner de la nourriture et de s'en aller ensuite, mais Râmanatha Brahmachari refusa.

Bhagavan avait observé tout cela depuis la grotte de Virupaksha. Quand Râmanatha Brahmachari y arriva enfin, Bhagavan lui dit: «Je ne prendrai rien de votre nourriture à moins que vous ne serviez d'abord votre père.»

Râmanatha Brahmachari retourna au temple de Guhai Namashivaya, mais au lieu de suivre les instructions de son Gourou, il demanda de nouveau à son père de venir manger avec Bhagavan à la grotte de Virupaksha. Quand son père, pour la seconde fois, refusa de venir, Râmanatha Brahmachari revint à la grotte de Virupaksha sans lui donner de nourriture.

Bhagavan lui dit de nouveau, cette fois plus fermement: «Je ne mangerai que si vous donnez d'abord à manger à votre père. Allez lui donner à manger.»

Cette fois, Râmanatha Brahmachari obéit à l'ordre, donna à manger à son père et retourna à la grotte de Virupaksha avec le reste de la nourriture. Je ne mentionne cette histoire que parce qu'elle montre combien grande était sa dévotion pour Bhagavan et combien peu il se souciait de quoi que ce soit d'autre, y compris sa propre famille.

Râmanatha Brahmachari nourrissait Bhagavan avec un tel amour et une telle dévotion que celui-ci était captif de son amour. C'est pourquoi il dit une fois: «Je n'ai peur que de deux dévots, Râmanatha Brahmachari et Mudaliar Patti.» Ce n'était pas une peur physique, c'était plutôt un sentiment d'impuissance. Si un dévot aime son

Gourou d'un amour fort et ardent, le Gourou est obligé de faire tout ce que le dévot demande. Bhagavan redoutait toujours de voir apparaître Râmanatha Brahmachari parce qu'il savait qu'il ne pourrait résister à aucune de ses demandes. Râmakrishna Paramahamsa exprima une fois la même idée en disant : « Quand vous avez atteint l'amour extatique, vous avez trouvé la corde avec laquelle ligoter Dieu. »

Quelques années après que l'ashram eut déménagé au pied de la montagne, Chinnaswâmî et Râmanatha Brahmachari eurent une vague dispute. Je ne sais pas de quoi il s'agissait, mais le résultat final fut que Râmanatha Brahmachari se vit interdire de manger et dormir à l'ashram. Un avocat de la ville qui s'appelait Neelakanta Sastri vint à sa rescousse en offrant spontanément de le nourrir.

Il dit à Râmanatha Brahmachari : « Ne vous inquiétez pas pour la nourriture. Désormais vous pouvez venir manger chez moi tous les jours. J'ai des photos de Bhagavan et de Vinayaka. Si vous faites une *pûjâ* quotidienne à ces deux images, je vous donnerai le petit déjeuner et le déjeuner chez moi. Vous pouvez aussi prendre les restes du déjeuner dans une cantine pour les manger comme repas du soir. »

Après son exclusion de l'ashram, Râmanatha Brahmachari se construisit une toute petite hutte à Palakottu. Il s'était déjà senti attiré par quelques-unes des idées de Gandhi quand Bhagavan vivait encore sur la montagne. En plus de filer du coton, un « must » pour tous les Gandhiens de l'époque, il était très attiré par l'idée de service. Quand il déménagea à Palakottu, il fit du *sêvâ* [service] en nettoyant les huttes de tous les *sâdhus* qui y vivaient et en leur faisant tous leurs achats. Avant de se rendre en ville, il demandait à tout le monde à Palakottu s'ils avaient besoin de quelque chose. Invariablement, il revenait avec tout ce qu'on lui avait demandé. À cause de toutes ces activités, Kunju Swâmî lui donna le surnom de « *Sarvâdhikari* de Palakottu » [le directeur général de Palakottu].

Râmanatha Brahmachari était prêt à faire n'importe quoi pour les *sâdhus* de Palakottu. Certaines personnes en abusèrent en lui faisant faire des tâches insignifiantes ou déplaisantes, mais il ne se plaignit jamais. En accomplissant toutes ces tâches avec humilité et joie et en servant Bhagavan avec beaucoup d'amour et de dévotion, il fut un exemple exceptionnel de ce qu'un bon dévot devrait être.

## Différentes sâdhanâs

On m'a raconté une fois une histoire à propos de villageois qui vinrent voir Bhagavan pour des conseils spirituels. Ils lui demandèrent quelle était la voie la plus directe vers la libération. Bhagavan, comme d'habitude, leur dit que c'était l'investigation du Soi qui était la technique spirituelle la plus efficace. Un des disciples de Ganapati Muni qui était présent dans le Hall alla voir son Gourou et lui rapporta cet incident.

Ganapati Muni aurait dit : « Comment de tels gens peuvent-ils comprendre et pratiquer l'investigation du Soi ? S'ils étaient venus me voir pour des conseils, je leur aurais donné un *nama-japa* [répétition du nom de Dieu] à répéter. »

Quand on rapporta cette remarque à Bhagavan, il dit aux personnes qui se trouvaient dans le Hall : « Quand des gens me questionnent au sujet de la méditation, je leur donne toujours le meilleur conseil. C'est-à-dire que je leur dis de pratiquer l'investigation du Soi. Si je leur dis de suivre une autre méthode, je les trompe, en leur donnant un conseil inférieur. Qu'il propose *japa* s'il veut. Je continuerai de donner le meilleur conseil en disant aux gens d'adopter l'investigation du Soi. » Bien que Bhagavan démontrât la vérité de cette affirmation en conseillant à la plupart de ses visiteurs de suivre la voie de l'investigation du Soi, il lui arrivait à l'occasion de prescrire d'autres techniques. Un jour, il donna à un dévot harijan un *mantra* à répéter et, de temps en temps, il disait à des visiteurs de répéter un ou tous les poèmes qu'il avait écrits sur Arunâchala.

Un Jour il prescrivit à un groupe de villageois de réciter *Arunâchala Stuti Panchakam* [les cinq poèmes de Bhagavan sur Arunâchala]. Quand ils quittèrent le Hall, un dévot demanda : « Comment de telles gens sans instruction peuvent-ils comprendre le tamil littéraire de ces poèmes ? »

« Ils n'ont pas à en comprendre la signification, répondit Bhagavan, ils en retireront des bienfaits du seul fait de répéter les vers. »

Je me rappelle d'un autre cas similaire. Chaque fois que la petite-fille d'Echammal venait voir Bhagavan, il lui demandait de lire à voix haute *Upadesa Undiyâr* [une œuvre philosophique de Bhagavan]. Si elle faisait des fautes, Bhagavan corrigeait sa prononciation.

Comme elle semblait être une fille à l'esprit plutôt mondain, je demandai une fois à Bhagavan : « Cette fille ne semble pas aspirer à *jnâna*. Pourquoi est-ce que vous lui demandez de réciter *Upadesa Undiyâr* chaque fois qu'elle vient ? »

Bhagavan expliqua : « À l'avenir, quand elle aura des difficultés, le souvenir de ces versets l'aidera. »

Cette fille est maintenant une vieille femme. Quand je l'ai vue, il y a quelques mois – nous ne nous étions pas vus pendant plusieurs années – , je lui ai rappelé ces leçons que Bhagavan lui avait données.

Elle me dit : « Les versets me sont restés en mémoire toute ma vie, mais c'est seulement récemment, par la grâce de Bhagavan, que j'ai commencé à comprendre leur signification. »

## Se corriger soi-même

Bhagavan enseignait que l'on devrait se corriger soi-même plutôt que de trouver des défauts aux autres. En termes pratiques, cela signifie que l'on devrait trouver la source de son propre mental plutôt que de se plaindre à propos de l'état d'esprit et des actions des autres. Je me souviens d'une réponse typique de Bhagavan à ce sujet.

Un dévot, qui était très intime avec Bhagavan, lui demanda : « Certains dévots qui vivent avec Bhagavan se comportent très étrangement. Ils semblent faire beaucoup de choses que Bhagavan n'approuve pas. Pourquoi Bhagavan ne les corrige-t-il pas ? »

Bhagavan répondit : « Se corriger soi-même, c'est corriger le monde entier. Le soleil brille tout simplement. Il ne corrige personne. Parce qu'il brille, le monde entier est plein de lumière. Se transformer soi-même est un moyen de donner de la lumière au monde entier. »

Un jour, tandis que j'étais assis dans le Hall, quelqu'un se plaignit à Bhagavan au sujet d'un des dévots qui s'y trouvait : « Il ne médite pas, il ne fait que dormir. »

« Comment le savez-vous ? rétorqua Bhagavan. Seulement parce que vous avez vous-même abandonné votre méditation pour le regarder. Commencez par vous regarder et ne vous occupez pas des habitudes des autres. »

Bhagavan disait parfois : « Certaines des personnes qui viennent ici ont deux buts : elles veulent que Bhagavan soit parfait et elles veulent que l'ashram soit parfait. Pour atteindre ce but, elles émettent toutes sortes de plaintes et de suggestions. Elles ne viennent pas ici pour se corriger elles-mêmes, mais pour corriger les autres. Ces personnes ne semblent pas se souvenir de la raison première pour laquelle elles sont venues voir Bhagavan. Si elles nous font un *namaskâram,* elles s'imaginent ensuite que l'ashram est leur royaume. De telles personnes pensent que nous devrions nous comporter comme leurs esclaves, ne faisant que ce qu'elles pensent que nous devrions faire. »

## Arunâchala Mudaliar

Il y a à Tiruvannamalai une rue dont le nom est Avarangattu Street, qui, au tournant du siècle, avait son propre groupe de *bhajan* à Shiva. Le responsable de ce groupe, Arunâchala Mudaliar, rendait visite à Bhagavan à la grotte de Virupaksha. Un jour, pendant les années 1930, après un laps de temps de plusieurs années, il vint revoir Bhagavan. Il fit *namaskâram,* puis étudia intensément Bhagavan pendant un moment.

Finalement il dit : « Bhagavan, quand vous viviez sur la montagne, vous brilliez comme le soleil, mais maintenant cet état a disparu. Maintenant que votre frère est venu, toutes ces vaches sont venues, tout ce mobilier est venu. On vous a dépouillé de votre éclat. Vous avez été anéanti. »

Bhagavan exprima son accord avec empressement en approuvant d'un signe de tête et en disant : « Oui, oui. »

Arunâchala Mudaliar parut très heureux quand Bhagavan confirma qu'il avait perdu tout son pouvoir. Il fit de nouveau *namaskâram,* puis s'en alla parler à Chinnaswâmî.

Après qu'il eut quitté le Hall, je demandai à Bhagavan : « Pourquoi avez-vous approuvé cet homme quand il a dit que vous aviez été anéanti ? »

Bhagavan rit et répondit : « Parce que c'est vrai. Mon "Je" a été définitivement anéanti. »

J'avais été très choqué quand Bhagavan avait approuvé cet homme, mais quand j'entendis son explication, je me sentis soudain très heureux, parce qu'elle me rappelait un verset de Mânikkavâchagar [un saint tamil du IXe siècle] : « Mon "Je" a été anéanti, mon corps a été anéanti, mon *jîva* a été anéanti, mon mental a été anéanti. »

Le « Je » de Bhagavan avait été anéanti bien avant qu'il ne vînt à la grotte de Virupaksha. Il ne parla ainsi que parce que cet homme était incapable de comprendre qu'il est impossible à un *jnâni* de retomber dans le *samsâra*.

> Pareil incident se produisit pendant que Bhagavan vivait encore sur la montagne. Arunâchala Mudaliar avait exposé en long et en large une philosophie qui était complètement contraire à celle de Bhagavan. Bhagavan inclinait fréquemment la tête en signe d'approbation tout au long du discours de manière à donner l'impression à Arunâchala Mudaliar qu'il était d'accord avec lui.
>
> Après qu'Arunâchala Mudaliar fut parti, son fils demanda à Bhagavan : « Pourquoi avez-vous feint d'être d'accord avec lui ? Vous savez que ce qu'il a dit n'était pas correct. »
>
> Bhagavan lui répondit en disant : « Comme l'on ne peut pas vraiment communiquer la vérité avec des mots, cela ne sert à rien de mettre en question l'opinion qu'un homme se fait de la vérité avec un autre amas de mots. Je sais que vous n'êtes pas d'accord avec ses idées, mais vous n'avez pas à vous disputer avec lui. Il est votre aîné. Cela ne vous fera pas de tort si vous vous rangez à son opinion et approuvez ce qu'il dit chaque fois qu'il commence à parler ainsi. »
>
> Vers 1908, Bhagavan condensa un volumineux ouvrage tamil appelé Vichâra Sâgaram *(L'océan de l'investigation)* en quelques pages. Il appela cet abrégé Vichâra Sâgara Sâra Sangraham. Arunâchala Mudaliar demanda à Bhagavan s'il pouvait publier l'ouvrage sous son propre nom. Bhagavan se souciait si peu du fait d'être auteur qu'il l'autorisa à le faire. Le livre parut en 1909. C'était le second livre de Bhagavan à être publié. Le premier, en 1908, fut sa traduction de Vivekachûdâmani. Bhagavan admit qu'il était l'auteur de Vichâra Sâgara Sâra Sangraham plusieurs années plus tard, quand Mungala Venkataramiah préparait la première traduction anglaise de cet ouvrage (voir le Mountain Path, 1984, p. 93). Après que l'on eut identifié Bhagavan comme l'auteur, on changea le nom de l'ouvrage et l'intitula Vichâra Mani Mâlai.

## Un monde imparfait

Bhagavan me raconta une fois une histoire mythologique à propos d'une dispute entre Subramania et Brahma.

« Une fois, Subramania regarda le monde que Brahma avait créé et vit que tous les gens y étaient en proie à des sentiments tels que la jalousie, la colère et la cupidité. Il regarda un peu plus longtemps et vit que ces gens étaient presque toujours malheureux et qu'ils se battaient et se disputaient souvent les uns avec les autres. Il dit à Brahma que sa création était gravement défectueuse.

« "Vous auriez dû créer un univers rempli de perfection et non d'imperfection, dit-il. Pourquoi avez-vous rempli le monde de si mauvaises gens ?" »

« Comme Brahma refusait de concéder qu'il avait commis des erreurs, les deux dieux eurent une chaude dispute qui ne prit fin que lorsque Subramania vainquit Brahma, l'emprisonna et anéantit sa création tout entière. Pour démontrer la justesse de ses arguments, Subramania décida alors de créer un Nouveau Monde qui serait parfait à tous égards. Il se mit à l'œuvre, mais découvrit bientôt qu'il n'était pas possible d'insuffler de la vie ou du mouvement à ce monde. Même le soleil et la lune qu'il avait créés refusaient de se mouvoir dans le ciel. Parce que les seuls habitants de ce monde étaient des *jnânis,* une absolue tranquillité prévalait partout.

« Quelque temps plus tard, Shiva arriva et demanda : "Pourquoi as-tu enfermé Brahma ?" »

« Subramania répondit : "Cet homme causait beaucoup de trouble. Il créait toujours des gens qui se disputaient et semaient la discorde. Regarde ma création ! Tous des *nishthâs* [personnes qui sont établies dans le Soi]." »

« Shiva observa attentivement le monde pendant un moment avant de constater : "Il n'y a pas de mouvement dans ce monde ; pas de soleil, pas de lune. Tu as créé un monde de *shûnya* [vide]." »

« Subramania examina sa création et dut admettre que Shiva avait raison. Il libéra Brahma de sa prison et lui permit de créer un autre monde imparfait. »

Bhagavan disait qu'il n'y aurait jamais de monde parfait parce que le monde est toujours une création du mental imparfait. On ne peut pas faire un objet parfait avec un outil aussi imparfait.

Il disait aussi : « Tant que le mental existe, le bien et le mal existent ; mais pour les *jnânis,* qui n'ont pas du tout de mental, il n'y a ni bien ni mal, ni monde. »

Une autre anecdote à propos de création vaut la peine d'être racontée. « Jnânasambandhar, le saint shivaïte du VIe siècle, faisait une tournée à travers l'Inde du Sud quand il arriva dans un temple qu'il n'avait encore jamais visité.

« Avant d'entrer, il fit un rêve dans lequel le Seigneur Shiva lui apparut et lui dit : " On vous donnera un palanquin de perles. "

« Le même jour, Shiva apparut en rêve à l'un des administrateurs du temple et dit : " Il y a un palanquin de perles dans votre dépôt. Donnez-le à Jnânasambandhar pour qu'il s'en serve. "

« L'administrateur alla au dépôt, trouva le palanquin et le donna au saint. Le palanquin ne faisait pas partie des biens du temple. Il s'y était mystérieusement manifesté le jour où Shiva apparut en rêve à l'administrateur. »

Bhagavan nous raconta cette histoire pendant que nous étions assis dans le Hall. À la fin du récit, je demandai à Bhagavan : « Comment le palanquin est-il apparu dans le dépôt à partir de nulle part ? »

Bhagavan répondit : « Dieu a le pouvoir de créer l'univers entier en un seul instant : pour un tel être, quelle difficulté peut-il y avoir à créer un petit palanquin ? »

## Samâdhi et pârâyana

Bhagavan entrait parfois dans un état de transe semblable au *samâdhi* pendant qu'il écoutait le *pârâyana* tamil [la psalmodie quotidienne de textes sacrés qui avait lieu en sa présence]. On m'a dit que cela arrivait très fréquemment à Skandashram, et à Râmanasramam au début des années 1920, mais à l'époque où j'arrivai à l'ashram, cela se produisait assez rarement.

La première fois où j'assistai à ce phénomène, Dandapani Swâmî était encore directeur de l'ashram. Bhagavan était entré en *samâdhi* pendant le *pârâyana* du soir et n'en était pas ressorti. Même le son de la cloche du dîner le laissa de marbre. Pour essayer de le réveiller, Dandapani Swâmî sonna à plusieurs reprises une conque dans l'oreille de Bhagavan, tandis qu'un autre dévot se mit à lui secouer les jambes. Aucune des deux actions ne produisit d'effet. Bhagavan réintégra sa conscience normale, sans leur assistance, environ cinq minutes plus tard.

Comme j'étais un peu intrigué par ces états, je demandai une fois à Bhagavan : « Qu'est-ce que le *samâdhi* ? »

Bhagavan répondit en me montrant le vingt-cinquième verset du chapitre quarante-trois de la *Ribhu Gîtâ* dans lequel Nidaga explique à son Gourou, Ribhu, comment il a atteint le *samâdhi*.

«Je» est à jamais Brahman et Brahman est vraiment «Je». Cette conviction, quand elle est fermement éprouvée, est connue comme l'inébranlable *samâdhi*. C'est le *samâdhi* quand on est à demeure dans le *nirvikalpa* [sans différences] dépourvu de pensées, libre de toutes les apparences de dualité. Mon Seigneur, par ces deux types de *samâdhi*, j'ai atteint la félicité de *jîvanmukti* (libération pendant que l'on est encore en vie), et suis devenu le Suprême immaculé.

*Bhagavan définit une fois la vraie nature du* nirvikalpa samâdhi *de la manière suivante : « La simple non-perception des différences* (vikalpas) *à l'extérieur n'est pas la vraie nature du nirvikalpa. Sache que seule la non-apparition des différences dans le mental mort est le vrai nirvikalpa »* (Guru Vâchaka Kôvai *verset 893, cité dans* Sois ce que tu es.)

Bhagavan entrait parfois en *samâdhi* en d'autres occasions. Un jour, j'étais en train de faire des guirlandes dans le temple de la Mère quand Bhagavan vint s'asseoir à proximité. Nous échangeâmes quelques mots; Bhagavan entra ensuite dans un profond état de *samâdhi*, les yeux ouverts, et ne bougea pas pendant près d'une demi-heure. Il devint à tel point semblable à une statue que même sa respiration s'arrêta. Il n'y avait ni clignement ni tremblotement des paupières, aucun signe de respiration – je mis ma main devant son visage pour vérifier – et absolument aucun mouvement du corps. Quand il revint à la normale, il rit et continua comme si rien ne s'était passé.

Bien que de profonds *samâdhis* comme celui-là ne fussent pas fréquents, Bhagavan semblait toujours être dans une sorte de transe mineure quand on chantait le *pârâyana*. Il se tenait assis comme une statue, avec un regard vitreux, et confessait souvent après coup qu'il ne se souvenait pas avoir entendu grand-chose du chant.

Je me souviens d'un incident amusant qui eut lieu un matin de bonne heure, juste avant le moment où l'on allait chanter le *pârâyana*. Depuis plusieurs semaines, Bhagavan ne mangeait pas beaucoup le soir. En conséquence, il avait tendance à avoir un peu faim vers quatre heures le lendemain matin. Pour apaiser sa faim, Bhagavan grillait des cacahuètes sur son *kumutti* et les mangeait. Après les avoir grillées, il en offrait à Krishnaswâmî, son serviteur, et à quiconque se trouvait dans le Hall à ce moment-là.

Ce matin-là, Bhagavan sortit ses cacahuètes et dit à Krishnaswâmî : « Avant qu'ils ne commencent le *Veda pârâyana,* faisons le cacahuète *pârâyana.* »

> Le Veda pârâyana *quotidien, chanté en sanscrit, fut instauré en 1935. Auparavant les deux* pârâyanas *quotidiens consistaient uniquement en vers tamils.*

En plus du *pârâyana* régulier, nous chantions aussi, souvent, de larges extraits de la *Ribhu Gîtâ*. Bhagavan avait une si haute opinion de ce livre qu'il dit à plusieurs d'entre nous de le lire régulièrement comme une partie de notre *sâdhanâ*. Il disait même que la lecture constante de ce livre conduit au *samâdhi*. J'étais l'un des dévots à qui Bhagavan avait dit de lire ce livre régulièrement. Le *pârâyana* régulier avait lieu à heures fixes le matin et le soir, mais les lectures de la *Ribhu Gîtâ* étaient irrégulières. Parfois, nous en lisions des extraits vers trois heures de l'après-midi, et d'autres fois, vers huit heures du soir.

Après le *pârâyana* régulier, Bhagavan et les dévots assemblés restaient souvent assis en silence pendant environ une demi-heure. Un jour, à l'époque où je dirigeais les travaux de construction, j'entrai dans le Hall pendant ce temps de silence et me prosternai devant Bhagavan. Bhagavan, qui jusqu'alors était assis les yeux clos, les ouvrit immédiatement et commença à parler de construction.

Quand nous eûmes terminé notre discussion, un des dévots fit cette observation à Bhagavan : « Vous étiez assis en silence avec les yeux fermés, mais quand Annamalai Swâmî est apparu, vous les avez immédiatement ouverts et vous avez commencé à parler du travail de construction. »

Bhagavan répondit à la question implicite en disant : « Le mental d'Annamalai Swâmî était plein de pensées de construction. Vous êtes tous assis ici en silence et en paix. J'étais aussi en silence. Annamalai Swâmî porte tous les bâtiments de l'ashram dans sa tête. Quand il est entré dans le Hall, toutes ces pensées de construction m'ont incité à parler. »

## Namaskârams (prosternations)

Bhagavan se fâchait parfois si des dévots se prosternaient à l'excès ou distraitement et sans dévotion devant lui. Je peux en donner plusieurs exemples. Un jour, j'étais occupé à faire des guirlandes de fleurs pour la *pûjâ* de la Mère quand Bhagavan entra dans le temple et s'assit en *padmâsana* [posture du lotus].

Tandis que je me prosternais devant lui, il me blâma en disant : « Si vous faites cela, tous les autres vont se sentir obligés d'en faire autant. Pourquoi devriez-vous tous me faire *namaskâram* de la sorte ? Je ne pense pas être quelqu'un de plus grand que vous. Nous sommes tous un. »

Les autres ne tinrent pas compte de ces conseils et se prosternèrent eux aussi devant lui.

S'il y avait des dévots assis sur le sol quand Bhagavan sortait du Hall, ils se levaient immédiatement en signe de respect. Ce geste mécanique de déférence le contrariait parfois.

En une telle circonstance, il dit aux dévots debout : « Pourquoi vous tenez-vous ainsi ? Pourquoi ne restez-vous pas assis par terre ? Suis-je un tigre ou un serpent, pour que vous vous leviez d'un bond chaque fois que j'apparais ? »

Une autre fois, tandis que Bhagavan allait se promener au pied de la colline, un ouvrier de l'ashram le vit, arrêta son travail et se prosterna de tout son long sur le sol.

Bhagavan lui dit : « Bien faire son travail est en soi un grand *namaskâram*. Si tout le monde faisait son propre devoir tel qu'il lui échoit [*swadharma*], sans s'en écarter, il serait facile pour chacun d'atteindre le Soi. »

Bhagavan exposa une fois la théorie qui sous-tend le *namaskâram* et expliqua pourquoi il n'aimait pas que les gens se prosternent continuellement devant lui.

« À l'origine, la pratique du *namaskâram* fut introduite par des personnes de grande valeur spirituelle comme une aide pour se vouer corps et âme à Dieu. Aujourd'hui on a complètement perdu de vue ce but initial. De nos jours les gens pensent : "Si nous faisons un *namaskâram* à Swâmî, nous pouvons le charmer et l'amener à faire tout ce que nous voulons." C'est une grave erreur : Swâmî ne peut jamais être trompé. Seules ces personnes égoïstes qui accomplissent *namaskâram* avec des motifs hypocrites sont trompées. Je n'aime pas voir les gens venir me faire *namaskâram*. De quel *namaskâram* a-t-on besoin ? Garder son mental sur le chemin spirituel adéquat est en soi le plus grand *namaskâram*. »

Bhagavan ne semblait pas voir d'inconvénient si nous faisions *namaskâram* avec amour ; il ne faisait des objections que de temps en temps quand il estimait que nous nous prosternions par habitude plutôt que par dévotion.

Je me souviens d'un incident qui illustre très bien cela. Un jour, après le déjeuner, je me promenais avec Bhagavan à Palakottu. Il alla déféquer derrière un buisson, car il n'y avait pas de véritables toilettes à l'ashram en ce temps-là. Pendant que j'attendais qu'il réapparaisse, je remarquai qu'un grand convoi militaire se dirigeait vers Bangalore. Un soldat, qui devait être un dévot, arrêta son véhicule, en sortit et courut dans l'ashram. Il était évidemment très pressé, parce qu'il aurait dû continuer avec le convoi. Les dévots qui étaient à l'ashram me dirent plus tard qu'il entra dans l'ashram en courant et demanda immédiatement Bhagavan. Quand on lui dit que Bhagavan était allé à Palakottu, il continua à courir et arriva vers moi quelques minutes plus tard.

Comme il criait « Où est Bhagavan ? Où est Bhagavan ? », Bhagavan se leva et sortit de derrière le buisson.

C'était le milieu de la journée, pendant la période la plus chaude de l'année. Le sable et les pierres étaient presque trop chauds pour être touchés, mais, malgré cela, le soldat se prosterna de tout son long sur le sol devant Bhagavan.

Quelques secondes plus tard, il déclara à Bhagavan : « Mon *karma* est très difficile. Je ne peux pas m'arrêter ici plus de quelques secondes. S'il vous plaît, bénissez-moi. »

Bhagavan le regarda affectueusement et le bénit avec un sourire plein de grâce. Après quelques secondes, le soldat se leva et courut à son véhicule.

Comme nous retournions à l'ashram, Bhagavan loua l'action du soldat : « En dépit de son *karma* très complexe, une très forte impulsion l'a poussé à venir me voir. Ses actions montrent à elles seules qu'il a atteint un haut niveau de dévotion. »

Quand Bhagavan allait faire une promenade à Palakottu ou sur la montagne, il était de règle que seul son serviteur l'accompagne. Ce serviteur avait pour ordre de dissuader toutes les autres personnes de s'approcher de Bhagavan ou de lui poser des questions. Parfois, des dévots qui avaient des problèmes dont ils ne voulaient pas discuter publiquement dans le Hall, l'attrapaient et discutaient du problème pendant qu'il se promenait, mais ce privilège était l'apanage des dévots intimes. Les autres personnes étaient tenues à l'écart. Si j'avais suivi les règles strictement, j'aurais tenu le soldat éloigné de Bhagavan, mais comme il était de toute évidence très pressé, je ne fis aucune tentative pour l'empêcher d'avoir son bref *darshan*.

Je me souviens d'une autre occasion où Bhagavan parut approuver qu'un dévot tombe à ses pieds. Bhagavan était assis sur un sofa à l'extérieur du Hall et beaucoup de dévots venaient, se prosternaient, puis s'en allaient. Un prêtre chrétien entra dans l'ashram, mais ne s'approcha pas de Bhagavan, ni n'essaya de se prosterner. Il resta simplement debout à une certaine distance et regarda Bhagavan avec une évidente curiosité pendant environ quarante-cinq minutes. Finalement, tout comme un arbre tombe, il se coucha sur le sol, se prosterna de tout son long et puis s'en alla. Il avait de toute évidence eu une expérience qui le convainquit de la grandeur de Bhagavan, mais nous n'en sûmes jamais plus, car il partit sans dire un mot.

Après qu'il fut parti, Bhagavan sourit et constata : « Il n'a pas pu se contrôler plus longtemps sans faire *namaskâram*. »

Un jour un dévot s'approcha de Bhagavan et lui demanda s'il pouvait se prosterner devant lui et lui toucher les pieds.

Bhagavan répondit : « Les pieds réels de Bhagavan n'existent que dans le cœur du dévot. S'agripper incessamment à ces pieds est le vrai bonheur. Vous serez déçu si vous vous agrippez à mes pieds de chair, parce qu'un jour ce corps de chair disparaîtra. Le culte le plus grand, c'est le culte des pieds du Gourou qui sont en nous-mêmes. »

# Une direction convoitée

Quand j'arrivai auprès de Bhagavan, l'ashram était dirigé par Dandapani Swâmî, le beau-père de Muruganar. C'était un homme grand et fort qui aimait dépenser de l'argent et bien manger. Pendant les années où il était directeur, il dépensait très libéralement l'argent de l'ashram, si libéralement en fait que nous étions souvent endettés. L'ashram était très pauvre alors. Il y avait rarement de l'argent et les dons des dévots servaient souvent à payer nos dettes. Heureusement, nos besoins étaient minimes ; en dehors de la nourriture, nous avions rarement quelque chose à acheter. Si la nourriture offerte par les dévots ne suffisait pas pour nous tous, nous la complétions en en achetant chez un dévot qui possédait un magasin en ville. Ce magasin (appelé le magasin poluran parce que son propriétaire venait de Polur) se trouvait près du temple, tout près de la rue Tiruvoodal. Le propriétaire nous accordait un crédit illimité parce qu'il savait que tôt ou tard un riche dévot en visite viendrait payer toutes nos dettes.

Cette existence au jour le jour était exacerbée par les manières prodigues de Dandapani Swâmî. Si un dévot arrivait et offrait de l'argent, Dandapani Swâmî le dépensait entièrement en denrées plutôt chères, telles que *vadai*, *payassam* et *badam halva* [une friandise faite d'amandes]. Nous festoyions pendant deux jours, vivant comme des rois. Puis le troisième jour, l'un d'entre nous devait se rendre au magasin poluran pour acheter la nourriture du lendemain à crédit. Dandapani Swâmî dépensait libéralement même quand l'ashram n'avait que peu ou pas d'argent. Une fois, il engagea un de ses parents comme cuisinier à 15 Rs. par mois. L'ashram n'avait pas d'argent pour le payer et l'on devait acheter à crédit la nourriture qu'il préparait. Bhagavan désapprouvait ces dépenses inutiles.

Je me souviens d'une fois où il dit à Dandapani Swâmî: « Pourquoi dépensez-vous l'argent de cette façon ? Vous auriez pu préparer du gruau ou un autre aliment bon marché, limiter nos dépenses et faire durer ces dons longtemps. Vous gaspillez l'argent en articles chers et inutiles et puis le lendemain vous vous plaignez qu'il n'y a pas d'argent. »

Dandapani Swâmî essayait d'équilibrer les comptes en collectant de l'argent au nom de Bhagavan et de l'ashram. Bhagavan y était absolument opposé. Il ne voyait pas d'inconvénient à ce que des dévots versent volontairement de l'argent, mais il se fâchait fréquemment s'il entendait que les officiels de l'ashram demandaient de l'argent en son nom. Bhagavan en avait parlé à Dandapani Swâmî à plusieurs reprises, mais la mesure fut comble le jour où nous reçûmes la visite du Râja de Râmanathapuram.

Quand le Râja arriva, Bhagavan était à la cuisine en train de nettoyer des feuilles vertes. On lui dit que le Râja était arrivé, mais il n'y prêta pas attention. Il continua à nettoyer les feuilles, très lentement et très minutieusement. Finalement, une fois le travail terminé, il vint dans le Hall et s'assit sur son sofa. Le Râja lui fit *namaskâram*, resta environ une heure, posa quelques questions, puis s'en alla.

Quand le Râja quitta l'ashram, Dandapani Swâmî l'accompagna jusqu'au temple de Dakshinamûrti.

Pendant qu'il marchait à ses côtés, Dandapani Swâmî fit remarquer au Râja : « Comme vous pouvez le voir, Bhagavan n'a pas de bâtiments convenables. Nous avons très peu d'argent pour de telles choses. Parfois nous n'avons même pas de quoi nous acheter à manger. »

Sans expressément demander de l'argent, il laissa clairement entendre qu'un don serait bienvenu.

D'autres dévots entendirent ces remarques et les rapportèrent à Bhagavan. Quand Dandapani Swâmî revint de raccompagner le Râja, Bhagavan le réprimanda très sévèrement.

« Vous avez fait du tort à ce Râja, dit-il. Il a un palais, un tas d'argent et tous les plaisirs que l'argent peut apporter, mais il s'est senti frustré parce qu'il a commencé à se rendre compte que l'argent ne pouvait pas lui acheter le bonheur. Il est venu me trouver, moi, un homme ne possédant qu'un pagne, et a demandé : "Je suis un homme malheureux. Est-il possible d'atteindre le bonheur ? Comment puis-je y parvenir ?" Il est venu ici pour trouver le bonheur, mais vous, avec votre mendicité et vos plaintes, vous avez brisé ses espoirs. Maintenant, cet homme va penser : "Cet homme n'est pas heureux dans son état de pauvreté. Il demande encore des choses." Il va rentrer chez lui en se disant : "La pauvreté n'est pas la réponse. Le bonheur ne peut venir que de l'argent et de tout ce qu'il permet d'acheter." Vous avez causé la perte de cet homme en lui parlant ainsi. Qui que ce soit qui vienne ici à l'avenir, ne vous hasardez plus jamais à dire à quelqu'un que Swâmî a besoin d'argent. Ne demandez plus jamais d'argent. »

Dandapani Swâmî causait aussi des problèmes parce qu'il avait un tempérament agressif et raisonneur. Quelques années avant ma venue à Râmanasramam, il agressa physiquement Chinnaswâmî pendant une *bhikshâ* organisée en l'honneur de Bhagavan à Palakottu. Les difficultés commencèrent quand Chinnaswâmî commença à réprimander quelques-uns des dévots parce qu'ils se comportaient mal. Bhagavan remarqua cela et le lui reprocha.

Voyant cela, Dandapani Swâmî cria avec colère à Chinnaswâmî : « Pourquoi avez-vous agi ainsi contre la volonté de Bhagavan ? »

Chinnaswâmî répliqua et une grande dispute éclata entre eux. Dandapani Swâmî se fâcha tellement qu'il empoigna Chinnaswâmî à la gorge et commença à le pousser vers le réservoir de Palakottu. Bhagavan avait regardé tout cela en silence, mais quand il apparut que Dandapani Swâmî pourrait bel et bien jeter Chinnaswâmî dans l'eau, il intervint en frappant Dandapani Swâmî sur le dos avec son bâton. Le combat cessa immédiatement.

Bhagavan s'adressa ensuite à tous les deux en disant : « Peu m'importe qui sortira vainqueur de votre combat. Ce n'est pas mon affaire. Mais vous portez tous deux la robe orange des *sannyâsins*. Si l'un de vous tue l'autre, la réputation de tous les *sannyâsins* s'en ressentira. Aussi, arrêtez ! »

*J'ai repéré trois comptes-rendus de cet incident : un de Sâdhu Natânanda (Râmana Darshanam, chapitre 45), un de M.N. Krishnan (Le Mountain Path, 1979, p. 225), et un de Ra. Ganapati (Kalki Dîpâvali Malar, 1986, pp. 109-10). Aucun de ces comptes-rendus ne concorde sous tous les rapports avec l'un des autres. Cependant, ils sont tous d'accord qu'il y eut une lutte physique entre Chinnaswâmî et Dandapani Swâmî, et que Bhagavan y mit un terme en frappant ce dernier. Annamalai Swâmî n'assista pas directement à cet incident, il l'entendit seulement de seconde main. La version qu'il entendit correspond très exactement à celle publiée par Sâdhu Natanânanda.*

Pendant les années où Dandapani Swâmî était directeur, Bhagavan et Chinnaswâmî essayèrent tous deux de l'amener à changer ses habitudes. En vain. La persuasion ayant échoué, Chinnaswâmî commença une campagne contre lui en disant aux dévots résidents et à ceux qui venaient en visite qu'il dirigeait mal l'ashram et gaspillait ses fonds. Il finit par avoir assez de soutien pour que Dandapani Swâmî soit déchu de son poste.

Les directeurs de l'ashram n'étaient pas nommés par Bhagavan ; ils étaient choisis par les dévots. Quand un directeur perdait les bonnes grâces de la majorité des dévots, sa position devenait intenable. C'est ce qui arriva dans le cas de Dandapani Swâmî. À la suite de la campagne de Chinnaswâmî, une délégation de dévots insatisfaits vint de la ville et lui signifia qu'on ne voulait plus de lui comme directeur. Après lui avoir dit qu'on ne pouvait plus tolérer ses excès financiers, on lui intima l'ordre de partir le jour même. On lui dit que s'il souhaitait revenir, il ne serait pas autorisé à rester plus de trois jours de suite. Dandapani Swâmî fit appel à Bhagavan pour sauver sa position, mais Bhagavan refusa d'intervenir.

Il dit à Dandapani Swâmî : « Avant, vous dominiez tout le monde en usant de vos pouvoirs. Maintenant ils vous dominent. Que puis-je dire ? Mon travail est simplement de regarder tous ces événements. »

Réalisant que Bhagavan ne le sauverait pas, Dandapani Swâmî céda aux exigences des dévots et quitta l'ashram.

Après avoir accompli ce coup de force, les dévots de l'ashram et de la ville se réunirent et décidèrent que Chinnaswâmî serait le nouveau directeur. Bhagavan ne prit pas part à ces discussions. Il se contenta de souscrire au choix des dévots quand on le lui soumit. Chinnaswâmî, qui voulait ce poste depuis plusieurs années, fut enchanté de cette décision.

Tout le monde n'était pas satisfait de ce choix. Ganapati Muni, par exemple, aurait voulu ce poste, mais il ne put rassembler assez de soutien pour sa revendication. Cela ne le découragea pas. Quelques mois après la prise de fonction de Chinnaswâmî, Ganapati Muni décida de court-circuiter les dévots et de demander directement à Bhagavan s'il pouvait prendre la direction de l'ashram.

Tandis qu'il se dirigeait vers l'ashram, accompagné par quelques-uns de ses disciples, Seshadri Swâmî l'aperçut, lut dans ses pensées, et éclata de rire.

« Oh ! Oh ! s'écria-t-il. Comme ça, vraiment, vous allez diriger Râmanasramam ? »

*Seshadri Swâmî est le saint excentrique dont la rencontre avec Annamalai Swâmî est décrite dans le premier chapitre. Dans les années 1920, les personnes qui souhaitaient que Bhagavan exauce un de leurs désirs allaient souvent voir Seshadri Swâmî avant de se rendre chez Bhagavan, pour savoir si leur demande avait des chances d'aboutir. Seshadri Swâmî lisait dans leurs pensées et réagissait de manière négative s'il sentait que Bhagavan n'exaucerait pas le vœu.*

Cette remarque négative, proférée avec tant de dérision par Seshadri Swâmî, aurait découragé la plupart des gens, mais Ganapati Muni poursuivit sa mission. Il alla dans le vieux Hall et commença à dire à Bhagavan que Chinnaswâmî ne dirigeait pas correctement l'ashram.

Au moment même où il disait à Bhagavan qu'il aimerait diriger l'ashram lui-même, Bhagavan l'interrompit en disant : « Êtes-vous venu ici dans ce but ? Chinnaswâmî fait déjà le travail. Il a fait du *tapas* pendant plusieurs années pour obtenir ce poste. Pourquoi vous en mêlez-vous ? »

Réalisant que Bhagavan ne le soutiendrait pas dans sa revendication, Ganapati Muni retourna en ville et ne revint plus jamais sur la question.

Bhagavan n'était pas intervenu quand Dandapani Swâmî et Chinnaswâmî s'étaient querellés au sujet de la direction de l'ashram, mais il était clairement opposé à ce que Ganapati Muni ait son mot à dire dans la gestion de l'ashram. Peu après cet incident, j'entendis Bhagavan parler à Chinnaswâmî de Ganapati et de ses disciples.

« Picha, dit-il, sois prudent avec ces gens. Si tu les laisses avoir la moindre autorité ici, il auront tôt fait de prendre le pouvoir si complètement que tu devras leur demander la permission de bouger le petit doigt ! »

*« Picha » était un surnom familier donné à Chinnaswâmî pendant son enfance.*

Pendant ces querelles de pouvoir, il y eut beaucoup de friction entre Chinnaswâmî et Ganapati Muni. Ils avaient tous les deux des personnalités très fortes et entraient fréquemment en conflit à propos de divers aspects de la politique de l'ashram. Ils se disputaient même pour des questions inutiles et insignifiantes. Je me souviens très bien d'une dispute assez infantile qu'ils eurent en public. Ganapati Muni avait dit qu'il était le disciple numéro un de Bhagavan. Cette affirmation contraria Chinnaswâmî qui se plaisait à penser que le dévot le plus éminent de Bhagavan, c'était lui. Chinnaswâmî s'opposa à la revendication et dit à Ganapati Muni qu'il était un meilleur dévot. Comme Ganapati Muni refusa de l'admettre, une nouvelle querelle éclata entre eux. Finalement, ils firent état de leur dispute à Bhagavan et lui demandèrent d'en juger. Bhagavan refusa d'abord de donner son avis, mais quand, après quelques jours de querelles publiques dans le Hall, il fut clair que la dispute n'était pas près de s'apaiser, il se décida à intervenir. J'étais le serviteur de Bhagavan à l'époque, aussi étais-je bien placé pour voir évoluer la dispute et pour témoigner de la manière dont Bhagavan y réagit. Bhagavan dit d'abord quelque chose d'aimable à propos de Chinnaswâmî, et fit ensuite quelques compliments à Ganapati Muni, mais il refusa de résoudre la dispute en faveur de l'un ou de l'autre. Puis il leur rappela aimablement à tous les deux la nécessité de l'humilité sur le chemin spirituel.

« Quel que soit l'effort fourni par qui que ce soit, cela qui est la réalité demeurera toujours. Il n'y en a pas un, si grand soit-il, qui puisse donner à une autre personne *moksha* ou *bandita* [libération ou esclavage].

« Il est naturel qu'une personne pense que tout le monde devrait la connaître et la louer. Mais si cette pensée est présente, on ne peut atteindre ni la vraie grandeur ni le vrai bonheur. Dieu n'est pas intéressé par ceux qui mettent en avant leurs propres prétentions à la grandeur. Loin d'être grand, celui qui ne donne pas satisfaction à Dieu est une personne inférieure. Si quelqu'un se voue corps et âme à Dieu de toutes les manières possibles, Dieu le rendra célèbre et le monde entier chantera ses louanges. »

Bhagavan cita un verset de *Vairâgya Satakam* à l'appui de ses remarques :

> Ô mental, tu penses à la manière d'amener les gens du monde à te considérer comme important. Seul le Dieu existant éternellement accorde esclavage et libération. À quoi cela peut-il bien servir que d'autres connaissent ta grandeur ? Ô mental, accomplis la rare ascèse [*tapas*] de te soumettre aux saints pieds dorés de Dieu.

Alors, Dieu te fera si grand que le monde connaîtra ta grandeur et te louera. Sache-le.

Plus tard ce jour-là, alors que je me promenais sur la montagne, seul avec Bhagavan, je lui parlai de cet incident.

« Comme vous avez alternativement fait l'éloge de Ganapati Muni et de Chinnaswâmî, je ne pourrais pas dire sur la base de vos commentaires quel côté vous favorisiez vraiment. »

Bhagavan rit et dit : « Chinnaswâmî pense : "Je suis un grand homme", et Ganapati Muni pense : "Je suis un grand homme". La vérité est que ni l'un ni l'autre n'est grand. »

De retour dans le Hall, Bhagavan me donna un ouvrage tamil appelé *Shivabhôga Sâram* et me montra le verset 96 :

Ceux qui suppriment la pensée « Je suis grand » en n'y prêtant pas attention, les *Vedas* disent qu'ils sont grands. Ceux qui disent « Je suis grand » sont petits. Dis, qui d'autre qu'eux va éprouver de la souffrance en ce monde ? »

*Annamalai Swâmî écrivit un compte-rendu de cette dispute dans son journal, en 1938. L'incident lui-même eut lieu en 1928. Quand Munagala Venkataramiah emprunta ce journal pour étoffer le manuscrit qui fut finalement publié sous le titre* Talks with Shrî Râmana Maharshi *(publié en français sous le titre* L'enseignement de Râmana Maharshi*), il abrégea et censura sévèrement cette histoire. Ce qui restait après cette opération de censure fut publié dans l'entretien No 544 (No 486 dans l'édition française). Dans ce bref compte-rendu, Ganapati Muni et Chinnaswâmî sont désignés comme « deux bhaktas ».*

Il y avait alors à l'ashram, un dévot qui, pour moi du moins, était un vivant exemple des enseignements de Bhagavan sur l'humilité et la dévotion désintéressée. Son nom était Viran et l'ashram l'employait comme porteur d'eau.

En ce temps-là, nous manquions toujours d'eau. Comme le puits ne fournissait pas assez d'eau pour subvenir à tous nos besoins, nous devions apporter des suppléments de l'extérieur. Chaque jour, vers quatre heures de l'après-midi, tout le monde, excepté Bhagavan, devait aller chercher de l'eau avec un seau, au réservoir de Palakottu. Chacun de nous devait apporter environ dix seaux d'eau par jour. C'était là une activité très fatigante : les principaux bâtiments de l'ashram se trouvaient en effet à environ cent cinquante mètres du réservoir. En été, quand le niveau d'eau du réservoir de Palakottu était très bas, on nous amenait l'eau potable avec un chariot depuis le réservoir de Bûmanda, qui se trouve en ville, près de la mosquée. Il fallait garder toute cette eau en réserve à l'ashram dans de grands récipients.

Comme toutes ces activités s'avéraient insuffisantes pour couvrir nos besoins d'eau, nous engageâmes, à plein-temps, un homme du nom de Viran pour amener l'eau depuis le réservoir de Palakottu. Il accomplissait en outre diverses petites besognes dans l'ashram et aux environs. Bien qu'il fût initialement engagé pour les travaux de l'ashram, il était aussi disposé à aider n'importe quel dévot résident, dans ses tâches quotidiennes. Si quelqu'un l'appelait pour faire un travail, il venait immédiatement. Aucun travail n'était trop dégradant pour lui. Il était même prêt à travailler au milieu de la nuit si quelqu'un le lui demandait. C'était un homme très humble dont le but principal dans la vie semblait être de faire plaisir aux autres. Si quelqu'un s'adressait à lui irrespectueusement parce qu'il était issu d'une basse caste, Bhagavan manifestait immédiatement sa désapprobation.

« Pourquoi l'appelez-vous comme cela ? » demandait-il. « Si vous voulez qu'il fasse un travail, vous devriez l'appeler avec amour et affection. »

Bhagavan témoignait souvent beaucoup d'amour pour cet homme, parce qu'il savait qu'il était très humble et qu'il s'acquittait de toutes ses tâches avec amour et dévotion.

Bhagavan n'était pas le seul à être impressionné par son travail. Un riche dévot, ayant regardé travailler Viran, décida de l'aider en subvenant aux frais d'études de son fils. Le dévot mit l'enfant dans une bonne école de Madras et assuma tous les frais. Les gens de l'ashram l'aidaient aussi : ils lui donnaient le surplus de nourriture de la cuisine afin qu'il l'emmène à la maison pour sa famille.

L'humilité de Viran était un remarquable et vivant exemple des enseignements de Bhagavan.

À plusieurs reprises, Bhagavan me dit : « Enviez quiconque vous est inférieur. Vous devez devenir très petit. En fait vous devez devenir néant. Seul celui qui n'est plus personne peut demeurer dans le Soi. »

Bhagavan nous parlait souvent de la nécessité de l'humilité. Une autre fois, il me dit : « Personne ne devrait être notre inférieur. Celui qui a appris à être l'inférieur deviendra supérieur à tous. »

En plus de Chinnaswâmî, Ganapati Muni et Dandapani Swâmî, il y avait un dénommé Perumal Swâmî qui voulait aussi être directeur de l'ashram.

*La saga de Perumal Swâmî est un des chapitres les plus étonnants et les moins connus de l'histoire de Râmanasramam. C'est la longue et parfois sordide histoire de la soif de pouvoir et de revanche d'un homme. C'est aussi un exemple salutaire de la manière dont le pouvoir qui émane d'un jnâni stimule parfois les egos plutôt que de les apaiser. Pendant que je faisais des recherches au sujet de cette histoire, je dis fortuitement à Annamalai Swâmî qu'aucun véritable compte-rendu des activités de Perumal Swâmî n'avait encore été publié.*

*Annamalai Swâmî fit en riant cette remarque : « Essayer de raconter l'histoire de Bhagavan sans faire mention de Perumal Swâmî c'est comme essayer de réécrire l'histoire du Râmâyana sans faire mention de Ravana (le principal « méchant » de l'épopée). »*

*Après avoir rassemblé toutes les informations pour ce récit, j'en vins à la même conclusion et décidai d'en publier un long compte-rendu.*

*C'est probablement ici l'endroit le plus approprié pour introduire une histoire personnelle. Après avoir terminé le premier jet de ce livre, je fis un rêve dans lequel je me trouvais assis dans le vieux Hall en face de Bhagavan avec un dossier contenant le manuscrit du livre sur les genoux.*

*« Qu'est-ce que c'est ? » dit Bhagavan en montrant le manuscrit.*

*« J'ai écrit un livre sur Annamalai Swâmî, répondis-je. Il se peut que certaines parties en soient controversées. Je me demande ce que je dois en faire. »*

*« Montrez-le-moi », dit Bhagavan.*

*Je lui tendis le dossier. Bhagavan mit ses lunettes de lecture et commença à feuilleter le manuscrit, examinant minutieusement chaque page pendant quelques secondes. Il commença l'examen avec un air sérieux et profond, mais après qu'il eut tourné quelques pages, je vis qu'il commençait à sourire.*

*Finalement, il éclata de rire, me regarda et dit : « C'est très bien. Publiez-le tel qu'il est. »*

Perumal Swâmî était arrivé à l'ashram en 1914, quand Bhagavan vivait encore à la grotte de Virupaksha. Au début, il avait travaillé comme serviteur de Bhagavan, mais après quelques années, il prit la fonction de directeur de l'ashram. Quand Bhagavan quitta la montagne pour venir vivre à Shrî Râmanasramam, Perumal Swâmî partit s'établir dans le Mula Mandapam dans le temple d'Arunâchaleswara. Il venait encore voir Bhagavan de temps en temps, mais après 1922, il ne prit plus du tout part à la direction de l'ashram. Après son départ, trois autres directeurs, – Gopal Rao, Vasudeva Sastri et Dandapani Swâmî – se succédèrent en peu de temps avant que Chinnaswâmî n'entre en fonctions en qualité de directeur et de *sarvâdhikari*.

> *Pendant quelques années, avant que Chinnaswâmî ne prenne le contrôle complet de la direction de l'ashram, certains départements fonctionnaient de manière pratiquement autonome. Quand Chinnaswâmî ramena toutes les activités sous son propre contrôle, il se donna lui-même le titre de « sarvâdhikari », signifiant « celui qui dirige tout ». Il s'attribua ce titre pour faire passer à tout le monde le message qu'il était le seul responsable de la gestion de toutes les diverses activités de l'ashram.*

Pendant quelques années, après 1922, l'ashram n'eut pas de directeur résident. Ses affaires étaient gérées par un groupe de *sâdhus* qui vivaient en ville, dans le Mula Mandapam. Ils collectaient les fonds et la nourriture pour l'ashram et les remettaient aux dévots qui résidaient à Râmanasramam. Ils publiaient aussi les ouvrages de Bhagavan et les vendaient à la librairie de Râmaniya Vani qui se trouvait aussi dans le Mula Mandapam. Gopal Rao était la personne la plus active de ce groupe. Il réunit presque à lui seul les fonds qui servirent à construire le vieux Hall. Ce groupe incluant Perumal Swâmî, Iswara Swâmî et plusieurs autres s'appelait lui-même le « Brahmachari Ashram ».

Quand j'arrivai à l'ashram en 1928, ce groupe en gérait encore les finances. Je découvris cela quand un dévot en visite me fit un don de 200 Rs. pour l'ashram.

J'essayai de le remettre à Chinnaswâmî, mais il refusa de le prendre, disant : « Je ne suis pas habilité à recevoir les dons. Vous devez le remettre à Vasudeva Sastri en ville. »

> *La plupart des résidents de Shrî Râmanasramam avaient le sentiment que des membres du Brahmachari Ashram ne faisaient pas parvenir à l'ashram la totalité des dons qu'ils recevaient. Au lieu de cela, ils les*

utilisaient pour subvenir à leurs propres besoins. Chinnaswâmî mit un terme à ce manège quand il prit la direction de l'ashram en donnant à tous les dévots l'instruction de court-circuiter ce groupe et de remettre leurs dons directement à Râmanasramam. Il prit aussi tous les livres de la librairie de Râmaniya Vani et ouvrit sa propre librairie à l'ashram. En faisant cela, il priva le Brahmachari Ashram de l'une de ses principales sources de revenus. Chinnaswâmî avait beaucoup de détracteurs, mais il faut lui accorder le crédit d'avoir mis en place une direction centralisée et ferme qui assura que tous les dons soient utilisés pour les projets de l'ashram.

Le manuscrit, compilé par Paul Brunton, qui par la suite fut publié par Shrî Râmanasramam sous le titre Conscious Immortality (publié en français sous le titre Immortelle Conscience), contient plusieurs références à Perumal Swâmî et aux problèmes de direction de cette période. Malheureusement, elles furent toutes supprimées avant la publication. Je me référerai à ce manuscrit en tant que « Le Manuscrit Brunton » dans les commentaires suivants. À la page 114 de ce document, Brunton rapporte comment Bhagavan lui-même était mécontent de ceux qui s'occupaient de la direction de l'ashram avant Dandapani Swâmî.

« Le Maharshi dit à Dandapani Swâmî, qui se plaignait du comportement matérialiste du directeur de l'ashram (un de ses prédécesseurs, pas Chinnaswâmî), qu'il arrive souvent qu'un ashram commence à perdre de vue son but premier, qui est de rassembler des personnes qui veulent se retirer du monde en vue de leur développement spirituel. Il arrive fréquemment qu'un ashram s'intéresse de plus en plus aux détails de l'organisation matérielle et de moins en moins à son but spirituel, se détournant ainsi de sa vocation première. Mais de toute façon, le Maharshi dit que les services, les tâches, le travail manuel et le travail administratif d'un ashram sont vraiment destinés à des esprits d'un ordre inférieur, tandis que ceux qui sont plus avancés peuvent s'adonner à la méditation dans leur propre solitude, loin d'un ashram.

« Le Maharshi confessa même qu'il était silencieux avec la plupart des personnes de l'ashram parce que dans leurs tréfonds elles ne s'intéressaient pas tant à la Réalisation spirituelle du Soi qu'au travail et au fait de s'impliquer dans l'organisation matérielle de l'ashram. Cela étant, il trouvait inutile de leur parler des choses les plus élevées. »

Quand j'arrivai à l'ashram en 1928, Perumal Swâmî prétendait encore être le vrai directeur de l'ashram. Il estimait que les trois dévots qui avaient assumé la fonction après lui avaient tous usurpé son poste. Ayant l'étrange idée que lui seul était habilité à diriger l'ashram, il était plein de colère et d'amertume. Il était encore poli et respectueux quand il venait voir Bhagavan, mais il était manifeste qu'il cachait ses vrais sentiments. Toute cette colère ne se révéla au grand jour que lorsque Chinnaswâmî fut nommé directeur.

Perumal Swâmî n'avait pas toujours été comme cela. Au début, à Skandashram, il avait fait preuve de beaucoup de dévotion à l'égard de Bhagavan. Une fois, un accès de dysenterie ayant affaibli Bhagavan, Perumal Swâmî resta avec lui jour et nuit. Un jour, pendant cette période, Bhagavan eut une sévère diarrhée. Perumal Swâmî prit les excréments dans ses mains et les porta dehors parce qu'il savait que ce serait un gros effort pour Bhagavan de se lever et de sortir. Sa dévotion se manifestait aussi d'autres manières. Quand il devint directeur à Skandashram, il collecta beaucoup d'argent de manière à pouvoir célébrer le *jayanti* de Bhagavan avec faste. Chaque année, le jour du *jayanti*, il payait pour une grande procession qui défilait à travers les rues de Tiruvannamalai, avec un portrait de Bhagavan à sa tête. Il collecta aussi suffisamment de fonds pour faire faire une statue de Bhagavan avec cinq métaux différents. Cette statue avait environ un mètre de haut. Pendant plusieurs années, après qu'il cessa d'être directeur à Skandashram, il continua de célébrer l'anniversaire de Bhagavan par cette procession annuelle à travers la ville.

L'arrivée de Chinnaswâmî à Skandashram semble avoir marqué un tournant dans sa vie. En tant que nouveau venu, Chinnaswâmî dut demander à Perumal Swâmî s'il pouvait demeurer dans l'ashram.

Quand Perumal Swâmî en référa à Bhagavan, Bhagavan répondit en plaisantant : « Cet homme va devenir votre ennemi. Si vous tenez à votre tranquillité, vous devriez le renvoyer. »

Perumal Swâmî ne tint pas compte du conseil et lui permit de rester.

La remarque de Bhagavan ne tarda pas à s'avérer juste. Quand Chinnaswâmî s'établit à l'ashram, il commença à s'intéresser à sa gestion, ce qui l'amenait souvent à faire des choses que Perumal Swâmî n'approuvait pas. Les problèmes de direction de Perumal Swâmî étaient aggravés par les activités de Dandapani Swâmî, qui essayait aussi d'influencer la manière dont l'ashram était dirigé. Dans ce conflit de personnalités, Perumal Swâmî en vint à la conclusion, tout à fait à tort, que Bhagavan favorisait Chinnaswâmî parce qu'il était son frère. Sentant que son autorité et sa position étaient sapées, Perumal Swâmî réagit en devenant de plus en plus dictatorial. Il commença à affirmer qu'il était le seul directeur et que tout devait être fait de la manière dont il l'entendait. Cette attitude ne fit que conduire à de nouveaux conflits.

> Lors d'une conversation que j'eus avec Râmaswâmî Pillai (un des habitants de Skandashram à l'époque où Bhagavan y demeurait), il fit la remarque que la caste était un facteur majeur dans la politique de Skandashram. Perumal Swâmî, de même que quelques autres dévots non-brahmanes, avait le sentiment que les brahmanes essayaient de prendre le pouvoir. Perumal Swâmî s'opposa à leurs tentatives de prendre des responsabilités supplémentaires, parce qu'il estimait qu'elles visaient toutes à saper son autorité.

Je demandai une fois à Bhagavan pourquoi Perumal Swâmî devint un ennemi de l'ashram après avoir initialement été un si bon dévot.

Bhagavan répondit : « Il ne servait pas avec humilité, il servait toujours en choyant son ego. Il avait toujours le sentiment : "Je dois être le seul directeur de cet ashram." »

Bhagavan poursuivit en me racontant l'histoire de Jaya et Vijaya. « Vishnou les avait nommés gardiens de Vaikunta [un des mondes célestes]. Ils avaient tous les deux beaucoup de dévotion pour Vishnou, mais étaient aussi très fiers de leur position. Ils avaient beaucoup de pouvoir : quiconque voulait entrer à Vaikunta devait d'abord obtenir leur permission. Un jour, quatre *rishis* [sages ou voyants] – Sânandana, Sanatkumara, Sanaka et Sanatsujata— vinrent à Vaikunta voir le Seigneur Vishnou. Jaya et Vijaya se fâchèrent tout rouge contre eux, sans raison apparente, et refusèrent de les laisser entrer. Fâchés par leur refus, les *rishis* décidèrent de jeter un sort à Jaya et Vijaya. Ils dirent que ces deux gardiens devraient reprendre naissance trois fois successivement comme ennemis du Seigneur Vishnou avant d'être autorisés à revenir à Vaikunta. Quand la malédiction prit effet, Jaya et Vijaya renaquirent en tant que *râkshasas* [démons] pendant les incarnations de Narasimha, Râma et Krishna. »

Bhagavan conclut l'histoire en disant : « Parce qu'ils servaient en choyant leur ego, ils durent reprendre naissance comme ennemis de

Vishnou. Perumal Swâmî servait aussi à Skandashram en choyant son ego. Quand son ego prit le dessus, il devint un ennemi de l'ashram. »

L'égotisme de Perumal Swâmî et son animosité envers Bhagavan étaient manifestes pendant ses dernières années à Skandashram. Bhagavan me raconta un incident qui illustre très bien cela. Ce jour-là, j'aidais Bhagavan à prendre son bain. Remarquant que l'un de ses gros orteils était légèrement tordu, je lui demandai comment il était devenu ainsi.

« C'est arrivé pendant que j'étais à Skandashram, dit Bhagavan. Mère était malade à ce moment-là et je m'occupais d'elle. Je pensai qu'il serait bon de surélever un peu sa tête, aussi demandai-je à Perumal Swâmî de m'apporter une petite planche en bois pour l'utiliser comme coussin. Perumal Swâmî boudait à cause d'une dispute qu'il avait eue. Au lieu de me donner la planche, il me la jeta. Elle heurta cet orteil et le déboîta. Il est resté tordu depuis. Je ne dis rien à Perumal Swâmî à ce moment-là. Je mis simplement la planche sous la tête de Mère et continuai à la soigner. »

Pendant ses derniers mois à Skandashram, Perumal Swâmî délaissa son rôle de serviteur et commença même à donner des ordres à Bhagavan.

Lors d'un incident que l'on m'a raconté, Perumal Swâmî dit à Bhagavan : « C'est mon ashram, vous devez faire ce que je dis. »

Bhagavan répondit : « Si c'est votre ashram, vous pouvez le garder. Je vais aller vivre ailleurs. »

Ce ne fut pas longtemps après cela que Bhagavan quitta Skandashram et alla vivre à Râmanasramam. Bhagavan ne dit jamais que ces disputes motivèrent son départ, mais il se peut qu'elles aient contribué à sa décision de partir.

*Dans Le Manuscrit Brunton, page 124, il est rapporté que Perumal Swâmî dit une fois à Bhagavan : « Ceci est mon bâtiment, ma propriété. C'est moi qui l'ai construit. »*

*Bhagavan lui dit : « Vous êtes plein de "Je". Nous sommes complètement à l'opposé l'un de l'autre, aussi vais-je vous quitter. »*

*Puis, selon Brunton, « Le Maharshi abandonna abruptement Skandashram à Perumal Swâmî ... descendit au pied de la montagne et demeura dans une hutte près de la tombe de sa mère jusqu'à ce que le Hall actuel fut construit. »*

*Les dernières années, si des dévots demandaient à Bhagavan pourquoi il avait quitté Skandashram, soit il disait qu'il n'y avait pas de raison particulière, soit il disait que la « volonté divine » l'avait poussé à déménager (voir Râmana Maharshi and the Path of Self-Knowledge, page 80.)*

*Plusieurs livres sur Râmana rapportent qu'il déménagea près du samâdhi de sa mère au pied de la colline pour permettre aux dévots d'avoir plus facilement accès à lui. S'il est vrai que plusieurs de ses dévotes plus âgées trouvaient que c'était un gros effort de gravir la montagne pour aller le voir à Skandashram, je ne suis jamais tombé sur une publication avec des affirmations de Bhagavan soutenant cette théorie.*

Quand Bhagavan vint vivre à Shrî Râmanasramam, Perumal Swâmî le traita d'abord très bien. Il faisait *namaskâram*, s'asseyait tranquillement pendant un moment, puis retournait en ville. Un jour, je le vis apporter une petite tasse de café pour Bhagavan dans un récipient de cuivre. Bhagavan prit une gorgée avant de lui redonner le reste en guise de *prasâd*. Cependant, quand Chinnaswâmî fut nommé directeur, la vieille colère de Perumal Swâmî se ralluma et s'exprima par une méchante campagne contre Bhagavan et contre la direction de l'ashram.

Il commença par aller prendre le courrier de l'ashram à la poste principale, en ville. En convainquant le receveur des postes qu'il en était encore le directeur, il put intercepter le courrier de l'ashram et voler de nombreux dons. Pour dissimuler ses vols, il avait un tampon au nom de Shrî Râmanasramam. Après avoir volé l'argent, il envoyait des accusés de réception, tamponnant chaque lettre avec ce sceau pour qu'elle paraisse officielle.

Quand on apprit cela à l'ashram, Bhagavan signa un document qui n'autorisait que Chinnaswâmî à recueillir les lettres adressées à Râmana Maharshi, ou à Shrî Râmanasramam. Comme précaution supplémentaire, Chinnaswâmî écrivit à tous les dévots de Bhagavan, les priant d'adresser dorénavant les dons pour l'ashram à son nom (c'est-à-dire au nom de Chinnaswâmî).

Jusqu'alors, Chinnaswâmî tamponnait toute la correspondance avec un sceau marqué « Azhagammal Puram ».

*Azhagammal était le nom de la mère de Bhagavan et Puram signifie « lieu ». Jusqu'à cet incident, Chinnaswâmî voulait donner à l'ashram le nom de sa mère plutôt que celui de Bhagavan.*

Quand Perumal Swâmî commença à tamponner sa correspondance avec le nom « Shrî Râmanasramam », Chinnaswâmî renonça à son tampon Azhagammal Puram et commença aussi à utiliser un tampon marqué « Shrî Râmanasramam ». Il le fit parce qu'il voulait qu'il n'y ait aucun doute sur l'endroit où se trouvait le vrai Shrî Râmanasramam.

Quand, des années plus tard, on interrogea Bhagavan à ce sujet, il répondit : « Où que je me trouve, ce lieu est Shrî Râmanasramam. »

Après que l'on régla l'affaire du bureau de poste, Perumal Swâmî engagea un brahmane Iyengar[1] de la ville pour qu'il vienne à l'ashram insulter Bhagavan. Avant de l'amener, Perumal Swâmî le bourra *d'arrak* et de *toddy* [boissons artisanales alcoolisées] de manière à ce qu'il fournisse une meilleure prestation. Ils vinrent ensemble à l'ashram et se tinrent à la porte sud du vieux Hall. Le Iyengar criait des insultes à Bhagavan ; Perumal Swâmî était à ses côtés et souriait en silence. Je n'étais pas dans le Hall quand ils arrivèrent, j'étais dans le temple, occupé à faire des guirlandes avec Rangaswâmî. Quand Râmakrishnaswâmî vint nous dire qu'un ivrogne était en train d'insulter Bhagavan, je me fâchai rouge.

Je me souvins de la parole de Râmakrishna Paramahamsa : « Si quelqu'un insulte votre Gourou, vous devriez le jeter hors de l'ashram ou tomber vous-même en disgrâce. »

Je décidai d'agir en suivant ce conseil. Je convainquis Rangaswâmî que c'était notre devoir de protéger Bhagavan contre de tels désagréments et nous courûmes tous les deux vers le Hall.

Bien que Perumal Swâmî ne fût qu'un témoin silencieux de la scène, il était clair, à voir son sourire, qu'il en était l'instigateur. Encore tout en colère, j'allai vers lui et brandis mon poing sous son nez.

« Si je vous frappe de ce côté de votre visage, lui dis-je en montrant le côté gauche, je frapperai si fort que ce côté [montrant le côté droit] enflera aussi ! »

Mon corps était grand et robuste en ce temps-là ; j'aurais donc facilement pu mettre ma menace à exécution. Quand Perumal Swâmî vit que j'étais sérieux, il dit au brahmane Iyengar d'arrêter. Sans ajouter un mot, ils quittèrent l'ashram tous les deux.

---

1. N.D.T. : Chaque caste comporte de nombreuses subdivisions. Les brahmanes Iyengar sont une des lignées de brahmanes.

Chinnaswâmî et quelques-uns des autres brahmanes nous félicitèrent de notre bravoure. Ils dirent tous qu'ils étaient très heureux de savoir qu'il y avait encore dans l'ashram deux personnes sans peur, prêtes à défendre Bhagavan contre des attaques de ce genre. Auparavant ils dépendaient de la force de Dandapani Swâmî pour les protéger. L'attitude de Bhagavan fut plus difficile à jauger. Pendant l'agression, il était resté assis sur le sofa, jambes croisées et les yeux fermés. Son corps tremblait légèrement et il m'avait donné l'impression d'un homme essayant de contenir sa colère. Il ne me parla jamais de cet incident, mais il sembla approuver le rôle que j'y avais tenu. Les jours suivants, il fut inhabituellement aimable avec moi. Je considérai cela comme une approbation silencieuse de mon intervention.

*Du « Manuscrit Brunton », p. 114 : « Une fois, le Maharshi fut violemment insulté en sa présence par un émissaire de Perumal Swâmî. Il écouta silencieusement toute la harangue.*

*« À la fin, il dit : " Un jour je me lèverai et m'en irai pour de bon." »*

*Annamalai Swâmî ne se souvient pas que Bhagavan ait fait cette déclaration à ce moment-là.*

C'est vers cette époque que Perumal Swâmî essaya de se débarrasser de sa fameuse statue. Il l'avait gardée à Pavalakundru, un des temples où Bhagavan avait vécu avant d'aller s'installer sur la montagne. Perumal Swâmî montra la statue à un forgeron pour qu'il lui fasse un petit chariot. Quand le forgeron lui demanda à quoi servirait le chariot, Perumal Swâmî lui dit qu'il avait l'intention de faire tirer la statue à travers les rues de Tiruvannamalai pendant qu'il lui cracherait continuellement dessus. Quand il aurait ainsi attiré une foule suffisamment grande, il avait l'intention de fracasser publiquement la statue. Le forgeron, qui était un dévot de Bhagavan, refusa d'avoir quoi que ce soit à faire avec ce projet. Je n'ai pas idée de ce qu'il advint finalement de la statue. Tout ce que je sais, c'est que personne à Tiruvannamalai n'accepta de lui fabriquer le chariot.

Peu après l'incident du Iyengar, nous entendîmes que Perumal Swâmî projetait de construire une hutte près de l'arbre *illupai* qui se dressait juste à l'intérieur de la porte principale de l'ashram. Il pensait probablement qu'il pourrait poursuivre sa campagne plus efficacement s'il vivait dans l'ashram même. Comme il savait que Chinnaswâmî ne lui donnerait jamais la permission de bâtir à cet endroit, il décida de construire sa hutte secrètement, au milieu de la nuit. Un dévot de la ville eut vent de ce projet et nous prévint.

Il y avait à Tiruvannamalai un sous-inspecteur de police qui était un dévot de Bhagavan. T.K. Sundaresa Iyer alla le voir pour lui demander ce qu'il nous fallait faire au sujet de cette dernière menace. Le sous-inspecteur dit que si nous érigions une clôture provisoire pour enclore l'ashram, avec une petite porte à l'avant, il posterait deux policiers à l'entrée pour empêcher Perumal Swâmî d'entrer dans le domaine pendant la nuit. L'ashram avait très peu d'argent disponible, mais nous suivîmes le conseil du sous-inspecteur et clôturâmes tout le territoire de l'ashram avec une barrière faite de poteaux de bambou et de corde. Jusqu'alors, le territoire de l'ashram n'avait jamais été enclos. Perumal Swâmî ne fut apparemment pas informé, ni au sujet de la barrière ni au sujet des policiers de garde. Il arriva quelques nuits plus tard avec un char à bœufs plein de poteaux de bambou et de feuilles de cocotier, de toute évidence dans l'intention de construire une hutte. Les policiers de service à la porte le renvoyèrent, lui disant qu'ils avaient ordre de l'empêcher de pénétrer dans ces lieux.

Sa tentative de s'installer à l'ashram ayant échoué, Perumal Swâmî entama une procédure judiciaire contre Bhagavan et Chinnaswâmî. Je ne connais pas tous les détails parce que Chinnaswâmî ne discutait jamais des affaires de l'ashram avec les dévots, mais ce que je sais, c'est que Perumal Swâmî prétendait être le vrai directeur de l'ashram.

> *Dans la thèse qu'il présenta au tribunal, Perumal Swâmî soutint son affaire avec une logique plutôt compliquée. Premièrement, il déclarait que puisque Bhagavan était un sannyâsin, il ne pouvait légalement posséder ni terrain ni biens. Cela étant, argumentait Perumal Swâmî, Bhagavan n'avait aucun droit sur la propriété connue comme Shrî Râmanasramam. Perumal Swâmî poursuivait en disant que puisque Bhagavan ne pouvait posséder aucun des biens de l'ashram, il n'avait pas l'autorité de nommer Chinnaswâmî pour le diriger. Ayant ainsi disposé des prétentions de Chinnaswâmî, il présentait son propre cas en disant que puisqu'il avait été le directeur indiscuté à Skandashram, il devait encore être le directeur de l'ashram, puisque ni Bhagavan, ni qui que ce soit d'autre n'était légalement compétent pour le renvoyer ou le remplacer.*
>
> *La plainte de Perumal Swâmî au tribunal ignorait fort à propos deux points importants :*

Debout de droite à gauche : 1ᵉʳ Râmakrishna Swâmî, 2ᵉᵐᵉ (avec le bâton) Dandapani Swâmî, 3ᵉᵐᵉ Muruganar, 4ᵉᵐᵉ (avec les sandales) Perumal Swâmî, 5ᵉᵐᵉ Kumara Guru (le père de Subramaniam), 6ᵉᵐᵉ Bhagavan.

Assis : le major Chadwick ;
debout, de gauche à droite :
2ème S. S. Cohen, 4ème Maurice Frydman.

Lakshmana Sharma

Paul Brunton

Ganapati Muni

Debout de droite à gauche : 1$^{er}$ Madhava Swâmî, 2$^{ème}$ Vasudeva Sastri, 8$^{ème}$ Gopal Rao, 9$^{ème}$ Kunju Swâmî, 10$^{ème}$ T. K. Sudaresa Iyer.
Assis, de droite à gauche : 2$^{ème}$ Chinnaswâmî, 4$^{ème}$ Bhagavan, 5$^{ème}$ Ganapati Sastri.

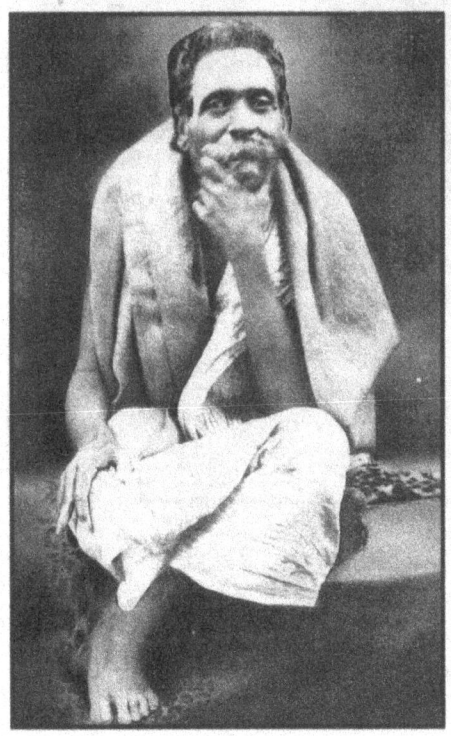

Seshadri Swâmî

Arrière-plan : versets tamils d'*Ulladu Nârpadu*, peints sur le mur de la chambre d'Annamalai Swâmî ; appuyée contre la paroi, presque entièrement cachée, une peinture d'Annamalai Swâmî devant Arunâchala.
Premier plan : David Godman, Annamalai Swâmî et Sundaram, son intendant et traducteur. Prise en novembre 1993.

*1) Bhagavan n'avait jamais prétendu être sannyâsin. Puisqu'il n'avait pas été formellement initié dans l'un des ordres de sannyâsa, il était encore habilité à posséder des biens et à en disposer.*

*2) Perumal Swâmî avait volontairement abandonné le poste de directeur de l'ashram en 1922. Depuis cette date (l'action en justice fut intentée en 1933), il n'avait ni vécu à l'ashram ni pris part à sa direction.*

Bien que les revendications de Perumal Swâmî fussent de toute évidence sans fondement, Bhagavan reçut l'ordre de comparaître devant un tribunal pour répondre aux accusations. Un diplomate britannique du nom de Grant Duff, dévot de Bhagavan, persuada les autorités britanniques que Bhagavan était une âme inoffensive qu'on ne devrait pas faire comparaître devant un tribunal. Au lieu de cela, il s'arrangea pour que le tribunal écoute la déposition de Bhagavan à l'ashram même.

Quand les magistrats vinrent, nous fûmes tous autorisés à assister aux débats. Les réponses de Bhagavan étaient si intéressantes que je me fis un devoir d'en retranscrire un certain nombre dans mon journal.

**Magistrat**: Swâmî, quel est votre nom ?

**Bhagavan**: Les gens m'ont appelé par beaucoup de noms différents. Lequel d'entre eux faut-il considérer comme étant le mien ? (rires)

**Magistrat**: Actuellement les gens vous appellent Râmana Maharshi. N'est-ce pas correct ?

**Bhagavan**: Oui.

**Magistrat**: Selon les *shâstras* hindous, il y a quatre *âsramas*: *brahmachârya*, *grihastha*, *vânaprastha* et *sannyâsa*. Dans quel *âsrama* êtes-vous ?

**Bhagavan**: Je suis dans l'*ativarnâsrama*. Celui-ci transcende les autres *âsramas*.

*L'hindouisme traditionnel reconnaît quatre stades de la vie qui sont appelés âsramas : brahmachârya, dans lequel on mène une vie célibataire et l'on étudie les ouvrages religieux ; grihastha, dans lequel on se marie et l'on mène la vie d'un chef de famille ; vânaprastha, dans lequel on se retire du monde et l'on se voue à la méditation ; sannyâsa, dans lequel on renonce à tous les liens avec sa famille et le monde. La vie dans chaque âsrama est régie par certaines règles et prescriptions.*

Ativarnâsrama *signifie « au-delà de toutes les castes et âsramas. » Comme ce n'est pas un des quatre âsramas traditionnels, le magistrat demanda à Bhagavan si un tel état était mentionné dans les Écritures. Annamalai Swâmî omit de retranscrire cette question, mais elle fut consignée dans la transcription du tribunal. Bhagavan répondit en citant le Sûta Samhitâ, une subdivision du Skanda Purâna, en tant qu'autorité sur cet âsrama (voir* Talks with Shrî Râmana Maharshi, *n° 291 ;* L'enseignement de Râmana Maharshi, *n° 255).*

*Le Sûta Samhitâ est un texte hautement révéré : Adi-Shankara (IX$^e$ siècle) est supposé l'avoir lu dix-huit fois avant de travailler sur ses fameux commentaires. Dans la partie du Sûta Samhitâ connue comme le Mukti Kanda, les versets 14 à 30 du chapitre cinq décrivent et définissent l'état d'ativarnâsrama. Les versets 29 et 30 résument la situation de Bhagavan.*

> *Du fait qu'il réalise son propre Soi, les restrictions imposées par varnâsrama dharma (devoirs et obligations liés aux castes) tombent d'elles-mêmes. Une telle personne transcende les barrières des âsramas [étapes de la vie] et des varnas [castes] et demeure dans son propre Soi. Ainsi, une personne, du fait qu'elle transcende tous les âsramas et varnas et qu'elle demeure dans son propre Soi, est déclarée être un ativarnâsrami par tous les experts védantins.*

**Magistrat :** Si cela est vrai, y a-t-il des règles pour cet *âsrama* ?

**Bhagavan :** L'*ativarnâsrama* ne comporte aucune règle.

**Magistrat :** Avez-vous des désirs pour les choses de ce monde ?

**Bhagavan :** […] il n'y a pas de haine pour quoi que ce soit au monde.

*Une partie de cette réponse semble manquer. Dans la version rédigée par le sténographe du tribunal, Bhagavan répondit : « Je n'ai pas le désir d'acquérir des biens, mais des biens viennent et je les accepte. J'admets que c'est faire preuve d'intérêt pour le monde que de garder des biens, mais je ne hais pas les affaires du monde. » (transcription de O.S. 30/36, Munsif du district, Tiruvannamalai, 15 novembre 1936)*

**Magistrat :** Chaque jour, beaucoup de gens viennent vous voir. Pourquoi viennent-ils ?

**Bhagavan :** Chaque personne a ses propres raisons de venir. Je ne leur dis pas de venir, de partir ou de rester.

**Magistrat :** Est-ce que vous avez des ennemis. ?

**Bhagavan** : Il n'y a ni ennemis ni amis pour moi.

**Magistrat** : Qui est votre Gourou ?

**Bhagavan** : Il n'y a ni Gourou ni disciple pour moi.

**Magistrat** : Peut-on atteindre quoi que ce soit sans un Gourou ?

**Bhagavan** : En effet, on ne peut pas.

**Magistrat** : Alors, qui est votre Gourou ?

**Bhagavan** : Pour moi, le Soi lui-même est le Gourou.

**Magistrat** : Est-ce que vous manipulez de l'argent ?

**Bhagavan** : Non.

**Magistrat** : Les gens disent que vous êtes l'incarnation du Seigneur Subramania [un des dieux hindous].

**Bhagavan** : Celui-là et tous les dieux ne sont que moi. (rires)

**Magistrat** : Perumal Swâmî a écrit dans son journal que vous êtes un *avatâra* [incarnation] du Seigneur Subramania. [L'avocat montra alors à Bhagavan un verset dans le journal de Perumal Swâmî.] Ce verset dit que vous êtes Subramania. L'écriture est-elle la vôtre ?

**Bhagavan** : L'écriture est la mienne, mais l'idée était de Perumal Swâmî.

*Bhagavan composa ce verset pendant qu'il était à la grotte de Virupaksha. En ce temps-là, plusieurs dévots prirent l'habitude d'écrire des versets à la louange de Bhagavan. Perumal Swâmî se plaignit à Bhagavan qu'il se sentait tenu à l'écart parce qu'il était incapable de composer des versets de ce genre. Pour l'aider, Bhagavan composa ce verset, qui le louait lui-même en tant que Subramania, et l'écrivit dans le journal de Perumal Swâmî. À la fin du verset, il écrivit le nom « Perumal Swâmî » pour indiquer que Perumal Swâmî pouvait en revendiquer la paternité s'il le voulait. Il semble que l'idée de Bhagavan était que chaque fois qu'un des dévots érudits viendrait et composerait un verset à la louange de Bhagavan, Perumal Swâmî pourrait réciter ce verset et le faire passer pour sien. Le verset dit :*

*Le Seigneur aux six visages, né de Mère Azhagu et de Sundaram, à Tiruchuzhi, qui vint sur terre dans le but de faire disparaître les défauts de ses dévots en disant : « Sois sans crainte », qui a douze mains de manière à transmettre son propre état en détruisant les karmas de ceux qui cherchent refuge à ses pieds, qui ayant soumis*

> *les cinq sens chevauche le paon du noble lotus du mental, et qui joue le jeu de jeter la lance qu'est le regard de jnâna, il est en fait le Seigneur qui demeure dans la béatitude sous les traits d'Arunâmalai-Râmana.*

La traduction anglaise est tirée de The Mountain Path, 1984, page 94. Le Seigneur aux six visages est Subramania ; Azhagu et Sundaram sont les parents de Bhagavan ; Tiruchuzhi est le lieu de naissance de Bhagavan ; les douze mains, la lance et le paon sont des attributs iconographiques de Subramania.

Plusieurs des dévots de Bhagavan croyaient qu'il était une incarnation de Subramania. Bien que Bhagavan semble s'attribuer ce titre dans le verset, il faut se rappeler qu'il l'écrivit du point de vue de Perumal Swâmî et non de son propre point de vue. Perumal Swâmî était l'une des personnes qui croyaient que Bhagavan était vraiment une incarnation divine. C'est ce que Bhagavan indique quand il dit : « L'écriture est la mienne, mais l'idée était de Perumal Swâmî. » Bhagavan lui-même ne prétendit jamais à rien de tel. Le magistrat qui posa la question espérait vraisemblablement pouvoir discréditer Bhagavan en le forçant à admettre qu'il prétendait être une incarnation d'un Dieu hindou.

**Magistrat** : Vous dites que vous appartenez à l'*ativarnâsrama*. Est-ce que vous avez entendu parler de quelqu'un d'autre qui soit dans cet état ?

**Bhagavan** : Non.

**Magistrat** : Y a-t-il eu quelqu'un dans le passé ?

**Bhagavan** : Sukha, Jadabharata [sages de l'Inde antique] et quelques autres.

**Magistrat** : Pourquoi différentes personnes disent-elles différentes choses à propos de votre ashram ?

**Bhagavan** : Parce que le mental de chaque personne le perçoit différemment.

**Magistrat** : Est-ce que vous avez un amour particulier pour votre frère ?

**Bhagavan** : Je l'aime de la même manière que j'aime tout le monde.

**Magistrat** : Qui reçoit les dons qui arrivent à l'ashram ?

**Bhagavan** : Ils sont tous faits à mon nom, mais je ne suis pas le seul à les utiliser. Toutes les personnes qui sont ici se les partagent.

**Magistrat** : Si Perumal Swâmî veut à nouveau demeurer à l'ashram, l'autoriserez-vous à rester ?

**Bhagavan** : S'il s'engage à se comporter comme tous les autres dévots, il sera autorisé à rester.

**Magistrat** : Si des gens veulent demeurer dans l'ashram, à qui doivent-ils le demander ?

**Bhagavan** : Ce n'est pas mon travail. Ils doivent contacter le *sarvâdhikârî*.

**Magistrat** : Perumal Swâmî était-il le directeur de Skandashram ?

**Bhagavan** : Il remplissait la fonction de directeur pendant que j'étais à Skandashram, mais là non plus sa conduite n'était pas bonne. Il gaspillait beaucoup d'argent.

> *Une transcription des réponses de Bhagavan (sans les questions) fut faite par un dévot résident au moment de l'interrogatoire. Ce manuscrit, écrit à la main et couvrant dix-sept pages de papier ministre, est conservé dans les dossiers du bureau de Shrî Râmanasramam. La version du journal d'Annamalai Swâmî ressemble beaucoup à ce manuscrit bien qu'elle soit beaucoup plus courte et que l'ordre des questions ait été légèrement modifié. D'autres procès-verbaux partiels de l'interrogatoire se trouvent dans* Talks with Shrî Rimana Maharshi *(n<sup>os</sup> 282 et 291 ; 245 et 255 dans la traduction française) et* Le Manuscrit Brunton. *Le compte-rendu dans le journal d'Annamalai Swâmî se termine par la réponse « Parce que le mental de chaque personne le perçoit différemment. » Quelques-unes des questions et réponses suivantes, dont il se souvint quand je l'interviewais, mais qu'ils ne transcrivit pas dans son journal au moment de l'audience du tribunal, n'apparaissent dans aucun des autres procès-verbaux. Il est possible qu'il ait entendu Bhagavan faire ces remarques à une autre occasion.*

Il y eut plusieurs autres questions, principalement à propos de la direction. Le magistrat qui posait les questions était irrespectueux, cherchant inutilement la polémique. Dans les semaines qui suivirent, son fils devint fou et commença à errer dans les rues de Tiruvannamalai en portant des excréments dans ses mains. Puis le magistrat lui-même devint fou. Son fils et lui moururent tous les deux peu de temps après. Plusieurs dévots eurent le sentiment que cela arriva parce qu'il avait manqué de respect envers Bhagavan.

Perumal Swâmî perdit le procès, mais il continua sa campagne contre l'ashram en publiant un petit livre intitulé *Râmana Maharshiyin Nija Swarûpam* (*La Vraie Nature de Râmana Maharshi*). Ce livre accusait Bhagavan d'avoir des relations sexuelles coupables avec ses dévotes et donnait une longue liste de tous ses défauts de caractère. Chinnaswâmî voulait poursuivre Perumal Swâmî en justice, mais Bhagavan l'en dissuada.

*Quand Bhagavan lut la partie concernant ses défauts de caractère, il rit et dit : « Pourquoi n'est-il pas venu me voir avant d'écrire tout cela ? J'aurais pu lui parler de bien d'autres de mes défauts, des choses que je suis seul à savoir. »*

*À la fin du livre, qui était très court, il y avait cette note de Perumal Swâmî : « Je pourrais raconter beaucoup d'autres histoires à propos du mauvais caractère de Bhagavan, mais je n'ai malheureusement pas assez d'argent pour toutes les faire imprimer. »*

*Quand Bhagavan lut cela, il rit de nouveau et dit : « Pourquoi n'est-il pas venu nous voir s'il était à court d'argent ? Nous aurions pu lui faire un don. »*

*Perumal Swâmî espérait qu'un procès ferait de la publicité pour son livre. L'ashram s'étant refusé à toute réaction, il essaya d'intenter lui-même une action en justice en prétendant être un dévot lésé. Bhagavan demanda à Devaraja Mudaliar, un dévot avocat, de s'occuper de l'affaire pour le compte de l'ashram. Mudaliar réussit à faire stopper l'affaire avant qu'une procédure de tribunal ne commence. On trouve un bref compte-rendu de cet épisode à la page douze de son essai :* My Recollections.

Un jour, pendant que j'aidai Bhagavan pour son bain, je lui parlai de ce livre.

Bhagavan dit : « Qu'on le vende devant la porte de l'ashram. »

Il dit cela à la fois avec sérieux et humour.

Il s'expliqua : « Si des gens ordinaires lisent ce livre, ils vont le croire et ça les dissuadera d'entrer dans l'ashram. Les bons dévots, qui ne croiront pas de telles bêtises, continueront à nous rendre visite. »

Bhagavan se serait bien passé des foules de gens qui venaient le voir. Il pensait que si sa réputation et sa renommée diminuaient, le nombre de visiteurs décroîtrait.

Du Manuscrit Brunton, page 113 : « Une fois, un disciple était excité parce que quelqu'un en ville parlait de Bhagavan en le dénigrant.

« Le Maharshi dit . "Je lui permets d'agir ainsi. Qu'il en dise même davantage. Que d'autres fassent de même. Mais qu'ils me laissent seul. Si ça chante à quelqu'un de croire toutes ces calomnies, je considérerai que c'est un grand service qui m'est rendu, parce que s'il [Perumal Swâmî] convainc les gens que je suis un faux Swâmî, ils ne vont plus venir me rendre visite et je pourrai alors mener une vie tranquille. Je veux qu'on me laisse seul, je me réjouis de ce pamphlet diffamatoire. Patience, plus de patience – tolérance, plus de tolérance." »

Le potentiel de méchanceté de Perumal Swâmî était apparemment infini. Après quelques mois de répit, il trouva un nouveau moyen de tourmenter l'ashram. En ce temps-là, les bâtiments de l'ashram se trouvaient sur une parcelle de terrain appartenant à une institution appelée le Bavaji Math. Le responsable de ce *math* vivait à Tiruvannamalai. Ayant beaucoup d'estime pour Bhagavan, il avait donné l'autorisation d'utiliser ce terrain. Une fois qu'il était venu pour le *darshan,* il avait dit qu'il était très heureux qu'un *mahâtmâ* vive sur son terrain. L'ashram avait essayé de lui acheter le terrain, mais cela n'avait pas abouti : il y avait en effet dans le titre de propriété une clause interdisant au Bavaji Math de le vendre.

Quand Perumal Swâmî perdit son premier procès contre l'ashram, il réussit à persuader le responsable de ce *math* d'entreprendre une action en justice contre Bhagavan. Le *mathâdhipati* [le responsable du *math*] adressa une requête au tribunal local, lui demandant d'ordonner à Bhagavan de quitter son terrain. Je ne sais pas comment Perumal Swâmî réussit à le convaincre d'entreprendre cette action en justice. Vu la haute estime en laquelle le *mathâdhipati* avait tenu Bhagavan auparavant, je ne peux que présumer qu'il fut corrompu d'une façon ou d'une autre. Cette affaire ne causa pas autant d'ennuis que l'autre. Après qu'une délégation fut envoyée chez le *mathâdhipati* pour négocier avec lui, toute l'affaire fut réglée à l'amiable, sans intervention du tribunal. D'après les clauses de l'accord, Shrî Râmanasramam achetait à Tiruvannamalai une parcelle de terrain ayant exactement la même grandeur que celle sur laquelle se trouvaient les bâtiments de l'ashram. Cette parcelle nouvellement acquise était donnée au Bavaji Math en échange de celle utilisée par l'ashram.

Ce fut la dernière fois que Perumal Swâmî essaya de causer des ennuis à l'ashram. Peu après, sa santé se détériora tellement qu'il devint invalide et passa les vingt dernières années de sa vie immobilisé chez lui. Tandis que les années passaient et que sa maladie s'aggravait, il commença à réaliser à quel point il s'était mal comporté. Lors d'une de ses dernières visites à l'ashram (il arriva dans un char attelé parce qu'il était trop malade pour marcher), il vint dans le Hall et parla à Bhagavan.

« Bhagavan, dit-il, je vais aller en enfer parce que j'ai fait beaucoup de mal. Je vous en prie, pardonnez-moi et ne m'oubliez pas. »

Bhagavan répondit : « Même si vous m'oubliez, je ne vous oublierai pas. »

« Mais je serai en enfer ! » s'exclama Perumal Swâmî.

Bhagavan le regarda un moment, puis dit : « Je suis présent là-bas aussi. »

Pendant ses derniers jours, Perumal Swâmî fut abandonné par tous ses amis et on lui escroqua tout son argent. À cette époque, il vécut quelque temps chez un certain Mudaliar. Cet homme emprunta tout l'argent de Perumal Swâmî et refusa de le lui rembourser. Quand il se rendit compte que Perumal Swâmî n'avait plus d'argent à lui donner, il essaya de le mettre à la porte de chez lui. Il appela un char attelé, y mit Perumal Swâmî et dit au conducteur de l'amener à Shrî Râmanasramam.

« Je vous envoie à Shrî Râmanasramam, dit-il. Beaucoup de gens y mangent pour rien. Vous les avez servis pendant plusieurs années : ils vont sûrement s'occuper de vous. »

Après avoir dit cela, il dit au conducteur du char de le poser juste après la porte d'entrée et de s'en aller aussi vite que possible.

Les responsables de l'ashram refusèrent de prendre livraison de l'envoi de Mudaliar. Ils louèrent un autre char attelé et le renvoyèrent directement chez Mudaliar. Mudaliar qui n'en voulait plus chez lui refusa de le laisser entrer. Au lieu de cela, il loua un autre char et dit au conducteur de redéposer Perumal Swâmî à l'ashram. L'ashram refusa à nouveau de l'accepter et le renvoya chez Mudaliar. Mudaliar s'avoua finalement vaincu et autorisa Perumal Swâmî à revenir habiter chez lui.

Perumal Swâmî mourut dans les années 1950, seul et abandonné, sur un banc de pierre, quelque part en ville. Très peu de gens avaient de la sympathie pour lui en ce temps-là. Presque tout le monde en vint à la conclusion que tous ses ennuis furent le résultat des campagnes qu'il avait menées contre Bhagavan.

# La pierre ardente
# de la dévotion

Tout au long des années 1930, jusqu'en 1938, je fus occupé plus ou moins à plein temps dans le travail de construction. Mon travail le plus important fut de superviser la construction d'une salle à manger et d'une cuisine nouvelles. Environ trente à quarante maçons travaillaient chaque jour à une construction qui faisait environ cinq cents mètres carrés. Heureusement, Bhagavan suivit la construction avec un vif intérêt, me guidant à tous les stades du travail. Le soir, quand j'allais lui faire mon rapport journalier, il me donnait les instructions pour le lendemain. S'il y avait des travaux difficiles au programme, il me disait comment les exécuter.

Une de mes premières tâches fut de démolir ma propre chambre. Il y avait environ dix huttes en feuilles de cocotier, dont la mienne, sur le site de la nouvelle cuisine. Il nous fallut toutes les démonter et les reconstruire ailleurs. À peu près à la même époque, on construisit une chambre avec un toit de tuiles devant la réserve. Je déménageai dans cette chambre et y restai plusieurs années.

Un jour, alors que la construction de la salle à manger battait son plein, il y eut un fort orage qui m'empêcha de recevoir les instructions de Bhagavan : j'avais alors l'habitude de parler des questions de construction avec Bhagavan quand il sortait de la salle à manger après le repas du soir. Ce soir-là, à cause de la pluie, il alla directement dans le Hall sans me parler. Je n'eus pas d'autre occasion de lui parler pendant la soirée parce qu'à cette époque, Bhagavan n'aimait pas discuter de ses plans en public.

Le lendemain matin, avant que le travail ne commence, je me rendis auprès de Bhagavan et lui demandai : « Quels sont les plans pour aujourd'hui ? »

Bhagavan répondit : « Swâmî est au-dedans de vous. Allez faire le travail. »

Ce fut comme un choc pour moi, parce que j'avais pris l'habitude de dépendre de ses conseils. Dans un sens, il me faisait même un compliment. Son refus de m'aider montrait qu'il était maintenant persuadé que j'avais suffisamment appris pour diriger la construction moi-même. Avant de me rendre sur le chantier donner mes instructions, je fis une prière silencieuse à Bhagavan, lui demandant de me guider dans le travail. Dans la matinée, vers neuf heures, Bhagavan sortit du Hall pour voir ce que nous faisions. Après avoir inspecté le travail, il me donna un « diplôme de construction » par un sourire et en disant le seul mot « *Beish !* » qui signifie « Bien joué ! »

Il y eut deux incidents, liés à la construction de la salle à manger, qui valent la peine d'être racontés.

Le premier illustre bien le fait que Bhagavan n'aimait pas que les dévots lui témoignent une attention spéciale. J'étais dehors en plein soleil, en train de surveiller le déchargement d'un arrivage de plâtre. J'avais un parapluie pour me protéger du soleil et des lunettes noires pour me protéger de la poussière. Quand Bhagavan vint voir ce que je faisais, j'enlevai mes sandales et refermai mon parapluie en signe de respect. Bhagavan me réprimanda aussitôt.

« Pourquoi faites-vous cela quand vous me voyez ? Pourquoi m'accordez-vous une attention spéciale ? Ces choses ont pour objet de vous protéger du soleil et de la poussière. Je ne viendrai vous voir à l'avenir que si vous me promettez de garder votre parapluie ouvert et vos sandales aux pieds. »

Le second incident est plus curieux. Je dirigeais le travail de la salle à manger quand je me rendis compte que mon ego se renforçait beaucoup. Une sensation involontaire de fierté et d'accomplissement s'emparait de moi.

« Je suis responsable de tout ceci ! C'est moi seul qui dirige cet important travail ! »

Tandis que ces fortes pensées m'assaillaient, Bhagavan vint me voir. Pendant qu'il s'approchait, je vis un nuage noir ressemblant à une ombre quitter mon corps et constatai aussitôt que mes pensées égotistes s'en étaient allées avec le nuage. Je parlai à Bhagavan de cet étrange événement.

Il confirma que quelque chose d'inhabituel s'était produit en citant un proverbe tamil bien connu : « Les mauvais esprits s'en vont quand ils voient le prêtre. »

Avant la construction de la salle à manger, Bhagavan se faisait toujours un devoir de me donner ses instructions pour le travail de construction quand personne d'autre n'écoutait. Comme jamais personne ne vit Bhagavan me parler de questions de construction, des dévots en conclurent que je suivais mes propres plans et non ceux de Bhagavan. Pendant longtemps, ces personnes ne m'apprécièrent guère parce qu'elles avaient toutes le sentiment que je gaspillais l'argent de l'ashram en construisant des bâtiments beaucoup trop grands. Je ne pus jamais démontrer la fausseté de leurs déclarations, parce que pendant les toutes premières années où je dirigeais la construction, Bhagavan n'admit jamais publiquement qu'il me donnait des plans.

Pour des raisons que j'ignore, Bhagavan voulait que son rôle dans le travail de construction reste secret.

Plusieurs fois, il me dit: « Ne dites à personne que je vous ai dit de faire cela, exécutez simplement le travail. Veillez aussi à ne dire à personne ce que vous avez l'intention de faire à l'avenir. Si des gens viennent à savoir ce que vous projetez de faire, ils vont arriver avec leurs propres idées et essayer de vous les faire adopter. Si ce genre de choses se produit, cela vous troublera sûrement. »

Bhagavan me dit même comment éviter d'avoir à répondre à des questions:

« Si des ingénieurs viennent vous voir et vous demandent comment vous allez exécuter tout ce travail, dites-leur: "Je suis très occupé en ce moment. Je n'ai pas le temps d'expliquer." Puis éloignez-vous et commencez à faire quelque chose. Il y a beaucoup de gens qui s'intéressent à ce travail de construction. Ils vont tous vouloir venir s'enquérir de vos projets. Si vous commencez à les écouter, ça ne fera que compliquer votre tâche. »

La politique du secret total changea peu après l'arrivée du Major Chadwick à l'ashram. Chadwick venait souvent me regarder travailler, et quand Bhagavan et moi faisions nos tours d'inspection à midi, il nous accompagnait souvent. Bhagavan me donnait les instructions pendant ces inspections, parce qu'à ce moment de la journée, nous pouvions être seuls sur le chantier. Quand Chadwick commença à se joindre à nous pour notre petite promenade de midi, Bhagavan continua à me faire part de ses plans. Quand, par la suite, Chadwick apprit que beaucoup de personnes dans l'ashram croyaient que j'agissais de ma propre autorité, il se fit un devoir de dire à tout le monde qu'il avait personnellement vu et entendu Bhagavan me donner des instructions. Le « secret » étant désormais connu de tous, Bhagavan cessa de faire comme s'il n'était pas impliqué dans la planification et commença à me donner les instructions ouvertement, dans le Hall.

Avant ce changement, j'avais eu beaucoup de difficultés avec l'équipe du bureau et quelques-uns des autres travailleurs de l'ashram. Ceux qui pensaient que je gaspillais l'argent en projets grandioses de mon cru refusaient de coopérer avec moi quand j'avais besoin d'aide. Par exemple, il y avait toujours six à huit personnes travaillant à plein-temps dans le jardin de l'ashram, mais si jamais je sollicitais l'aide de l'une d'entre elles, le responsable refusait de la laisser venir. De fait, à une époque, ma réputation à l'ashram était si mauvaise que personne ne voulait m'aider. Je ne pouvais compter que sur les ouvriers payés.

Une fois, pendant cette période, tandis que je mangeais des *iddlies* avec Bhagavan, il me dit : « Avant que les maçons ne viennent ce matin, je voudrais que vous déplaciez quelques grosses pierres. »

Quand Bhagavan me dit de quelles pierres il s'agissait, je sus immédiatement qu'une seule personne ne suffirait pas.

« Comment voulez-vous que je fasse ce travail ? » demandai-je à Bhagavan. « Il requiert plus d'une personne. Les gens du bureau ne permettront à aucun des ouvriers de l'ashram de m'aider. »

« Dans ce cas, dit Bhagavan, je vais venir vous aider moi-même. »

Quand les gens du bureau entendirent que Bhagavan s'était proposé pour faire un travail de force parce qu'on ne trouvait personne d'autre, ils envoyèrent immédiatement un dénommé Muni Swâmî pour m'aider. Comme la nouvelle se répandit rapidement que c'était Bhagavan lui-même qui voulait que le travail soit fait, et fait rapidement, un autre homme appelé Danupillai vint aussi m'aider. À nous trois, avec un peu d'aide de Raghavendra Rao, nous réussîmes à finir le travail avant l'arrivée des maçons.

Je vécus le même manque de coopération avec l'équipe de cuisine. Je n'avais pas de problèmes pour ma propre nourriture puisque Bhagavan et Chinnaswâmî avaient tous deux dit à l'équipe de cuisine de me laisser prendre tout ce que je voulais. Cependant, le personnel de la cuisine avait reçu ordre de ne donner de nourriture à aucun

Emplacement du bâtiment abritant la nouvelle salle à manger et la nouvelle cuisine : les décombres au premier plan proviennent des bâtiments qui furent démolis pour libérer l'espace. Le bâtiment tout à gauche est la salle de bains de Bhagavan, et derrière celui-ci se trouvent le bureau et la librairie.

Début des travaux de la salle à manger. On peut voir, sur la gauche, le chemin de Skandashram, et en arrière-plan, le mur de protection construit par Annamalai Swâmî vers 1929.

Annamalai Swâmî avec un tissus sur la tête, travaillant à la construction de la salle à manger.

Bhagavan et Chinnaswâmî inspectant les travaux.

La salle à manger terminée. Bhagavan est assis près de l'entrée. Sur la ligne d'horizon : la plaque avec le nom et la date, faite par Annamalai Swâmî.

Le temple de la Mère, vu par-dessus un Pali Tîrtham plein à ras bord. Les marches sur la droite, descendant vers l'eau, furent construites par Annamalai Swâmî.

En haut :
Bas-relief au-dessus de l'entrée du *garbhagriha* du temple de la Mère ; on peut y voir les lettres sanscrites marquées au pochoir par Annamalai Swâmî.

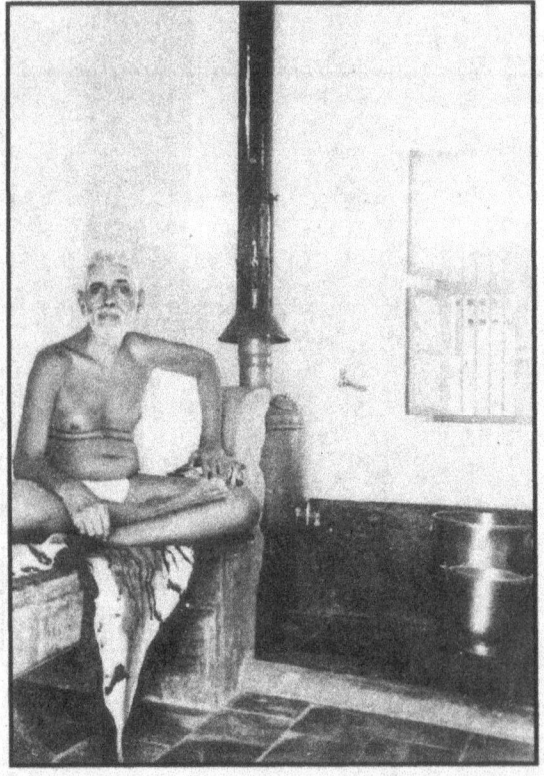

À gauche :
Bhagavan assis sur une peau de tigre, dans sa salle de bains. En arrière-plan on peut voir un chauffe-eau en cuivre et sa cheminée.

des ouvriers que j'embauchais. C'était là une règle spéciale qui ne s'appliquait qu'à mes ouvriers. Les ouvriers engagés par l'ashram pour d'autres travaux étaient autorisés à manger dans la salle à manger.

Un jour, un de mes ouvriers arriva et me dit qu'il n'avait pas mangé ce matin-là. Il espérait que l'ashram lui donnerait son petit déjeuner. Ce même ouvrier avait un travail très important à faire ce jour-là. Aucun des autres ouvriers ne pouvait continuer son propre travail avant que celui-là ne soit fait.

De manière à donner satisfaction à cet homme, j'allai à la cuisine et dis aux femmes qui y travaillaient : « J'ai encore faim. Je vous en prie donnez-moi encore des *iddlies*. »

Une des femmes dit : « Mais vous venez juste de manger. Pourquoi en redemandez-vous ? »

Juste à ce moment, j'entendis Bhagavan éclater de rire. Il travaillait dans un endroit de la cuisine que je ne voyais pas.

Sachant que Bhagavan m'écoutait, je ne pus pas mentir de nouveau et dis donc à la femme : « Vous ne me les donnerez que si je vous dis que je vais les manger. En fait, ils sont pour un de mes ouvriers. »

Bhagavan apparut alors avec un large sourire sur le visage et lui dit de me donner les *iddlies* que j'avais demandés.

Nous considérions tous Bhagavan comme une personne totalement honnête et disant toujours la vérité ; c'est donc avec beaucoup de surprise que je l'entendis une fois me dire qu'il avait lui-même menti trois fois depuis le jour où il avait quitté sa maison pour venir à Arunâchala. La première, dit-il, ce fut à la maison de Muthukrishna Bhagavatar pendant qu'il était encore en chemin vers Arunâchala. Il y avait dit, faussement, qu'il avait perdu tout son argent et ses possessions.

> *À la maison de Muthukrishna Bhagavatar, il avait mis ses boucles d'oreille en gage afin d'obtenir de l'argent pour poursuivre son voyage vers Tiruvannamalai. Il n'avait pas perdu ses biens – il n'avait tout simplement pas assez d'argent pour terminer son voyage.*

Il dit le second mensonge un jour alors que sa mère séjournait avec lui à Pavalakundru.

> *Pavalakundru est un temple situé sur un petit affleurement de roche à environ trois cents mètres du grand temple d'Arunâchaleswara. Bhaga-*

van y vécut un certain temps dans les années 1890. Cette histoire doit avoir eu lieu lors d'une visite plus tardive de la mère de Bhagavan parce qu'elle ne vint pas demeurer avec lui avant 1915. Il se trouve que S.S. Cohen (Guru Râmana, pp. 13-14) a aussi relaté cet incident, mais il le situe à Skandashram. Quand je fis part de cela à Annamalai Swâmî, il me dit qu'il était certain que Bhagavan lui avait dit que cela avait eu lieu à Pavalakundru.

Tandis que Bhagavan était assis dans le temple, apparemment en *samâdhi*, sa mère décida d'aller rendre visite à Echammal en ville. Avant de partir, elle résolut d'enfermer Bhagavan dans le temple de manière à ce que personne ne puisse le déranger ou lui faire du mal. Bhagavan n'était pas vraiment en *samâdhi*, il était simplement assis les yeux fermés. Sitôt sa mère partie, il passa son bras par un trou dans la porte, manœuvra le verrou, et put sortir. Ayant ainsi retrouvé sa liberté, il verrouilla de nouveau la porte. Quand sa mère revint, elle fut choquée de le voir assis dehors devant la porte verrouillée. Bhagavan vit qu'elle pensait qu'il avait acquis un *siddhi* [pouvoir] spécial le rendant capable de passer à travers la matière solide. Pour plaisanter, il confirma ses soupçons.

Quand elle demanda : « Comment es-tu sorti ? » il la regarda d'un air très sérieux et répondit : « À travers l'*âkâshâ* [espace ou éther] ».

Le troisième mensonge fut proféré à Skandashram. Un jour, alors que la mère de Bhagavan avait mal à une oreille, Bhagavan lui demanda de pencher la tête de manière à voir dans l'oreille. Il n'y avait rien à voir, mais quand Bhagavan examina l'oreille, il feignit d'y voir une guêpe. Il fit à sa mère un commentaire bref et détaillé des activités de l'intruse.

« Il y a une guêpe qui rampe là-dedans. Elle sort. Elle se tient près de l'entrée maintenant. Voilà qu'elle s'est envolée ! »

Sa mère fut tellement convaincue que cette guêpe imaginaire était la cause de sa douleur que quand Bhagavan dit : « Elle s'est envolée ! » la douleur disparut complètement.

* * *

J'avais engagé des hommes et des femmes pour travailler à la salle à manger. Certaines des femmes étaient très séduisantes et je dois avouer que j'étais parfois troublé par des désirs sexuels. J'avais parlé à Bhagavan de ce problème dès le début de ma vie à l'ashram.

Je lui avais dit : « Je ne veux pas *moksha* [la libération]. Je veux seulement que le désir des femmes ne me vienne pas à l'esprit. »

Cette fois-là, Bhagavan avait ri et dit : « C'est à cela uniquement que s'efforcent tous les *mahâtmâs* [grandes âmes]. »

Sa réponse me rassura en m'apprenant que je n'étais pas le seul à souffrir de ce problème, mais elle ne me donna aucune indication sur la manière dont je pouvais le résoudre. J'élaborai une théorie selon laquelle il me serait beaucoup plus facile d'éviter les pensées sexuelles si je n'étais pas obligé de regarder travailler les femmes toute la journée. En ce temps-là, nous payions les ouvriers quatre annas par jour et les ouvrières trois annas [un anna valait un seizième de roupie]. Je me dis qu'en remplaçant toutes les ouvrières par des ouvriers, je m'offrirais un peu de tranquillité mentale pour quelques annas. Je dis donc aux femmes qu'il n'y aurait plus de travail pour elles à l'avenir.

Ce soir-là, comme d'habitude, Bhagavan me demanda quel travail je projetais de faire le lendemain.

Je lui dis : « Les murs de fondation sont déjà terminés. Demain j'ai l'intention de mettre beaucoup de sable à l'intérieur du bâtiment pour surélever le terrain jusqu'au niveau du sol de la salle à manger. »

Bhagavan me demanda ensuite : « Combien d'hommes et combien de femmes avez-vous engagés ? »

Je dis à Bhagavan que je n'avais pas embauché de femmes et lui expliquai mes raisons. Bhagavan ne fut pas du tout convaincu par mon explication. Il ne voyait pas pourquoi les femmes auraient dû souffrir du seul fait que j'étais incapable de contrôler mon mental.

« Pourquoi avez-vous dit qu'il n'y avait plus besoin d'ouvrières ? » demanda-t-il. « Engagez des ouvrières. Engagez des ouvrières. Engagez des ouvrières. »

J'avais remarqué auparavant que quand Bhagavan voulait souligner l'importance d'une idée ou d'une phrase particulière, il la répétait trois fois. Je suivis ses instructions et réembauchai toutes les femmes.

Je me souviens d'une autre fois où mes pensées sexuelles eurent presque raison de moi. C'était environ une heure de l'après-midi au beau milieu de l'été. J'étais assis devant la porte de la réserve quand je vis une très belle femme venir pour le *darshan* de Bhagavan. Quelques minutes plus tard, elle sortit du Hall et se mit à marcher en direction de la montagne. J'étais si captivé par son apparence que je me demandais si elle n'était pas une déesse à forme humaine. Je sentis un fort désir sexuel monter en moi. À ce moment Bhagavan apparut et vit dans quel état mon mental se trouvait. Il m'appela dehors et me demanda de me mettre debout au soleil sur un gros rocher qui se trouvait près de la réserve. Comme je n'avais pas de sandales, la chaleur du rocher me faisait très mal aux pieds. Bhagavan ne tint aucun compte de mon inconfort. Pendant plusieurs minutes il parla calmement de différentes questions de construction. Mes pieds brûlaient ; la douleur devenait presque insupportable ; mais je n'osais pas bouger parce que Bhagavan m'avait expressément dit de rester debout sur ce rocher. Après un certain temps, je constatai que la douleur que je ressentais avait complètement supplanté le désir pour cette femme. Dès que cette pensée me vint à l'esprit, Bhagavan mit abruptement un terme à notre conversation et s'en alla. C'est avec soulagement que je ramenai à l'ombre mes pieds brûlants. Le traitement de Bhagavan s'avéra être une cure complète. Une fois la douleur apaisée, je constatai que j'avais perdu tout intérêt pour cette femme.

Une des caractéristiques de Bhagavan était qu'il répondait souvent de manières différentes à des situations identiques. En 1938, alors que j'étais de nouveau troublé par des désirs sexuels, il réagit d'une manière complètement différente. Pendant trois jours, j'avais eu la tête pleine de pensées sexuelles, à tel point que je commençais à penser : « Comment pourrais-je jamais atteindre le salut si des pensées de ce genre me viennent constamment ? »

J'étais si troublé par ces pensées que tout au long de ces trois jours, je ne pus ni manger ni dormir convenablement. Finalement, je décidai que Bhagavan était la seule personne qui pouvait m'aider. Ce soir-là, je suivis Bhagavan quand il sortit pour sa promenade et lui parlai de mon problème.

« Depuis que ce désir des femmes m'est venu, voilà trois jours, je n'ai pas dormi ni mangé. Comme ces pensées me viennent souvent à l'esprit, qu'est-ce qu'il va advenir de moi au bout du compte ? »

Bhagavan, après être resté silencieux pendant quelques minutes, répondit : « Pourquoi devriez-vous toujours penser qu'une mauvaise pensée vous est venue à l'esprit à tel ou tel moment dans le passé ? Si au lieu de cela vous méditez "À qui ces pensées sont-elles venues ?" elles vont s'envoler d'elles-mêmes. Vous n'êtes ni le corps ni le mental, vous êtes le Soi. Méditez là-dessus et tous vos désirs vous quitteront. »

Souvent, pendant le travail de construction, Bhagavan venait s'asseoir sur une pierre et dirigeait les opérations. Parfois il se joignait même à nous.

Il disait souvent : « Quand je suis dehors, je me porte mieux. Ce sofa de deux mètres de long sur lequel vous me faites asseoir est comme une prison pour moi. »

Bhagavan passait souvent des heures en notre compagnie. Quand il était d'humeur à superviser, il ne retournait dans le Hall que si on lui disait que de nouveaux dévots étaient venus pour son *darshan*. Quand c'était le cas, Madhava Swâmî, qui gardait le Hall en l'absence de Bhagavan, venait nous dire que de nouvelles personnes étaient arrivées. Je me souviens d'une fois où Bhagavan aperçut Madhava Swâmî qui venait vers nous. Il venait évidemment dire à Bhagavan que de nouvelles personnes étaient arrivées.

Bhagavan se tourna vers moi et dit : « Voilà un nouveau mandat d'arrestation qui arrive. Je dois retourner en prison. »

Bhagavan accueillait toujours de bon cœur une occasion de se joindre au travail. Je peux en donner un bon exemple. Cela se passa peu après mon arrivée à l'ashram. Il n'y avait alors aucun endroit sûr pour stocker les sacs de riz. Il leur fallait une plate-forme étanche au cas où le sol deviendrait humide. Bhagavan me dit de faire une telle plate-forme avec des briques et du ciment dans une petite hutte qui se trouvait sur l'emplacement du vieux bureau. Après avoir terminé le travail, je commençai à polir la surface avec une vieille brique pour bien la niveler. Bhagavan choisit une autre brique et se joignit à moi. Il la tenait à deux mains et se mit à racler très vigoureusement.

J'essayai de le faire cesser de travailler en disant : « Pourquoi Bhagavan fait-il ce travail ? Je peux facilement faire cela tout seul. »

« Je le fais parce que j'ai besoin d'exercice, répondit Bhagavan. Si je travaille un peu, mon corps sera plus robuste. Je n'ai pas d'appétit en ce moment. Si je travaille un peu, je vais avoir faim. Mes problèmes de gaz s'en iront peut-être eux aussi si je fais beaucoup d'exercice. »

Il était clair qu'il y prenait énormément de plaisir. Je n'essayai plus de le dissuader.

Comme nous empêchions généralement Bhagavan de faire des travaux de force, il se maintenait en bonne santé en allant régulièrement faire des promenades dans la montagne. Dans les années 1940, il combina même cela avec un programme journalier d'exercices de gymnastique pour améliorer sa digestion. Il mettait les bras au-dessus de la tête, gardait les jambes tendues, se pliait à la taille et essayait de toucher ses orteils. Il faisait cela environ trente fois chaque matin. Normalement, il faisait ces exercices à un endroit où personne ne pouvait le voir, mais quelquefois, des bûcheronnes, qui faisaient de la coupe de bois et erraient de par la montagne à la recherche de bois de feu, le remarquaient.

L'une d'elles, après avoir regardé Bhagavan se pencher en avant de manière répétée, dit : « Bhagavan a trop mangé, il essaie de vomir. »

Une autre femme à l'imagination plus fertile désapprouva : « Non, ce sont des exercices spéciaux. Bhagavan prend les pierres de la montagne et les transforme en or. Il utilise l'or pour financer la construction du temple de la Mère. Comment pourrait-il le payer autrement ? Cet homme que vous voyez près de Bhagavan [le serviteur de Bhagavan] fait office de gardien. Il veille à ce que personne ne dérange Bhagavan pendant qu'il fabrique l'or. Il empêche aussi d'autres personnes de le voler et aide à le rapporter à l'ashram. »

La prospérité croissante de l'ashram dans les années 1940 faisait beaucoup jaser les gens du pays. Plusieurs d'entre eux, qui ne comprenaient pas comment l'ashram était financé, arrivèrent à la conclusion que la direction de l'ashram contrefaisait de l'argent pour financer son développement. J'entendis plusieurs non-dévots soutenir cette théorie. Une fois, alors que j'étais debout devant le bureau de l'ashram, je vis un villageois des environs regarder Mauni Srinivasa Rao taper à la machine. Ce villageois, qui n'avait jamais vu une machine à écrire auparavant, en conclut que ce devait être la machine qui servait à faire les faux billets. Il y avait près du bureau un local pour les bagages, dans lequel les dévots pouvaient déposer leurs sacs avant d'aller au *darshan*. Comme il y avait toujours devant ce local un gardien qui veillait sur les biens des dévots en visite, bien des villageois de la région en conclurent que ce devait être le local où l'on fabriquait et stockait l'argent.

Bhagavan faisait ces promenades fréquentes pour améliorer sa digestion et pour soulager la raideur de ses genoux. Dès mon arrivée à l'ashram, j'avais remarqué que Bhagavan avait des enflures et des douleurs rhumatismales aux genoux. Avec les années, le problème ne fit que s'aggraver. À ce propos, Bhagavan répétait souvent la même plaisanterie ; il disait : « Hanuman s'est saisi des pieds de Râma, tandis que son père s'est saisi des miens. »

*Dans la mythologie hindoue, le père d'Hanuman est Vâyu, le dieu du vent. Hanuman, le singe-roi, est un des plus éminents dévots de Râma. En tamil on dit toujours qu'il y a du vent dans la jambe quand elle commence à enfler.*

Les serviteurs de Bhagavan lui massaient régulièrement les genoux avec de l'huile, mais cela ne changeait pas grand-chose. La douleur était si intense que ses serviteurs devaient lui mettre un coussin sous les genoux, parce que c'était trop douloureux pour lui de s'asseoir les jambes allongées. Si l'on regarde la fameuse photo qui est maintenant sur le sofa dans le vieux Hall, on peut voir comment les coussins étaient installés pour soutenir ses jambes repliées. Bhagavan autorisait ses serviteurs à le masser, mais il croyait davantage aux vertus de l'exercice pour soulager ses douleurs.

Il disait : « Si je ne fais pas une promenade chaque jour, il va y avoir de la douleur dans les jambes. »

Un jour, je massais les pieds de Bhagavan avec de l'huile quand une vieille femme arriva et me demanda quel était le problème.

Je lui dis : « Je masse les pieds de Bhagavan parce qu'il y a de la douleur en eux. »

La femme se moqua de mon explication.

« Bhagavan n'éprouve aucune douleur, dit-elle. Vous ne faites que vous purifier de vos propres péchés en faisant cela. »

Quand Bhagavan essayait de nous aider dans nos tâches quotidiennes, il se heurtait à beaucoup d'opposition de la part des dévots résidents. La plupart d'entre nous avaient le sentiment de ne pas lui témoigner le respect qui lui était dû si nous le laissions faire du travail subalterne. Un jour, par exemple, durant mes premières années à l'ashram, les dévots tinrent une réunion informelle pour se répartir tout le travail de la journée. Une personne se proposa pour faire la cuisine, une pour nettoyer, et ainsi de suite.

À la fin de la réunion, Bhagavan à qui l'on n'avait donné aucun travail à faire, annonça : « Il y a un travail que vous avez oublié d'attribuer. Personne n'a été désigné pour laver les vêtements. Si chacun de vous me donne ses vêtements, je vais aller à Yama Tîrtham et tous les laver. »

Personne ne voulut que Bhagavan fasse ce travail. Nous assignâmes la lessive à quelqu'un d'autre et le laissâmes sans travail.

> *Yama Tîrtham est un réservoir qui se trouve à environ 1 km et demi de l'ashram. En anglais indien le mot « tank » [réservoir] désigne n'importe quelle structure artificielle plus grande qu'un puits, construite pour retenir l'eau de pluie. Yama Tîrtham contient de l'eau pendant toute l'année, tandis que les réservoirs plus proches de l'ashram sont souvent à sec en été. Il est donc raisonnable d'en conclure que cet incident eut lieu en été. En hiver, la lessive aurait été faite tout près de l'ashram.*

Parfois cependant, Bhagavan réussissait à organiser des travaux et à les exécuter lui-même. Il décida un jour de construire une étagère avec des briques et de la boue dans un coin de la vieille cuisine. Il avait prévu d'y ranger les pots à pickles. Il creusa lui-même la terre à l'aide d'un *kadappârai* [barre à mine] de deux mètres de long. Puis, Santammal, une des cuisinières, en fit de la boue. Bhagavan fit le travail lui-même, plutôt que de me le confier, parce que la cuisine était interdite aux non-brahmanes. Je travaillais dans la salle à manger contiguë à la cuisine, mais ne pouvais pas voir ce que faisait Bhagavan parce qu'une femme brahmane très orthodoxe brandissait un sari en travers de l'entrée de la cuisine. Elle pensait de toute évidence qu'un non-brahmane ne devait pas voir ce qui se passait dans la cuisine.

Quand Bhagavan leva les yeux de son briquetage et vit ce qu'elle faisait, il dit : « Pourquoi tenez-vous ce sari comme cela ? Ce n'est que notre Annamalai Swâmî. »

C'est alors qu'arriva Chinnaswâmî. Il me sourit et dit :

« Bhagavan vous a donné un nouveau titre, « *Ishta Brahmin* » [un brahmane bien-aimé].

Il me faut dire, en guise d'explication, que si Bhagavan maintenait l'orthodoxie des castes dans les questions de cuisine, principalement par égard pour ses dévots brahmanes qui autrement n'auraient plus mangé à l'ashram, il avait tendance à désapprouver quelques-unes des manifestations extrêmes de cette orthodoxie.

Il y avait un autre genre d'exercice auquel Bhagavan aimait s'adonner : fabriquer des bâtons pour la promenade. Il en faisait de temps en temps quand son attention n'était pas requise par ailleurs. Un jour, je le vis en faire plusieurs de manière très énergique. Chinnaswâmî avait acheté un petit tas de bois pour le feu, et Bhagavan avait demandé à ses serviteurs de choisir quatre ou cinq bâtons droits. Il nettoya d'abord la surface extérieure de ces bâtons avec un petit couteau, puis les frotta avec des morceaux de verre et paracheva le travail en les lissant avec une feuille. La sciure se déposait sur tout son corps. Une partie restait là où elle tombait. D'autres particules étaient emportées par de petits ruissellements de sueur qui coulaient sur son corps.

J'essayai de l'éventer, mais Bhagavan m'arrêta en disant : « Je travaille pour produire cette sueur. Quand on laisse couler la sueur sans l'entraver, le corps s'assainit. Si vous éventez comme cela, toute la sueur va partir. »

Il n'y avait pas de ventilateurs électriques en ce temps-là : on s'éventait à la main. Habituellement, quand des gens commençaient à l'éventer, Bhagavan leur disait d'arrêter. Certains dévots, comme Mudaliar Patti, étaient cependant très opiniâtres dans leurs tentatives. Un jour, au milieu de l'été, alors que le corps de Bhagavan brillait de sueur, je vis celui-ci arracher un éventail des mains de Mudaliar Patti parce qu'elle essayait subrepticement de l'éventer. Il lui avait déjà dit : « Pas d'éventail ! » quelques minutes plus tôt.

Tandis qu'il prenait l'éventail, il répéta sa réprimande habituelle : « C'est bon pour le corps de transpirer librement. Pourquoi essayez-vous d'interrompre la transpiration en m'éventant ? »

Avant mon arrivée, quand il n'y avait pas beaucoup d'activité à l'ashram, Bhagavan passait l'essentiel de son temps dans le Hall. Il travaillait régulièrement à la cuisine et allait faire des promenades sur la montagne, mais pendant la plus grande partie de la journée, il menait une vie complètement sédentaire. Tout cela changea quand le programme de construction commença. Il sortait fréquemment voir ce que nous faisions, il nous bombardait de conseils et d'instructions et parfois il se mettait lui-même au travail. Certains pensent que l'ashram s'est développé spontanément autour de Bhagavan, sans intervention de sa part. Ils n'auraient guère tardé à changer d'idée s'ils avaient vu Bhagavan à l'œuvre dans les années 1930. C'était Bhagavan, et Bhagavan seul, qui décidait quand il fallait construire des bâtiments, où et à quelle échelle il fallait les construire, quels matériaux il fallait utiliser, et qui serait responsable de la construction.

Bhagavan disait : « Je ne suis concerné par aucune des activités qui ont lieu ici. Je ne suis que le témoin de tout ce qui arrive. »

Du point de vue du Soi, c'est sans doute vrai. Mais du point de vue relatif, je peux dire qu'on ne remuait pas une pierre dans l'ashram à son insu et sans son consentement. Comme je l'ai mentionné auparavant, le seul domaine dans lequel il refusait de s'impliquer était celui des finances.

Il commençait des projets alors qu'il n'y avait pas d'argent disponible pour les payer, ignorant allègrement toutes les prédictions de Chinnaswâmî quant à une catastrophe financière imminente. Il ne demandait jamais d'argent à personne et interdisait à Chinnaswâmî de mendier des dons au nom de l'ashram ; cependant d'une façon ou d'une autre, il arrivait suffisamment de dons pour mener à bien chaque construction.

Chinnaswâmî, qui se sentait en fin de compte responsable de toutes les finances de l'ashram, avait tendance à se faire beaucoup de souci quand Bhagavan s'embarquait dans des projets sans bases financières appropriées.

En de telles circonstances, j'ai souvent entendu Bhagavan dire : « Je suis là, il n'a pas à s'en faire. »

Chaque fois que Bhagavan parlait ainsi, je transmettais le message à Chinnaswâmî. De tels messages le rassérénaient momentanément, mais sa confiance toute neuve se dissipait généralement à l'arrivée de la première grosse facture.

Bhagavan attendait également des dévots qu'ils ne s'occupent pas des finances de l'ashram. Bien qu'il les autorisât à faire des dons à l'ashram s'ils se sentaient de le faire, il ne voulait pas qu'ils se mêlent des affaires financières de l'ashram. Une fois, par exemple, alors que Bhagavan était très malade, Maurice Frydmann donna 1 000 Rs. à Chinnaswâmî et lui demanda d'acheter des fruits pour Bhagavan avec cet argent. C'était alors une très grosse somme. Chinnaswâmî, sachant que Bhagavan ne mangerait des fruits que si chacun en recevait une part égale, trouva que ce serait un gaspillage d'argent que d'acheter tous les jours des fruits pour tout le monde à l'ashram. Quelques mois plus tard, Frydmann vint demander à Chinnaswâmî si l'on avait utilisé l'argent comme il l'avait demandé. Chinnaswâmî se fâcha et lui dit que les dépenses de l'ashram ne le regardaient pas. À cette occasion, Bhagavan soutint Chinnaswâmî.

Quand Frydmann vint dans le Hall se plaindre parce que l'on n'avait pas utilisé son don correctement, Bhagavan dit, non sans colère : « Quand vous donnez quelque chose, vous devriez considérer la question comme classée. Comment osez-vous utiliser ce cadeau pour promouvoir votre ego ? »

Pour Bhagavan, les actions en elles-mêmes n'étaient ni bonnes ni mauvaises ; il s'intéressait toujours davantage aux motifs et à l'état d'esprit qui les provoquaient.

À l'époque où je construisais les bâtiments de l'ashram, des ingénieurs en visite, qui étaient aussi des dévots, décidèrent d'offrir leurs services en faisant des plans détaillés des différents bâtiments que l'on s'apprêtait à construire. Chinnaswâmî voulait que j'exécute ces plans, mais cela n'était pas possible parce qu'il y avait des plans différents et contradictoires pour chacun des bâtiments qu'il voulait que je construise. Nos tentatives de compromis ne firent qu'engendrer de la confusion et entraîner des retards dans la construction, aussi suggérai-je de remettre tous les plans à Bhagavan et de le laisser prendre la décision finale. J'amenai tous les plans dans le vieux Hall, mais Bhagavan ne prit même pas la peine de les dérouler.

Les mettant de côté, il dit : « Dès avant notre venue ici, tous ces bâtiments ont déjà été planifiés par une puissance supérieure. Chaque chose en son temps, le moment venu, tout va se passer conformément à ce plan-là. Dès lors, pourquoi devrions-nous nous embarrasser de tous ces plans écrits ? »

Ce fut Bhagavan lui-même qui conçut tous les plans des bâtiments de l'ashram. Chaque jour, avant que le travail ne commence, il me disait que faire. Si les instructions étaient compliquées, il esquissait parfois quelques traits sur un morceau de papier pour clarifier ou illustrer ses propos. Ces petits diagrammes furent les seuls plans que nous eûmes jamais. Sauf le temple de la Mère, construit selon le plan du chef *sthapati* [architecte de temples], et la réserve, d'abord dessinée par un entrepreneur local, tous les autres bâtiments furent édifiés à partir de plans informels de Bhagavan.

Quand Bhagavan me donnait un plan, il disait toujours que ce n'était qu'une suggestion. Il ne considérait jamais qu'il me donnait des ordres.

Habituellement, il disait : « Ce plan m'est venu tout simplement. Si ça vous dit de l'exécuter, vous pouvez le faire. Autrement, laissez-le tomber. »

Bien sûr, chaque fois que Bhagavan parlait ainsi, je considérais cela comme un ordre direct. Je ne refusais jamais un travail et ne suggérais jamais une quelconque modification de ses plans.

Nous avions presque terminé la salle à manger et la cuisine quand Chinnaswâmî vint me trouver avec un plan secret de son propre cru. Il voulait que je construise une chambre sur le toit de la salle à manger afin que Bhagavan y demeure. Il voulait aussi que j'installe dans la chambre un ascenseur qui la relierait à la salle à manger. Il souhaitait cette installation pour obliger les dévots à obtenir sa permission pour avoir le *darshan* de Bhagavan. Seuls ceux qui auraient obtenu cette permission seraient autorisés à entrer dans l'ascenseur.

Chinnaswâmî me demanda de faire part de son projet à Bhagavan. Après m'en avoir esquissé les détails, il me dit : « Vous allez chaque jour dans la salle de bains aider Bhagavan à prendre son bain. Bhagavan vous communique toujours directement ses projets de construction. Allez discuter de cette question avec lui et essayez d'obtenir son accord pour ce projet. Si vous réussissez à obtenir son approbation, je vous donnerai un grand titre tel que "Sir Annamalai Swâmî". Peut-être vous en donnerai-je même un plus grand. »

L'idée était absurde d'un bout à l'autre et je savais que Bhagavan n'y consentirait jamais. Plusieurs années auparavant, quand le propriétaire de la grotte de Virupaksha avait essayé de contrôler l'accès à Bhagavan, celui-ci avait réagi en quittant la grotte. Je savais qu'il n'approuverait jamais aucun projet qui tiendrait les dévots éloignés de lui. Je pensais toutefois qu'il n'y aurait pas de mal si je lui disais quel était le projet de Chinnaswâmî. J'avais l'intention d'être clair sur le fait que ce n'était pas mon idée.

Plus tard ce jour-là, alors que j'arrivais à la porte de la salle de bains avec l'intention de parler de ce projet à Bhagavan, il me cria : « Arrêtez ! N'entrez pas ! Ne venez pas aujourd'hui ! »

Je fus choqué. Pendant toutes ces années durant lesquelles j'avais aidé Bhagavan pour son bain, pas une seule fois je ne m'étais vu refuser l'accès de la salle de bains. Je considérai que cet ordre inhabituel signifiait qu'il savait pourquoi je venais le voir, et sentis en outre que ce refus de me voir signifiait qu'il était opposé au projet et ne voulait pas en discuter avec moi. Je retournai vers Chinnaswâmî, lui expliquai ce qui s'était passé et lui dis que je ne voulais plus rien avoir à faire avec ce projet parce que j'étais maintenant certain que Bhagavan y était complètement opposé.

J'ajoutai : « Si vous voulez l'approbation de Bhagavan, vous devez la demander vous-même. »

Chinnaswâmî reconnut sa défaite. Comme il avait bien trop peur de Bhagavan pour l'approcher directement avec un projet aussi incongru, celui-ci fut mis aux oubliettes.

Après les querelles initiales au sujet de la réserve et de l'étable, mes relations avec Chinnaswâmî s'améliorèrent. Il essayait encore de temps en temps de me donner des directives à propos des constructions, mais comme il savait que je travaillais sous les ordres directs de Bhagavan, il ne se plaignait guère quand je refusais de les exécuter. Il avait toujours l'étrange idée que je pouvais me débrouiller pour exécuter simultanément deux séries d'instructions complètement contradictoires – les siennes et celles de Bhagavan.

Il me disait : « Bien que vous obéissiez aux ordres de Bhagavan, vous devriez aussi m'obéir. »

Chinnaswâmî essayait toujours d'avoir un contrôle complet de tout ce qui se passait dans l'ashram. Le fait qu'il n'avait pratiquement aucun contrôle sur les projets de construction ou sur moi l'irritait énormément. C'était là, je pense, la cause fondamentale de toutes ses disputes avec moi.

Bien qu'extérieurement il maintînt une façade d'hostilité, au fil des années, il commença à montrer un profond respect pour mon travail et un aimable intérêt pour mon bien-être général. Il s'enquérait souvent de ma santé et me rappelait fréquemment de manger correctement. Il donna même l'instruction qu'on me prépare chaque jour de l'eau chaude afin que je puisse prendre un bain chaud en fin de journée.

Il me disait : « Si vous tombez malade, qui va s'occuper du travail ? Vous devez manger correctement et veiller à prendre suffisamment de repos. »

Dans le cadre de sa campagne pour me maintenir en bonne santé, il donna instruction aux femmes de la cuisine de m'apporter du babeurre à intervalles réguliers pendant que je travaillais.

Bhagavan avait décidé de faire le toit de la salle à manger dans le style « Terrasse de Madras », c'est-à-dire un toit plat fait de lits de briques et de chaux supportés par des poutres en bois. Le jour où nous commençâmes à poser les briques, j'engageai environ trente maçons. Or, il se trouva qu'aucun d'entre eux ne semblait très motivé pour faire du bon travail.

Quand je remarquai combien ils travaillaient mal, je leur dis : « Nous allons tous partir bientôt, mais ces bâtiments seront encore là bien des années après notre mort ; nous devrions donc essayer de les faire aussi solides que possible. »

J'avais dit aux maçons : « Vous devez mettre la bonne quantité de chaux entre les briques, sinon elles vont bouger. »

Ils savaient déjà cela, mais plusieurs d'entre eux, y compris leur chef, ne tenaient aucun compte de mes instructions.

Finalement, je me mis à crier au chef maçon : « Vous êtes le chef ici ! Si vous ne faites pas le travail correctement, comment voulez-vous que les ouvriers le fassent bien ? »

Mes cris semblaient avoir peu d'effet sur la qualité du travail. Vers dix heures, j'avais tellement crié que j'étais complètement enroué.

J'allai voir Bhagavan et dis d'une voix rauque : « Je ne peux pas diriger efficacement ces hommes. J'ai perdu ma voix à force de crier. Mais si je ne crie pas après les ouvriers, ils ne feront pas le travail correctement. »

Bhagavan comprit mon problème. « Allez vous reposer, dit-il. Je m'occuperai du travail moi-même. »

Il quitta le Hall, alla chercher Chinnaswâmî et un dénommé Subramaniam et monta sur le toit surveiller le travail. Subramaniam, qui avait une voix très forte, reprit la fonction de « chef crieur » tandis que Bhagavan et Chinnaswâmî surveillaient les ouvriers pour s'assurer que le travail fût fait proprement. Avec trois personnes surveillant la pose des briques, le contrôle fut beaucoup plus efficace. La qualité du travail s'améliora et l'ouvrage fut bientôt terminé.

En ce temps-là, je souffrais souvent de maux de gorge parce que je devais beaucoup crier après les ouvriers. Sampumammal, une des cuisinières, préparait une boisson avec de l'eau de riz, du beurre et du sucre de palme et me la donnait dans un gobelet. Elle disait que ce serait bon pour mon mal de gorge. Je prenais ce breuvage tous les jours, parce que je trouvais, comme l'avait dit Sampumammal, qu'il était très efficace pour soulager les maux de gorge.

Elle me donnait cette boisson avec tant d'amour et d'affection qu'un jour je lui demandai : « Est-ce Bhagavan qui vous a demandé de préparer cette boisson pour moi ? »

Elle répondit avec un peu de mépris : « Pour qui travaillez-vous ? Croyez-vous qu'il soit nécessaire que Bhagavan me demande de faire quelque chose comme ça ? »

Je devais souvent me fâcher avec les ouvriers pour que le travail soit fait. Je découvris très tôt dans ma carrière que si je ne criais pas beaucoup, la quantité et la qualité du travail s'en ressentaient. Une fois, j'allai trop loin et frappai un des ouvriers parce qu'il m'avait désobéi. Cela se passa alors que je dirigeais le travail de la salle à manger. Tôt ce matin-là, avant que les ouvriers n'arrivèrent, Bhagavan m'avait demandé de dire au tailleur de pierre de couper une pierre de 50 cm de long. Les dimensions devaient être précises parce qu'on avait besoin de cette pierre pour un endroit particulier du mur de la salle à manger. Comme Bhagavan m'avait donné des ordres très précis, je dis au tailleur de pierre d'être très attentif quand il la couperait. Je lui donnai des instructions très précises sur la manière de la couper afin qu'elle ne se casse pas. Tandis que je surveillais un autre travail, le tailleur de pierre ne tint aucun compte de mes instructions et brisa la pierre en essayant de la couper d'une autre manière. Quand je revins et vis ce qu'il avait fait, je m'emportai contre lui, à tel point que je lui donnai un coup dans le dos.

Cela se produisit vers neuf heures du matin. Pendant le reste de la journée, je me sentis très coupable de m'être emporté de cette façon. Le soir, quand je fis mon rapport journalier, je me confessai à Bhagavan et m'excusai d'avoir agi ainsi.

Bhagavan me demanda : « Quand cette colère est-elle venue et quand l'avez-vous frappé ? »

Je lui dis que l'incident s'était produit vers neuf heures du matin.

« La colère qui est venue ce matin est déjà partie, dit Bhagavan. Pourquoi pensez-vous encore que vous vous êtes fâché et que vous avez frappé quelqu'un ? Pourquoi entretenez-vous encore toutes ces pensées ? Au lieu de vous sentir coupable de ce que vous avez fait, recherchez : "À qui toute cette colère est-elle venue ?" Trouvez la nature réelle de la personne qui s'est fâchée ce matin.

« Pour l'activité, cette colère était requise. Maintenant tout cela est fini, vous n'avez plus besoin d'y penser. Laissez donc tomber ce souvenir de colère et passez au travail suivant. »

Pendant que je vivais à Râmanasramam, Bhagavan lui-même me frappa deux fois dans le dos, mais ce fut à chaque fois par jeu plutôt que par colère.

Je reçus la première tape alors que j'étais debout devant le vieux Hall, discutant de la construction de quelques nouvelles marches. C'était un petit travail pour lequel il fallait environ trois *padi* de ciment (un *padi* est une mesure d'environ deux litres).

Quand Bhagavan demanda : « Combien de marches nous faut-il ? » je pensai qu'il me questionnait à propos de la quantité de ciment parce qu'en tamil, « marche » se dit aussi *padi*. Je lui dis que trois *padi* de ciment seraient suffisants pour mener à bien ce travail. Bhagavan me questionna trois fois à propos du nombre de marches, et trois fois je lui dis combien il fallait de ciment.

Bhagavan sortit finalement de l'impasse en me donnant une tape dans le dos et en disant : « Je parle de marches, mais vous parlez de ciment. » Je vis immédiatement mon erreur et nous en rîmes de bon cœur tous les deux.

Je reçus mon autre coup quelques années plus tard. Les cuisinières de l'ashram avaient préparé un plat fait de *kambu*, une variété de millet.

Pendant que l'on mangeait ce plat dans la salle à manger, Bhagavan demanda à Santammal, une des cuisinières de l'ashram : « Où est Annamalai Swâmî ? »

Santammal vint à ma recherche et me trouva dehors devant l'entrée de la salle à manger. Elle me dit que l'on avait préparé du *kambu* et que Bhagavan m'avait apparemment invité à en manger en s'enquérant de moi. J'entrai dans la salle à manger et commençai à manger la nourriture qu'on me servit. Comme j'étais arrivé en retard, j'étais encore en train de manger quand tous les autres se levèrent pour sortir. Pendant qu'ils sortaient un à un, Bhagavan resta debout près de moi et me regarda finir ma part.

Pendant que je mangeais, il montra mon assiette avec son bâton et demanda : « Est-ce que vous savez de quoi c'est fait ? »

Quand je dis : « C'est du *kambu* », Bhagavan parut un peu surpris. Il pensait que l'ingrédient principal avait été bien masqué.

« Comment avez-vous deviné que c'était du *kambu* ? » demanda-t-il.

Je lui dis que Santammal m'avait dit ce que l'on mangeait en venant m'inviter.

Bhagavan rit et me donna joyeusement un coup de bâton sur le dos, en disant : « Ça aussi c'est du *kambu*. » [*kambu* est aussi le mot tamil pour « bâton »].

L'un des derniers travaux concernant la salle à manger fut de mettre le nom du bâtiment au sommet du mur est. Les lettres devaient être faites en ciment dans un espace d'environ 1 m de long et 20 cm de haut. Bhagavan écrivit lui-même, en grandes lettres, le mot tamil *pâkasâlai* [salle à manger] sur un bout de papier. Il voulait me montrer comment former les lettres et les espaces de manière à ce que j'utilise bien l'espace disponible.

Tandis qu'il faisait attentivement le brouillon de cette enseigne, il me dit : « Aujourd'hui je ne pouvais pas rester tranquillement assis ; il me fallait faire quelque chose ; c'est pourquoi je suis en train de faire ce plan pour vous. Si vous pensez pouvoir fabriquer ces lettres en ciment en vous conformant à la forme, à la taille et aux proportions que j'ai dessinées ici, alors, allez le faire sans hésitations. Sinon laissez quelqu'un d'autre s'en occuper. »

Un dévot du nom de Srinivasa Rao assista à la scène. Il s'approcha de Bhagavan et dit : « Ce n'est qu'un enfant de la campagne. Il ne sait même pas écrire correctement. Je vais faire ce travail pour lui. »

Bhagavan refusa de le laisser faire le travail à ma place. « Ne vous mêlez pas de son travail, dit-il. Allez-vous-en et occupez-vous de vos affaires. »

Il était clair que Bhagavan voulait que je fasse le travail ; je m'en acquittai donc de mon mieux. Je mis la date, 1938, au-dessus et le mot *pâkasâlai* en tamil, au-dessous. Suivant une autre suggestion de Bhagavan, j'écrivis le nom Shrî Râmanasramam au-dessous, en écriture *devanâgarî*.

*Devanâgarî est l'écriture utilisée en hindi et en sanscrit. L'histoire suivante concerne la construction de l'école védique de l'ashram. Ces institutions, connues comme Pâthasâlâs, enseignent la connaissance des Vedas aux enfants brahmanes.*

Pendant la construction de la salle à manger, je dirigeais aussi la construction du *Pâthasâlâ*. C'est Raju Sastri, un brahmane, dévot de Ganapati Muni, qui eut l'idée de cette construction. Depuis plusieurs années, il venait à l'ashram chanter les *Vedas* devant le *samâdhi* de la Mère. Comme il avait une grande foi en la tradition védique, il suggéra à Chinnaswâmî que l'ashram devrait avoir un *Veda Pâthasâlâ*. Chinnaswâmî et Bhagavan approuvèrent tous les deux le projet, et je fus désigné pour en diriger la construction.

C'était un travail beaucoup plus facile que la salle à manger : je n'eus aucune difficulté à le construire. Le seul incident curieux dont je me souvienne eut lieu peu après la fin de la construction. Je montai sur le toit plat, sans raison particulière, et trouvai Bhagavan se roulant en avant et en arrière sur le sol. Il ne donna aucune explication à cet étrange comportement et je n'osai pas lui demander ce qu'il faisait. Ma propre théorie est qu'à sa façon, il était en train de charger le bâtiment d'énergie.

Si ceci paraît plutôt fantaisiste, il me faut dire qu'auparavant, je l'avais déjà vu consacrer et « charger » un autre des bâtiments de l'ashram. Tandis qu'il assistait à la cérémonie d'ouverture du bureau, Bhagavan s'assit sur le siège de Chinnaswâmî et, contre toute attente, y resta pendant près de quinze minutes. Pendant qu'il y était assis, il s'absorba dans le Soi de la même façon qu'il le faisait souvent pendant le *pârâyana* [la psalmodie des œuvres scripturaires]. Ceux d'entre nous qui étaient présents sentirent tous le pouvoir de son silence. Nous fûmes plusieurs à en conclure qu'il avait fait cela pour donner pouvoir au *sarvâdhikârî* et au bureau en général d'agir pour son compte et de diriger l'ashram en son nom. Évidemment, ceci n'est qu'une spéculation. Bhagavan lui-même n'a jamais donné d'explication concernant son comportement ce jour-là.

Quand le travail de la salle à manger fut complètement terminé, il y eut une grande cérémonie d'ouverture. Chacun, y compris Bhagavan, y assista. Pendant cette cérémonie, Chinnaswâmî exhiba une grande guirlande de fleurs et essaya de la mettre autour du cou de Raghavendra Rao, l'ingénieur retraité qui m'avait aidé.

Celui-ci refusa de se prêter au jeu, disant : « Je ne suis qu'un assistant. Annamalai Swâmî avait la responsabilité. Il a travaillé très dur pour achever le bâtiment. Mettez-lui la guirlande. C'est a lui qu'elle revient. »

Chinnaswâmî ne voulait pas reconnaître publiquement mon rôle, bien qu'en particulier il m'eût dit que j'avais fait du bon travail. Après quelques instants d'hésitation, il mit la guirlande sur une photo de Bhagavan et s'assit.

Un jour, pendant cette période, je ne me souviens pas exactement quand, Bhagavan me demanda de construire des marches du côté ashram de Pali Tîrtham, de manière à ce que les dévots puissent facilement descendre jusqu'à l'eau. Il m'amena vers le réservoir, me montra où il voulait les marches et m'indiqua quelle largeur elles devaient avoir.

> *Pali Tîrtham est un grand réservoir, d'environ deux mille mètres carrés, contigu à l'ashram du côté ouest. Il est alimenté par de l'eau de ruisseau de la montagne. Quand il est plein, l'eau a environ cinq mètres de profondeur.*

En ce temps-là, il n'y avait pas de marches du tout. Les dévots qui voulaient atteindre l'eau devaient passer sur des blocs de pierre enfoncés dans la pente du côté est du réservoir. Mon premier travail fut de déplacer tous ces blocs de pierre. La journée était déjà bien avancée ; il était trop tard pour embaucher des ouvriers ; je commençai donc le travail moi-même. J'essayai de déplacer quelques blocs, mais ils étaient beaucoup trop lourds pour moi. Après quelques tentatives infructueuses, j'allai demander à Râmaswâmî Pillai s'il pouvait me prêter quelques-uns de ses ouvriers. En ce temps-là, il s'occupait du jardin de l'ashram avec sept ou huit autres personnes. Râmaswâmî Pillai ne voulut rien savoir. Il me dit que tous ses ouvriers étaient occupés à des travaux importants et qu'il ne pouvait se passer d'aucun d'eux. J'allai voir Bhagavan, lui dis que je ne pouvais pas déplacer les rocs tout seul, et ajoutai que Râmaswâmî Pillai avait refusé de me prêter quelques-uns de ses ouvriers.

Bhagavan m'écouta, puis, à ma grande surprise, dit : « Puisque vous ne trouvez personne d'autre pour faire le travail, je vais venir vous aider moi-même. »

Il vint jusqu'au réservoir et désigna du doigt un gros roc proéminent. « Nous pouvons commencer par celui-là », dit-il.

Nous essayâmes de le soulever. La serviette de Bhagavan glissa de ses épaules et tomba dans la boue. Nous dûmes vite nous rendre à l'évidence : ce roc était trop gros pour nous. Nous réussîmes bien à le soulever de quelques centimètres d'un côté, mais ne pûmes le déloger de la pente. Bhagavan me dit de relâcher le roc parce qu'il était trop lourd pour nous. En tombant, il coinça la serviette de Bhagavan dans la boue. À mon grand étonnement, Bhagavan abandonna alors travail et serviette, et retourna dans le Hall.

Je me dis alors que la seule personne qui pouvait peut-être m'aider était Chinnaswâmî.

J'allai le voir et lui dis : « Savez-vous où se trouve la serviette de Bhagavan ? Elle est enfoncée dans la boue sous un roc dans Pali Tîrtham. »

Je l'amenai au réservoir, lui montrai la serviette et lui racontai brièvement ce qui s'était passé.

Chinnaswâmî fut choqué d'entendre que Bhagavan avait dû travailler comme un coolie parce que je n'avais pu trouver personne d'autre dans l'ashram pour m'aider. Il alla voir Râmaswâmî Pillai et lui demanda d'envoyer tous les ouvriers du jardin au réservoir. Râmaswâmî objecta.

« Ce sont les ouvriers du jardin. Pourquoi devrais-je tous les envoyer soulever des rocs dans le réservoir ? Qui prendra soin du jardin s'ils vont tous travailler là-bas ? »

Chinnaswâmî rejeta son avis et envoya tous les ouvriers du jardin travailler pour moi au réservoir. Rétrospectivement, je pense que la brève tentative d'aide de Bhagavan n'était qu'un stratagème pour m'obtenir des ouvriers supplémentaires. Quand il me donna l'ordre de relâcher le premier roc, il savait très bien qu'il coincerait sa serviette. En outre, il savait d'expérience comment Chinnaswâmî réagirait à de telles nouvelles.

Il m'était souvent difficile de faire les travaux spéciaux que Bhagavan me donnait. Deux ou trois fois, je dus lui dire que je ne pouvais pas faire un certain travail tout seul parce que c'était physiquement impossible. À chaque fois, Bhagavan offrit de m'assister. Les autres dévots n'aimaient pas voir Bhagavan faire du travail manuel, aussi persuadèrent-ils Chinnaswâmî de m'adjoindre en permanence un ouvrier qui m'aiderait pour tous les petits travaux. Cela se passa plus tard. À l'époque où je construisis les marches de Pali Tîrtham, je devais encore faire tous les petits travaux tout seul.

Râmaswâmî Pillai fut très fâché par l'intervention de Chinnaswâmî. Il se dit : « Bhagavan et Chinnaswâmî soutiennent tous les deux Annamalai Swâmî. Je n'ai plus rien à faire ici. Je vais retourner vivre dans mon village. »

Il quitta l'ashram, mais regretta bientôt sa décision. Moins d'un mois plus tard, il écrivit une note sibylline à Chinnaswâmî : « J'essayais de vendre des aiguilles dans la rue des forgerons. Ils font tous des aiguilles dans cette rue : qui va les acheter ? »

Il ne disait pas directement qu'il voulait revenir, mais nous supposâmes tous que c'était la raison pour laquelle il avait écrit. Chinnaswâmî montra le mot à Bhagavan et demanda ce qu'il devait faire. Bhagavan lui dit de ne pas y répondre. Environ un mois plus tard, quand Râmaswâmî Pillai revint de sa propre initiative, c'est avec joie que Chinnaswâmî lui redonna son ancien travail.

Bhagavan m'avait donné l'instruction de faire deux escaliers : un au milieu de la rive est du réservoir, avec de larges marches, et un autre près des bâtiments de l'ashram, avec des marches légèrement plus étroites. Après plusieurs jours de travail, j'avais terminé toutes les grandes marches et presque toutes les petites à quatre ou cinq près. Telle était la situation à la fin d'une journée normale de travail au milieu de l'été. Soudain, il me vint une grande envie de terminer le travail le jour même. Comme je savais que je ne pouvais pas le faire tout seul, j'offris aux ouvriers un supplément d'argent pour rester plus longtemps et m'aider. Ils furent tous d'accord de rester le temps de finir le travail. Bhagavan sembla approuver mon projet. Il demanda à Krishnaswâmî, le serviteur dans le Hall, d'installer des lampes électriques de manière à ce que nous puissions voir ce que nous faisions.

« Une intense détermination de finir le travail ce soir s'est soudainement emparée d'Annamalai Swâmî. Allez l'aider en installant des lampes. »

Le travail se déroula sans incident et nous réussîmes à terminer la dernière marche vers onze heures du soir. Environ une heure plus tard éclata un orage d'été torrentiel d'une telle violence qu'il remplit le réservoir en moins d'une heure. Avant l'orage, le réservoir était presque vide. Le ruisseau derrière l'ashram, qui était à sec, se transforma en quelques minutes en, un torrent de 60 cm de profondeur sur 1,50 m de largeur. Le niveau d'eau du réservoir ne baissa pas pendant plusieurs semaines. Si nous n'étions pas restés à finir les marches ce soir-là, l'achèvement du travail aurait été indéfiniment reporté. Est-ce Bhagavan qui fit naître en moi cette détermination à travailler tard? Je ne peux le dire, mais cela ne me surprendrait pas.

Il n'était pas rare que je travaille la nuit. Pour Bhagavan, j'étais de service vingt-quatre heures sur vingt-quatre. Je devais souvent me lever la nuit pour surveiller le déchargement de grandes pierres de granit commandées à Adi Annamalai. Déplacer ces pierres, dont certaines avaient trois ou quatre mètres de long, était un travail fatigant. Les conducteurs de chars n'aimaient pas faire ce travail dans la chaleur de la journée. Ils préféraient venir entre minuit et deux heures du matin. Quand les livraisons arrivaient, Bhagavan venait jusqu'à ma chambre et me réveillait. Je gardais toujours une lampe-tempête dans ma chambre au cas où nous recevrions une livraison surprise de pierres pendant la nuit.

Habituellement, Bhagavan venait me dire: « Prenez votre lampe-tempête et montrez à ces gens où mettre les pierres. Donnez-leur aussi une barre à mine de manière à ce qu'ils puissent les déplacer facilement. »

Commander ces pierres était une de mes tâches les plus plaisantes. Le village de Adi Annamalai se trouve sur la route du *giri pradakshina* à environ 5,5 km de l'ashram. Chaque fois que nous avions besoin de nouvelles pierres, je quittais l'ashram vers six heures du matin et allais à pied jusqu'au village. Je prenais un petit paquet contenant des *iddlies,* des bananes et du riz, parce que les transactions prenaient souvent plusieurs heures. Avant de partir, j'allais toujours dire à Bhagavan que je projetais de le faire. Je pense que Bhagavan aurait aimé faire ce travail particulier lui-même.

Plusieurs fois il me dit : « Si l'on me donnait de la nourriture comme ça, c'est avec joie que je ferais ce travail. »

Il y avait environ une heure et demie de marche jusqu'au village. Après cela, il me fallait presque toute la matinée pour donner les détails des commandes à tous les tailleurs de pierre. Une fois le travail terminé, je me rendais au temple d'Adi Annamalai, car on y trouvait de la bonne eau potable, et j'y prenais mon déjeuner. Vers une heure de l'après-midi, je retournais à l'ashram en terminant le *giri pradakshina*.

En dépit de mon emploi du temps chargé, Bhagavan me dit un jour avec insistance de mémoriser les dix versets de *Shivânanda Lahari* qu'il avait sélectionnés lui-même.

Une autre fois, il me dit : « Si vous voulez *moksha*, copiez ce livre [*Ellâm Onru*] dans votre cahier. Puis étudiez-le et vivez selon ses préceptes. »

Je dis à Bhagavan : « Vous me faites travailler tout le temps. Je n'ai pas le temps de le copier. Si quelqu'un d'autre le fait pour moi, je me ferai un plaisir de le lire et de l'étudier. »

> *Ellâm Onru* [Tout est Un] *est un texte tamil du XIX*$^e$ *siècle sur l'advaïta. La seule traduction anglaise connue que j'ai réussi à trouver est une édition privée, publiée en 1950, à Colombo, Sri Lanka, pour commémorer le soixante-et-onzième anniversaire de Bhagavan,*[1]

Bhagavan rejeta mon excuse. « Vous avez le temps d'écrire votre *mekkedu* [la liste quotidienne des salaires que Chinnaswâmî devait régler]. Essayez-vous d'obtenir *moksha* en payant un prix pour cela ? Je vous ai demandé de l'écrire vous-même parce que si vous le faites, cela s'imprimera dans votre mental. L'écrire une fois équivaut à le lire dix fois. Écrivez un peu chaque jour. Il n'y a rien qui presse. Même si ça vous prend un mois, faites-le vous-même. »

À dater de ce jour-là, je réservai un peu de temps chaque jour pour la copie. Bhagavan lui-même m'assista en écrivant les têtes de chapitre sur la table des matières de mon cahier. Il acheva aussi la copie en

---

1. N.D.E. : Traduction française parue aux éditions Discovery.

écrivant lui-même la dernière ligne. Quand j'eus terminé, il parcourut attentivement le cahier et corrigea toutes mes fautes. Je savais bien lire, mais je n'avais par contre jamais pris la peine d'apprendre à écrire correctement.

Une autre fois, alors qu'il était en train de me donner des plans de construction, il recopia un verset du *Tirukkural* et me le donna : « L'état d'unité dans lequel on est établi dans le Soi est plus élevé qu'une haute montagne. »

J'ai encore ce verset. Il est maintenant collé sous une photo de Bhagavan dans ma chambre.

Bhagavan me disait souvent que je devais être conscient du Soi pendant que je travaillais.

Il me dit à maintes reprises : « N'oubliez pas votre vraie nature. Il n'est pas nécessaire de vous asseoir pour méditer. Vous devriez méditer tout le temps, même pendant que vous travaillez. »

Au début, lors de mon arrivée auprès de Bhagavan, je lui avais demandé un *mantra*. En réponse, il m'avait dit de répéter continuellement « Shiva Shiva ». Plus tard, il me conseilla de garder mon attention dans le Cœur pendant que je travaillais. J'avais lu des propos de Bhagavan, évoquant un lieu appelé le Centre-Cœur qu'il situait sur le côté droit de la poitrine. Je crus donc que Bhagavan voulait que je me concentre sur ce centre particulier. Cependant, quand je commençai à pratiquer de cette manière, Bhagavan m'arrêta et me corrigea.

« Ce Centre-Cœur du côté droit n'est pas le vrai Cœur, dit-il. Le vrai Cœur n'est situé nulle part. Il est en tout et partout. »

« Cessez de méditer sur le Centre-Cœur, continua-t-il. Trouvez la source. C'est le vrai Cœur. Tout comme l'électricité ne vient pas du compteur individuel qui se trouve dans chaque maison, mais d'une seule source, de la même manière, le monde entier provient d'une seule source : le Soi ou le Cœur. Cherchez et sondez cette source d'énergie illimitée. Si le centre du Soi était réellement situé dans le corps, le Soi mourrait quand le corps meurt. »

Ces observations me firent comprendre que tout comme on ne peut pas éprouver la nature et la source de l'électricité en regardant fixement le compteur dans sa maison, on ne peut, de la même manière, pas faire l'expérience directe du courant du Soi en se concentrant sur le Centre-Cœur. Je cessai de me concentrer sur ce centre et essayai de suivre le conseil de Bhagavan.

De manière à garder mon attention sur le Soi pendant que je travaillais, j'adoptai, avec la permission de Bhagavan, l'approche traditionnelle de « *neti-neti* » [pas ceci, pas ceci] et l'affirmation : « Je ne suis pas le corps ni le mental ; je suis le Soi ; je suis tout. »

Pendant que nous parlons de questions spirituelles, il me faut mentionner qu'un jour je reçus de Bhagavan une sorte de *hasta dîkshâ* [initiation par le toucher], bien que Bhagavan lui-même nierait sans doute que c'était son intention.

Cela se passa dans la vieille salle à manger. Il s'y trouvait un robinet qui était la principale source d'eau de l'ashram. Les dévots y remplissaient leurs seaux ; certains d'entre eux se baignaient même à proximité. Le constant écoulement d'eau rendait très boueux le sol autour du robinet, aussi Bhagavan me demanda-t-il d'y faire un terre-plein de briques et de ciment. Pendant que je faisais le travail, Bhagavan était près de moi, assis sur une chaise. À un moment, je me levai et heurtai accidentellement ma tête contre le robinet. Une grosse contusion apparut presque aussitôt. Bhagavan demanda à Madhava Swâmî d'apporter du *jambak* [baume contre la douleur] pour moi. Quand le baume arriva, Bhagavan en oignit ma tête, puis massa de ses deux mains la partie blessée pendant une quinzaine de minutes. Pendant ce temps, je continuai le travail.

Je pensai : « Bhagavan dit toujours que je ne suis pas le corps. Pourquoi devrais-je faire toute une histoire pour une petite chose comme ça ? »

Puis une autre pensée me vint : « Un ennui est arrivé, mais cet ennui s'avère être une bénédiction. C'est grâce à cet accident que j'ai eu la chance d'avoir les deux mains de Bhagavan sur ma tête. Bien que je n'en aie d'abord pas été conscient, Bhagavan est maintenant en train de me bénir avec *hasta dîkshâ*. »

De nombreuses personnes prièrent instamment Bhagavan de leur donner *hasta dîkshâ*, mais il refusa toujours de le faire sous quelque forme que ce soit. Chadwick était l'un de ceux qui voulaient être initiés de cette manière. Un jour, pendant les années 30, il essaya d'attirer Bhagavan dans sa chambre de manière à pouvoir lui demander *hasta dîkshâ*. En ce temps-là, chaque jour vers une heure de l'après-midi,

Bhagavan faisait une promenade jusqu'à Palakottu. Il empruntait le chemin qui passait près des banians qui se trouvent maintenant derrière le dispensaire. Chadwick demanda à Rangaswâmî, le serviteur de Bhagavan, de le ramener à l'ashram via sa chambre. Il avait déjà fait un sentier spécial de manière à ce que Bhagavan puisse facilement venir jusqu'à sa chambre en revenant à l'ashram. Bhagavan doit avoir su ce qui se passait, parce que le jour où Rangaswâmî essaya de le détourner, il refusa même de revenir par son itinéraire habituel, fit un long détour et revint par un chemin sur la montagne. Chadwick comprit l'indication et abandonna son projet.

J'avais rencontré le Major Chadwick le jour de son arrivée à Râmanasramam. En fait, je fus le premier résident de l'ashram qu'il rencontra quand il passa la porte en 1935. J'étais debout sous le grand arbre *iluppai* qui se dresse encore près de l'entrée principale. Chadwick vint vers moi, se dit que je devais être Râmana Maharshi, et se prosterna à mes pieds.

J'essayai de lui dire : « Je ne suis pas Râmana Maharshi. Râmana Maharshi est à l'intérieur. Si vous voulez son *darshan,* je vais vous montrer où il est. »

Tout cela fut exprimé en gestes aussi bien qu'en mots parce qu'aucun de nous ne comprenait la langue de l'autre. Pour me faire comprendre, je l'amenai dans le Hall et lui montrai qui était le vrai Bhagavan. Une fois les présentations terminées, Chadwick et Bhagavan parlèrent pendant plusieurs heures en anglais. C'était tout à fait inhabituel. Bien qu'il le parlât assez couramment, il était rare que Bhagavan parle longuement en anglais.

On sut bientôt que Chadwick projetait de séjourner longtemps à l'ashram. Cela créa un léger problème parce qu'il n'y avait pas de logement convenable pour lui. Comme j'avais une des plus grandes chambres de l'ashram, Chinnaswâmî décida en fin de compte qu'il me fallait la libérer pour Chadwick. Ce n'était pas un problème pour moi : je pouvais facilement déménager dans une des huttes en feuilles de cocotier de l'ashram. On ne proposa pas une telle hutte à Chadwick, car nous étions tous d'accord qu'elles étaient beaucoup trop rudimentaires pour un étranger. On montra ma chambre à Chadwick pendant que j'étais en train d'emballer mes affaires. Quand il découvrit qu'on m'expulsait pour lui fournir un logement, il refusa d'accepter la chambre.

« J'aime beaucoup cet homme, dit-il. On ne devrait pas l'expulser de cette chambre à cause de moi. Si vous le chassez, j'irai vivre ailleurs moi aussi. C'est une grande chambre. Nous pouvons la partager. »

Nous fûmes tous un peu surpris de ce que cet étranger d'apparence distinguée veuille partager une chambre avec quelqu'un qui lui était complètement inconnu, d'autant plus qu'il savait qu'il pouvait avoir la chambre pour lui seul s'il le voulait. Cependant, comme il n'y eut pas d'objections à cet arrangement, Chadwick emménagea dans ma chambre et y demeura pendant près d'une année et demie.

*Dans* A Sâdhu's Reminiscences, *le récit personnel de Chadwick des années qu'il a passées avec Bhagavan, il a écrit qu'il n'avait partagé la chambre que pendant trois mois. Quand j'en informai Annamalai Swâmî, il dit que Chadwick avait sûrement oublié les dates. Annamalai Swâmî dit qu'il se souvient avoir partagé la chambre pendant bien plus d'une année.*

Bien qu'au début nous ne pouvions pas nous dire grand-chose – plus tard j'appris quelques mots d'anglais et Chadwick apprit un peu de tamil –, nous devînmes bientôt des amis intimes. Nous faisions fréquemment le tour de la montagne ensemble ; habituellement nous prenions le chemin de la forêt plutôt que la route extérieure. Tout en marchant, je le régalai avec des histoires du *Yoga Vâsishta* et de *Kaivalya Navanîtam*.

Kaivalya Navanîtam *est un texte tamil sur l'advaïta, de caractère principalement philosophique. Le* Yoga Vâsishta *est un autre ouvrage sur l'advaïta, attribué à Valmiki, dans lequel le sage Vâsishtha répond aux questions posées par Râma.*

Bien sûr, je ne pouvais guère en évoquer que la plus vague esquisse puisque je ne savais qu'une cinquantaine de mots anglais. Chadwick écoutait volontiers ces étranges récits en anglais télégraphique parce qu'ils lui donnaient ensuite une occasion de parler à Bhagavan.

Chaque fois que nous rentrions de notre tour, il disait à Bhagavan : « Annamalai Swâmî a essayé de me raconter une histoire du *Yoga Vâsishtha*, mais je n'en ai compris qu'une petite partie. »

Bhagavan me demandait alors quel incident j'avais raconté. Je disais à Bhagavan le titre de l'histoire et il en faisait le récit complet à Chadwick, en anglais.

Pendant l'un de nos *pradakshinas,* la courroie d'une des sandales de Chadwick se rompit. C'était un grand désastre pour lui parce qu'il ne pouvait pas marcher sans chaussures sur le chemin de la forêt. Il s'assit et commença à appeler « Arunâchala ! Arunâchala ! » à voix haute. Quelques secondes plus tard, nous entendîmes un appel en réponse : « *Om* Arunâchala ! » La personne qui avait répondu, un berger du coin, surgit de derrière un rocher et nous demanda pourquoi nous avions appelé. Je lui dis que les sandales de Chadwick venaient de se casser et lui montrai la lanière rompue. Le berger vint a notre secours en réparant la sandale avec deux clous qu'il enleva de ses propres sandales. Quelques minutes plus tard, il nous quitta en nous disant qu'il devait s'occuper de ses chèvres. À notre retour à l'ashram, Chadwick raconta cet incident à Bhagavan.

Après lui avoir raconté l'histoire, il conclut en disant : « J'ai appelé Arunâchala et Arunâchala est venu m'aider. »

Bhagavan acquiesça : « Oui, Arunâchala Lui-même est venu vous aider. »

Pendant cette période de cohabitation, Chadwick insistait pour me témoigner force respect, au point que c'en était embarrassant. Une fois, il se prosterna même devant moi et fit prendre une photo de la scène par son serviteur. Il fit aussi plusieurs photos de moi en train de diriger le travail de construction. Je ne sais pas ce qu'il advint finalement de ces photos : Chinnaswâmî se les fit toutes remettre par Chadwick.

> J'ai parcouru toutes les archives photographiques de Shrî Râmanasramam, pensant que je pourrais illustrer ce livre avec quelques-unes de ces photos. Malheureusement, aucune d'entre elles ne semble avoir survécu. Les photos de ce livre proviennent pour la plupart d'autres sources dans les archives.

Après un an et demi, Chadwick voulut une chambre à lui. Chinnaswâmî lui donna la permission de construire à l'intérieur de l'ashram, privilège rarement accordé à l'époque. Bhagavan approuva manifestement l'idée puisqu'il m'aida à diriger la construction de la nouvelle chambre. Il assista aussi à la *grihapravêsam* [cérémonie d'ouverture], la présidant dans une grande chaise en bois que Chadwick avait, par égard, mise à sa disposition.

Peu de temps après la fin de la construction, Chadwick décida de visiter le Japon pendant un mois. Cela faisait apparemment plusieurs années qu'il désirait y aller. Pendant son absence, Bhagavan me demanda de construire une gouttière autour du toit de Chadwick, parce qu'il avait remarqué que l'eau de pluie coulait entre le mur de devant et le toit de feuille de la véranda. Il me dit comment faire le travail et vint ensuite l'inspecter pour s'assurer qu'il avait été fait correctement. Le serviteur malayali de Chadwick avait reçu la permission de rentrer au Kerala pendant le mois où Chadwick était au Japon. Quand Chadwick écrivit, nous annonçant la date de son retour, Bhagavan chargea le bureau d'informer ce serviteur de manière à ce qu'il puisse revenir à temps. Je ne mentionne ces petits incidents sans importance que parce qu'ils illustrent l'attention et l'intérêt dont Bhagavan faisait toujours preuve envers ses vrais dévots.

Quelques mois après l'arrivée de Chadwick à l'ashram, un dévot appelé Seshayer se plaignit à Bhagavan, affirmant que Chadwick recevait des colis de viande par la poste. C'était une accusation absurde, mais comme la direction interdisait la consommation de viande à l'intérieur de l'ashram, Bhagavan m'envoya chercher et me demanda si c'était vrai. Partageant la chambre de Chadwick et le voyant manger tous les jours, je pus assurer Bhagavan que l'accusation était complètement injustifiée.

Bhagavan conclut l'affaire en citant un verset d'Appar :

> Il se peut qu'une personne soit tellement mauvaise qu'elle mange de la viande de vache ; malgré cela, si elle devient dévote du Seigneur Shiva, qui a le Gange dans ses cheveux, bien qu'elle commette une si mauvaise action, elle est mon Dieu et je dois me prosterner devant elle.

*Avant de continuer le récit d'Annamalai Swâmî, j'aimerais relater comment j'ai recueilli et assemblé la matière de ce livre. J'ai interviewé Annamalai Swâmî sur une période de six semaines, en 1987. Bien qu'il fît preuve d'une mémoire remarquable pour d'infimes détails d'événements qui s'étaient passés cinquante à soixante ans auparavant, il ne se souvenait pas de l'ordre dans lequel les histoires avaient eu lieu, ni à quelle date s'était produit tel ou tel événement particulier. De manière à établir une chronologie raisonnable et fiable, je confrontai ses récits à ceux publiés par d'autres dévots et examinai attentivement les vieux livres de comptes de Râmanasramam pour savoir quand tels pro-*

*jets particuliers s'étaient déroulés. Je consultai aussi toutes les vieilles photos de l'ashram pour me rendre compte de l'ordre dans lequel les bâtiments furent construits. Chaque fois que cela fut possible, je tâchai de corroborer les histoires en parlant à des dévots, tels que Râmaswâmî Pillai et Kunju Swâmî, qui vivaient et travaillaient à l'ashram dans les années 1920 et 1930. Suite à ces recherches, je peux dire que bien que les histoires soient le fruit de la mémoire d'Annamalai Swâmî et des notes qu'il écrivit dans son journal, la structure générale du livre et l'ordre dans lequel les histoires sont racontées est entièrement de mon fait. En guise de vérification finale, Annamalai Swâmî examina attentivement mon manuscrit à deux reprises et, après avoir fait quelques petites corrections, constata par lui-même que ses histoires avaient été fidèlement rapportées.*

*À une ou deux reprises, je pus convaincre Annamalai Swâmî que les dates que j'avais pu exhumer au cours de mes recherches étaient plus fiables que ses propres souvenirs. Par exemple, jusqu'à ce que je lui aie prouvé que Seshadri Swâmî (qu'il rencontra alors qu'il était en chemin vers Râmanasramam) mourut en janvier 1929, il était tout à fait convaincu d'être arrivé auprès de Bhagavan en 1930. Il y eut toutefois une série d'histoires, liées à la construction du temple de la Mère, à propos desquelles nous n'avons jamais pu nous mettre d'accord. Annamalai Swâmî quitta l'ashram (les circonstances seront décrites plus loin dans ce chapitre) en 1938 et vint vivre à Palakottu de manière à se consacrer plus entièrement à la méditation. Les preuves que j'ai découvertes attestent que le travail sur le temple de la Mère commença en 1939. Une cérémonie pour inaugurer le travail eut lieu en septembre de cette année-là et une plaque datée commémorant cette cérémonie se trouve toujours à l'extérieur du mur sud du temple. Cependant, bien que j'aie montré à Annamalai Swâmî toutes les archives ayant trait à la question, il croit toujours que c'est avant son départ de l'ashram, en 1938, qu'il a exécuté quelques travaux sur ce temple. Respectant ses souhaits, j'ai donc inclus ses récits à propos du temple dans ce chapitre. Personnellement, j'ai le sentiment qu'ils se situent au début et au milieu des années 1940, une période pendant laquelle Annamalai Swâmî dirigeait à nouveau des travaux de construction à l'ashram.*

Ma dernière grande tâche pour l'ashram fut de surveiller quelques-uns des travaux sur le *garbhagriha* [sanctuaire] du temple de la Mère.

Le chef *sthapati* [architecte de temples] avait la responsabilité de l'ensemble. Je supervisais simplement quelques-uns des ouvriers et déterminais leur salaire journalier. Il y avait plusieurs années que Chinnaswâmî voulait construire un grand temple au-dessus de la dépouille de sa mère. Bhagavan avait approuvé l'idée d'un temple, mais la construction fut différée jusqu'à ce que la plupart des autres grands bâtiments de l'ashram fussent achevés. Un jour, pendant les années 1930, Chinnaswâmî me demanda de chercher à savoir quelles étaient réellement les vues de Bhagavan à propos du temple.

« Bhagavan vous fait toujours directement part de ses plans, dit-il. S'il vous plaît, demandez-lui ce que nous devons faire au sujet du temple de la Mère. Devons-nous le construire simplement ou à grande échelle ? »

Je transmis le message à Bhagavan. Sa réponse fut : « S'il est bien construit et à grande échelle, je serai heureux. »

Chinnaswâmî, qui pendant des années avait été dans le doute à propos des intentions de Bhagavan, fut transporté de joie en entendant la nouvelle. Il commença immédiatement à faire des préparatifs pour la construction.

Comme ce n'était pas un travail de maçonnerie ordinaire, il fallut faire appel à un spécialiste de l'extérieur. Tout le projet fut confié à un *sthapati*, un spécialiste en architecture et en ingénierie de temples. Il amena avec lui plusieurs maçons spécialisés dans le travail de la pierre, qui avaient beaucoup d'expérience dans la construction de temples. Comme tous les ouvriers étaient payés à la journée, on me demanda d'en surveiller quelques-uns pour être assuré que l'ashram en ait pour son argent. Je ne m'y connaissais pas en construction de temples, mais j'avais assez d'expérience dans la surveillance d'ouvriers pour voir que les maçons spécialisés travaillaient délibérément très lentement. En tant qu'ouvriers qualifiés, ils recevaient un salaire journalier très élevé pour en faire très peu. Il me semblait qu'ils mettaient volontairement trois jours pour faire le travail d'un jour. Je leur dis qu'ils escroquaient l'ashram, et essayai de les persuader de travailler plus honnêtement, mais ils ne voulurent rien entendre.

L'un d'eux me dit : « Vous tous ici, vous mangez et dormez pour rien. Pourquoi nous embêtez-vous à propos du travail ? Ce n'est pas une perte pour vous si nous travaillons lentement. » Après quelques tentatives infructueuses pour les inciter à se mettre au travail, je rapportai l'affaire à Bhagavan.

« Les ouvriers du temple travaillent très lentement. Le soir Chinnaswâmî leur paye tout ce que j'ai écrit sur la liste des salaires. Je n'aime pas gaspiller l'argent de l'ashram pour des ouvriers malhonnêtes, mais je ne suis pas habilité à les renvoyer. Chaque soir j'écris sur le *mekkedu* qu'ils doivent recevoir le salaire d'une journée complète. Mais ils prennent trois jours pour faire le travail d'un jour. Si j'écris qu'ils doivent être payés pour du travail qu'ils n'ont pas fait, ne suis-je pas aussi en train d'escroquer l'ashram ? »

« Ne vous faites pas de souci à ce sujet, répondit Bhagavan. S'ils escroquent l'ashram comme cela et reçoivent de l'argent qu'ils n'ont pas gagné, cet argent ne leur profitera pas. Ils découvriront au bout du compte que leurs seules possessions sont leurs marteaux et leurs ciseaux. Les salaires qu'ils auront reçus malhonnêtement partiront en fumée. Ils ne peuvent pas escroquer Bhagavan, ils peuvent seulement s'escroquer eux-mêmes. Ils ne peuvent pas exploiter Bhagavan. »

Il marqua un temps avant d'ajouter : « Ils exploitent l'ashram et prennent son argent. Cet argent ne leur profitera pas. Nous ne devrions pas nous soucier de l'aspect financier du travail : Dieu fournira tout l'argent dont nous aurons besoin. »

Comme d'habitude, la confiance de Bhagavan était fondée. Le temple mit sévèrement à mal les finances de l'ashram, mais nous pûmes toujours poursuivre le travail. Certains jours, l'ashram dépendait de dons reçus pendant la journée pour payer les salaires le soir. Nous engagions des ouvriers au début de la journée, même si nous savions que nous n'avions pas d'argent pour les payer. Pendant la journée, des dons arrivaient de diverses façons, et le soir, il y avait toujours de quoi payer les salaires.

Finalement, je décidai que ma conscience ne me permettait plus de surveiller les ouvriers du temple.

« Je ne veux plus faire ce travail », dis-je à Chinnaswâmî. « Chaque fois que je dresse la liste des salaires, j'ai l'impression de voler l'ashram. »

Chinnaswâmî accepta ma démission et demanda au chef *sthapati* de prendre la direction de tout le travail. Je retournai diriger les autres travaux en cours dans l'ashram.

Il est notoire que Bhagavan n'acceptait jamais d'argent, mais une fois, pendant la construction du temple de la Mère, je le vis en manipuler pendant quelques minutes. Un des *sthapatis* qui travaillait très bien fut renvoyé pour la seule raison que le chef *sthapati* l'avait fortement pris en grippe.

Cet homme vint voir Bhagavan, mit toute son indemnité de renvoi dans les mains de Bhagavan et lui dit : « Je travaillais très honnêtement, mais cet homme m'a demandé de partir. S'il vous plaît, Bhagavan, bénissez-moi ! »

Bhagavan le bénit silencieusement en le fixant pendant environ dix minutes. Puis il lui rendit l'argent.

Quand les murs du *garbhagriha* [sanctuaire] atteignirent le plafond, Bhagavan me demanda de peindre le nom du temple sur le mur avant. Si l'on regarde au-dessus de l'entrée du *garbagriha*, on peut voir deux éléphants sculptés dans la pierre. Sous leurs pieds, il y a une banderole sculptée, elle aussi. Le nom complet du temple, *Mâtrubhûtêsvarâlayam* [Le temple de Dieu sous la forme de la Mère], est gravé sur cette banderole. Bhagavan écrivit pour moi le nom en lettres sanscrites. Il voulait que je fasse un pochoir, puis que je peigne les lettres sur la banderole. Plus tard, un des *sthapatis* graverait le nom en ciselant la surface couverte par mes lettres peintes.

Je m'assis en présence de Bhagavan dans le Hall, découpant soigneusement le nom. Sachant que je n'avais pas droit à la moindre erreur, je concentrai toute mon attention sur le travail. Bhagavan me regarda attentivement pendant toute la durée du travail. Chaque jour, vers trois heures de l'après-midi, il sortait du Hall pour aller uriner. À l'heure dite, ce jour-là, il se leva et se dirigea vers la porte. Tout le monde dans le Hall se leva, sauf moi. J'étais au milieu de la découpe d'une lettre et ne voulus pas prendre le risque de l'abîmer en retirant mes ciseaux du papier.

J'entendis quelqu'un marmonner derrière moi : « Bhagavan s'est levé, mais cet homme n'a aucun respect. Il est resté assis par terre. Il n'a même pas arrêté de travailler. »

Bhagavan dut aussi l'entendre : il se ravisa et vint s'asseoir sur le sol près de moi. Il mit sa main sur mon épaule et regarda intensément, tandis que je finissais de découper la lettre. Puis, sans prendre la peine de faire sa petite excursion, il alla se rasseoir sur le divan. Après cela, il n'y eut plus de plaintes à propos de mon manque de respect.

Une fois la découpe terminée, je peignis les lettres sur la banderole. Pendant que j'y travaillais, le chef *sthapati* essaya de m'arrêter. Il ne me portait pas dans son cœur parce que je lui avais déjà parlé de la paresse de ses ouvriers. Il m'interpella : « Arrêtez de faire ça ! Je suis la seule personne compétente pour écrire des lettres comme ça ! Comment pourriez-vous le faire correctement ? »

Une fois de plus, Bhagavan vint à ma rescousse. Il était à proximité, me regardant peindre les lettres.

Il fit taire le *sthapati* en disant : « Il ne le fait pas de sa propre autorité. C'est moi qui lui ai dit de le faire. »

Le *sthapati*, sachant qu'il ne pouvait pas rejeter l'avis de Bhagavan, me permit de finir le travail.

Alors que le travail de construction touchait à sa fin, on chargea un expert sculpteur de faire une statue Yogambika en cinq métaux différents pour le temple. Elle devait être fabriquée d'après la méthode de la « cire perdue ». Dans cette technique, on fait d'abord une statue en cire, puis on la recouvre complètement d'argile à l'exception d'un petit trou. Une fois que l'argile a séché, on la cuit pour la durcir. Du fait de la chaleur, toute la cire s'écoule par le petit trou, laissant un moule d'argile cuite dans lequel on verse le métal en fusion.

Le métal en fusion doit être versé à un moment favorable. Les astrologues qui furent consultés choisirent un jour et dirent qu'il fallait couler le métal entre huit heures et onze heures et demie du soir, ce jour-là. Il n'était pas nécessaire que le moule fût fabriqué un jour favorable ; on le fit donc à l'avance.

Le jour prévu, à huit heures, le sculpteur commença son feu quelque part entre le dispensaire de l'ashram et les banians. Il travailla très dur pendant plusieurs heures, mais ne put faire fondre les métaux dans le creuset. Je ne suis pas un expert en la matière, mais je pus tout de même voir que le feu était très, très chaud. Le sculpteur devait fréquemment arroser ses vêtements d'eau froide pour neutraliser la chaleur, et il s'occupait toujours du feu à distance à l'aide de très longues pinces.

Bhagavan était allé dormir à l'heure habituelle. Mais, à onze heures et demie, constatant que les métaux ne fondaient pas, je sentis que je devais le réveiller. J'allai dans le Hall, lui expliquai la situation et lui demandai ce que nous devions faire. Bhagavan ne répondit rien. Au lieu de cela, il se leva et vint voir lui-même où en était le travail. Il s'assit sur une chaise à environ 3 mètres du creuset et regarda intensément le feu. Dans les deux minutes qui suivirent, sans aucun effort supplémentaire de la part du sculpteur, les métaux commencèrent tous à fondre.

On versa le liquide dans le moule par le trou qui se trouvait à sa base. Bhagavan resta à regarder. Quand il fut sûr que le travail avait été exécuté correctement, il retourna dans le Hall et alla se recoucher. Le lendemain, quand le sculpteur cassa le moule et examina la statue, il annonça très fièrement qu'elle était sans défaut.

Un jour, pendant les années 1930, alors que j'avais déjà achevé plusieurs bâtiments de l'ashram, je reçus la visite inopinée de mon père. Je le conduisis dans le Hall pour le présenter à Bhagavan.

En chemin, je lui dis: «Parce que tu m'as donné naissance, je t'ai conduit auprès de Bhagavan. Je t'en prie, abreuve-toi de sa grâce.»

Mon père était manifestement content que je sois devenu un ardent dévot de Bhagavan.

«Quand tu étais jeune, dit-il, je ne voulais pas que tu deviennes *sâdhu*. Mais maintenant, je suis heureux d'avoir donné naissance à un tel fils. Comme le père de Mârkandeya, je suis heureux d'avoir produit un tel *tapasvin* [quelqu'un qui accomplit des *tapas*].»

> *Avant la naissance de Mârkandeya, le père de Mârkandeya accomplit un tapas de plusieurs années pour avoir un fils. Finalement, Shiva lui apparut et lui posa la question suivante:*
>
> *«Est-ce que vous désirez avoir un fils vertueux qui ne vivra que jusqu'à seize ans, ou est-ce que vous voulez un fils au mental engourdi et malveillant qui vivra jusqu'à un grand âge?» Le père de Mârkandeya choisit d'avoir un fils pieux à la vie courte.*

Je l'amenai auprès de Bhagavan, qui se mit à lui parler de tout mon travail à l'ashram.

«Tous ces grands bâtiments ont été construits par votre fils!»

Je démentis aussitôt la déclaration: «Non! Non!» dis-je à Bhagavan. «Ils ont tous été construits par votre grâce. Tout cela fait partie de votre *lîlâ* [jeu divin]. Comment aurais-je pu en faire ne serait-ce qu'une partie par moi-même ? »

Mon père fit alors une déclaration surprenante : « Où que tu ailles, l'endroit sera prospère. J'ai vu cela dans ton horoscope. Il y avait une conjonction particulière qui indiquait que des temples et des bâtiments apparaîtraient partout où tu vivrais. C'est pourquoi j'ai essayé de te garder à la maison. Je voulais que ces bâtiments soient dans notre village. Je savais que si tu devenais *sannyâsin,* tu irais vivre ailleurs. J'ai essayé de t'empêcher de devenir *sannyâsin* en ne te laissant pas aller à l'école. Mon idée était : " S'il n'apprend jamais à lire, il ne lira jamais les Écritures et n'aura jamais d'intérêt pour Dieu. " Mon plan a échoué parce que c'était ta destinée de venir ici. Je n'ai aucun regret. Je suis heureux que les choses se soient passées comme elles se sont passées. »

Mon père resta environ un mois pendant lequel nous fîmes presque chaque jour *giri pradakshina*. À la fin de sa visite, je l'amenai à la gare pour lui dire au revoir. Pendant que nous attendions le train, il se mit à pleurer. À travers ses larmes, il me demanda si nous nous reverrions pendant cette vie. Je ressentis fortement que la réponse était « non ».

Cependant, de manière à le consoler, je dis : « Je ne pense pas que nous nous reverrons dans cette vie. Mais peut-être reprendras-tu naissance et viendras-tu me rejoindre. Dans cette vie-là, il se peut que nous nous aimions l'un et l'autre. Dieu peut faire tous les arrangements pour cela. »

Mon sentiment se vérifia. Je ne revis jamais mon père.

Quelque temps plus tard, ma mère vint aussi et resta un mois. Je la présentai à Bhagavan et fis aussi presque chaque jour *giri pradakshina* avec elle. À la fin du mois, elle m'annonça qu'elle voulait rester à l'ashram et prendre soin de moi de la même manière que la mère de Bhagavan avait pris soin de lui à Skandashram. Comme je ressentais avec force que telle n'était pas sa destinée, je lui demandai d'aller en parler avec Bhagavan. Bhagavan ne lui donnerait pas la permission de rester. En fait il n'en discuterait même pas avec elle.

Quand elle lui demanda s'il lui fallait s'en aller ou rester, Bhagavan dit : « *Pô ! Pô ! Pô ! Pô !* » (Partez ! Partez ! Partez ! Partez !) et la renvoya d'un signe de la main.

Quelques années plus tard, je reçus une lettre m'annonçant la mort de mon père.

Après l'avoir montrée à Bhagavan, je dis : « Je vous en prie, bénissez-le : il m'a donné naissance. Sans cela, comment aurais-je pu venir en votre présence ? »

Bhagavan consentit d'un signe de tête et dit : « Oui ». Quand ma mère mourut, je fis la même demande et reçus la même réponse.

Je n'en avais pas conscience sur le moment, mais mes jours comme ouvrier de l'ashram touchaient à leur fin. Rétrospectivement, je me souviens seulement d'un petit incident qui indiquait que Bhagavan savait que mon temps à l'ashram arrivait à son terme.

J'étais occupé à creuser avec une barre à mine quand Bhagavan vint me demander : « Avez-vous décidé de faire ce travail vous-même ou bien est-ce Chinnaswâmî qui vous a demandé de le faire ? »

Je lui dis que Chinnaswâmî m'avait demandé de le faire. Bhagavan ne fut pas très content.

« Comme ça, il vous a donné du travail. Comme ça, il vous a donné du travail. Pourquoi vous donne-t-il du travail comme cela ? »

Un peu plus tard, Yogi Râmaiah fit cette remarque à Bhagavan : « Annamalai Swâmî travaille très dur. Son corps s'affaiblit beaucoup. Vous devriez lui donner du repos. »

Bhagavan fut d'accord avec lui : « Oui, nous devons lui donner du repos. Nous devons lui donner la liberté. »

Quelques jours plus tard, je me rendis à la salle de bains de Bhagavan pour l'aider pour son bain du matin. Madhava Swâmî et moi le baignâmes et le massâmes avec de l'huile, comme d'habitude.

Une fois le bain terminé, Madhava Swâmî posa une question : « Bhagavan, les gens qui prennent *ganjâ lêhiyam* [une préparation ayurvédique dont le principal ingrédient est le cannabis] éprouvent une sorte d'*ânanda* [félicité]. De quelle nature est cette *ânanda* ? Est-ce la même *ânanda* que celle dont parlent les Écritures ? »

« Manger ce *ganjâ* est une très mauvaise habitude », répondit Bhagavan. Puis, riant bruyamment, il s'approcha de moi, m'étreignit et cria : « *Ânanda ! Ânanda !* C'est comme cela que se comportent ces gens qui consomment du *ganjâ !* »

Ce ne fut pas une brève étreinte. Madhava Swâmî me dit par la suite qu'il m'avait serré fortement pendant près de deux minutes. Après les quelques premières secondes, je perdis complètement conscience de mon corps et du monde. Au début, il y eut un sentiment de bonheur et de félicité, mais il fit bientôt place à un état dans lequel il n'y avait ni sentiments ni expériences. Je ne perdis pas totalement conscience, je cessai simplement d'être conscient de ce qui se passait autour de moi. Je restai dans cet état pendant une quinzaine de minutes. Quand je retrouvai mon habituelle conscience du monde, j'étais tout seul dans la salle de bains. Il y avait un bon moment que Madhava Swâmî et Bhagavan étaient partis prendre leur petit déjeuner. Je ne les avais pas vus ouvrir la porte et partir et n'avais pas non plus entendu la cloche du petit déjeuner.

Cette expérience changea complètement ma vie. Aussitôt que je retrouvai ma conscience normale, je sus que ma vie de travail à Shrî Râmanasramam était terminée. Je sus que désormais je vivrais hors de l'ashram et consacrerais la plus grande partie de mon temps à la méditation. Il y avait une règle selon laquelle seuls ceux qui travaillaient pour l'ashram pouvaient y vivre en permanence. Ceux qui voulaient consacrer leurs temps à la méditation devaient vivre ailleurs. Je savais donc que je devrais quitter l'ashram et me débrouiller, mais la pensée de perdre mes repas réguliers et ma chambre ne me préoccupait pas du tout.

J'arrivai en retard à la salle à manger pour prendre mon dernier petit déjeuner. Aussitôt que j'eus fini de manger, je partis dans la montagne à la recherche de Bhagavan. Je le trouvai assis sur un gros rocher.

« J'ai décidé de quitter l'ashram, dis-je. Je veux aller vivre seul à Palakottu et méditer. »

> *Palakottu est un espace contigu à l'ashram du côté ouest. Plusieurs des dévots de Bhagavan qui ne voulaient pas demeurer à l'ashram y vivaient et y méditaient.*

« Ah ! Très bien ! Très bien ! Très bien ! » s'exclama Bhagavan.

La décision reçut clairement son approbation. Comment pouvait-il en être autrement, puisque c'est Bhagavan lui-même qui avait suscité l'expérience qui précipita la décision ? »

Après avoir obtenu la permission de Bhagavan, je fis mes bagages et fermai ma chambre à clé. Je fermai aussi à clé tous les autres lieux dont j'avais la responsabilité.

J'apportai le trousseau de clés à Chinnaswâmî et lui dis : « J'ai décidé d'aller vivre à Palakottu. S'il vous plaît, prenez ces clés et gardez-les. »

Chinnaswâmî fut tout naturellement très surpris. « Pourquoi partez-vous ? demanda-t-il. Vous avez construit tous ces bâtiments. Vous avez fait tellement de travail ici. Comment pouvez-vous vous en aller après avoir fait tout ce travail ? Où dormirez-vous ? Comment mangerez-vous ? Vous n'avez aucun moyen de subvenir à vos besoins : vous aurez beaucoup de difficultés. Ne partez pas, restez ici. »

Je lui dis que je n'avais pas l'intention de revenir sur ma décision et essayai de lui donner les clés, mais il refusa de les prendre. Ne voulant pas une nouvelle dispute avec lui, je remis les clés à Subramaniam, qui se trouvait aussi dans le bureau, et partis.

Ce fut un brusque changement dans ma vie. Quelques heures après avoir vécu l'expérience de la salle de bains, je marchais en direction de Palakottu, sachant parfaitement que je laissais derrière moi toute mon ancienne vie de travail.

# Palakottu

Quand je demandai à Bhagavan la permission de déménager à Palakottu, je n'avais aucune idée de l'endroit où je vivrais ni de la manière dont je subviendrais à mes besoins une fois que je m'y trouverais. C'étaient là, pensai-je, des questions secondaires qui s'arrangeraient d'elles-mêmes le moment venu. Puisque Bhagavan avait clairement approuvé ma décision, j'étais confiant : il continuerait à veiller sur moi. Ma foi en lui ne tarda pas à se révéler bien fondée. Comme je marchais en direction de Palakottu, je rencontrai Munagala Venkataramiah, le compilateur de *Talks with Shrî Râmana Maharshi* [traduits et édités en français sous le titre *L'enseignement de Râmana Maharshi*].

« Je viens de quitter l'ashram, lui dis-je. Je me rends à Palakottu pour y chercher un endroit où habiter. À partir de maintenant, j'ai décidé de consacrer mon temps à la méditation. »

La nouvelle étonna Munagala Venkataramiah, mais le réjouit en même temps, car il voulait que quelqu'un veille sur sa hutte.

« Tôt ce matin, dit-il, j'ai reçu un télégramme de Bombay me disant de venir immédiatement. Je suis maintenant en chemin vers la gare. Voici les clés de ma hutte : restez-y jusqu'à mon retour. Vous n'aurez rien besoin d'acheter : la chambre contient déjà tout ce dont vous pouvez avoir besoin. Je serai probablement de retour d'ici un mois. »

Après m'avoir donné les clés, il partit précipitamment pour la gare. Il ne prit même pas le temps de me montrer la chambre.

L'installation de mes maigres possessions dans la hutte ne me prit que quelques minutes. Il restait encore le problème de la nourriture à résoudre – je n'avais pas d'argent ni de perspective d'en recevoir – mais mon mental refusa d'accorder de l'attention à ce problème. Dans mon état euphorique, j'étais sûr que Bhagavan prendrait soin de tout. De nouveau, ma confiance s'avéra justifiée. Quelques heures plus tard, le serviteur du Major Chadwick fit son apparition avec un réchaud, des marmites et assez de provisions pour me préparer un repas. Il expliqua sa présence en disant que Chadwick lui avait dit de venir me préparer le repas de midi. Je ne fus pas surpris que Chadwick ait décidé de m'aider : lui et moi étions des amis de longue date. Ce qui me surprit, cependant, ce furent les circonstances dans lesquelles cela se passa. Tôt ce matin-là, Chadwick était assis avec Bhagavan dans le vieux Hall, essayant de méditer. Sans succès. Chaque fois qu'il fermait les yeux, l'image de mon visage lui venait à l'esprit. Après avoir vainement essayé de s'en débarrasser à maintes reprises, il renonça à méditer et quitta le Hall. En retournant à sa chambre – il me dit tout cela plus tard dans la journée – il se tourmentait de son incapacité à méditer. Il en vint à la conclusion qu'il n'était pas bon de se lier intimement d'amitié avec d'autres dévots parce que de telles relations troublaient le mental.

Quand il arriva à sa chambre, son serviteur lui dit : « Annamalai Swâmî a quitté l'ashram ce matin et est allé vivre à Palakottu. »

Comme tout le monde, Chadwick fut surpris d'entendre la nouvelle, mais sa surprise fit bientôt place à un sentiment de soulagement. Il se dit que les images de moi qui s'imposaient à lui quelques minutes plus tôt, loin d'être des perturbations non désirées de sa méditation, étaient au contraire un message de Bhagavan l'invitant à me prêter quelque assistance.

Il se tourna vers son serviteur et lui donna des instructions : « Annamalai Swâmî est un bon dévot qui a servi Bhagavan pendant de nombreuses années. Je me sens en quelque sorte obligé de prendre soin de lui. Amenez-lui de la nourriture et préparez-lui un repas. Il est maintenant dix heures du matin. Quand, à onze heures et demie, la cloche du dîner sonnera à l'ashram, je veux qu'Annamalai Swâmî s'asseye et mange un bon repas. Je ne veux pas que le fait d'avoir quitté l'ashram l'incommode si peu que ce soit. »

Dans le courant de la journée, Chadwick vint lui-même voir comment j'allais.

« Pendant plusieurs années, je vous ai vu exécuter les projets de construction de Bhagavan, dit-il. Maintenant que l'ashram ne subvient plus à vos besoins, je vais y veiller moi-même. Je vais m'assurer que vous n'ayez pas à aller où que ce soit chercher votre nourriture. »

Pour appuyer ses propos, il me fournit immédiatement un réchaud,

Le réservoir de Palakottu, 1993.
Le bâtiment en arrière-plan est la demeure d'Annamalai Swâmî.

Intérieur de l'ashram d'Annamalai Swâmî : le bâtiment en arrière-plan fut construit, avec l'aide et les encouragements de Bhagavan, par Annamalai Swâmî. Il y a vécu plus de 50 ans.

Tout à gauche : la maison de Chadwick.

Bhagavan à l'inauguration de " l'hôpital "
Annamalai Swâmî n'est pas sur la photo.

Bhagavan faisant sa promenade quotidienne à Palakottu en compagnie de Madhava Swâmî et de S.S. Cohen.

L'hôpital terminé, avec Arunâchala en arrière-plan.

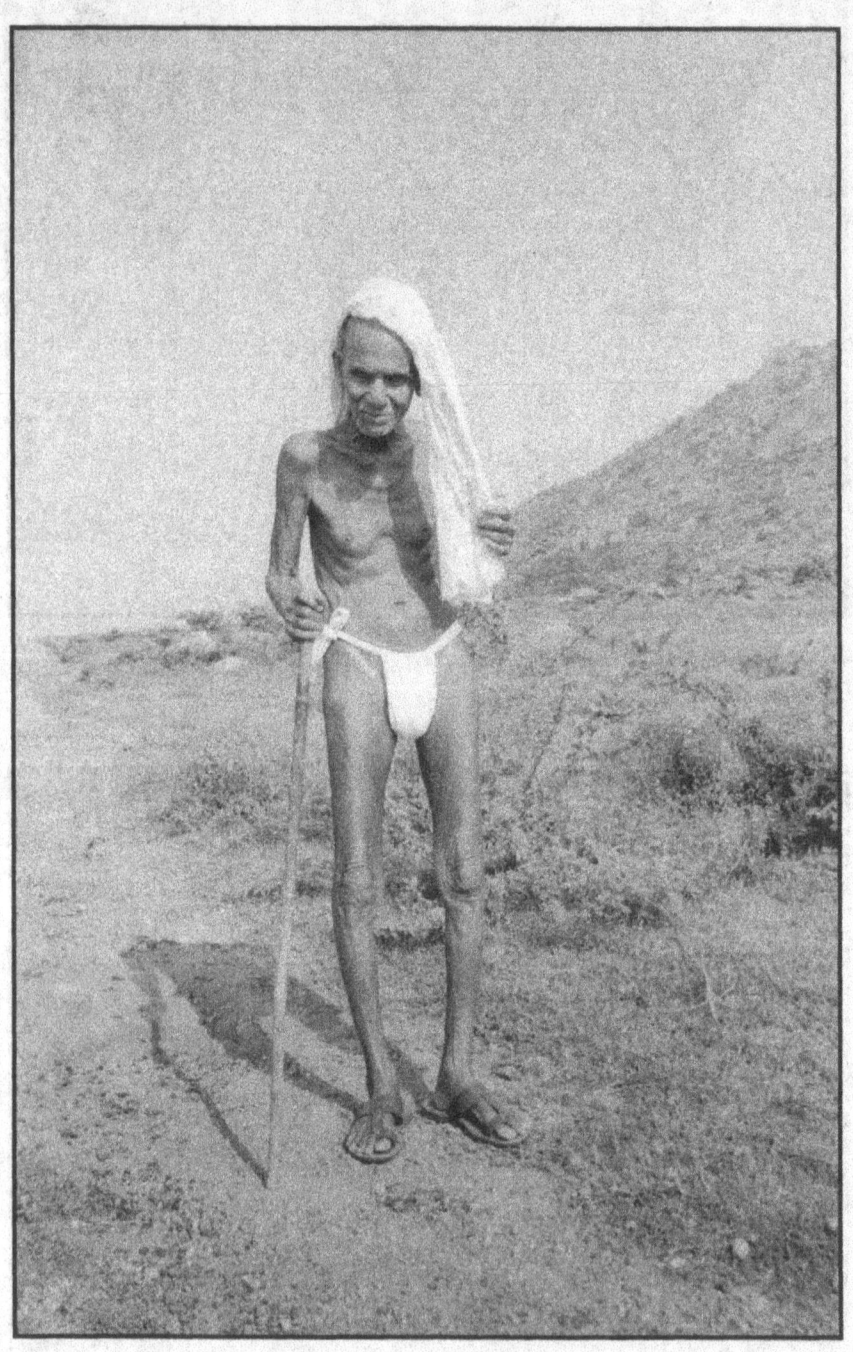
Annamalai Swâmî - Arunâchala, 1995.

des ustensiles de cuisine et assez de nourriture pour plusieurs jours. Dans les semaines qui suivirent, il contrôlait mes vivres chaque fois qu'il me rendait visite. Il ne demandait jamais si j'avais besoin de quelque chose, il regardait lui-même. S'il pensait que j'allais me trouver à court de telle ou telle denrées, il chargeait son serviteur d'acheter de nouvelles provisions et de les apporter.

C'était un arrangement très commode pour moi parce que Bhagavan lui-même m'avait donné des instructions peu après mon déménagement à Palakottu : « Ne demandez rien à personne. Vous devez vivre de tout ce que Dieu décide de vous envoyer, pour autant que ce soit de la nourriture sattvique.[1] Restez distant par rapport à ce qui se passe autour de vous. Restez le plus possible chez vous et ne perdez pas votre temps à rendre visite à d'autres personnes. »

Un jour, Bhagavan m'avait raconté l'étonnante histoire d'un groupe de dévots du temps jadis. Ils étaient tous chefs de famille et vivaient avec leurs familles dans une ville, mais avaient très peu de contacts avec elles. Chaque matin, ils préparaient et mangeaient quelque chose, allaient dans une forêt voisine et passaient la plus grande partie de la journée à dormir sous les arbres. Au coucher du soleil, ils rentraient chez eux en ville. Du coucher du soleil jusqu'à l'aube, ils chantaient des *bhajans* [chants dévotionnels] et s'adonnaient à leurs pratiques spirituelles. Comme ils avaient assez d'argent pour vivre sans travailler, ils pouvaient répéter ce cycle chaque jour. Ces chefs de famille ne se mêlaient jamais aux gens du monde. Au lieu de cela, ils vivaient de manière complètement détachée, passant tout leur temps à penser à Dieu et à lui rendre un culte.

Bhagavan n'encourageait jamais les comportements extrêmes, mais quand il me parla de ces gens, il était évident qu'il approuvait leur genre de vie. Je pense qu'il essayait de me faire comprendre que la fréquentation de gens attachés au monde gêne notre *sâdhanâ*. Quand je déménageai à Palakottu, en 1938, j'essayai de suivre ce conseil en menant une vie détachée et recluse.

Je restai environ deux mois dans la hutte de Munagala. Quand il revint de Bombay, je trouvai à quelques mètres de là une autre hutte vide que venait de quitter Tambiram, le fils de Mudaliar Patti. Il fut

---

1. N.D.T. : Nourriture végétarienne qui soutient le corps sans l'alourdir ni l'exciter (voir le mot *guna* dans le glossaire).

très heureux de me donner la chambre parce que je lui avais donné un petit coup de main pour la construire.

« Vous trouverez ici tout ce dont un *sâdhu* peut avoir besoin, dit-il. Voici la clé. La chambre est à votre disposition pendant mon absence. »

Il refusa de récupérer sa chambre quand il revint quelques mois plus tard.

« Je vous ai offert cette chambre, dit-il. Pourquoi la réclamerais-je maintenant ? Il y a plein de huttes ici. J'irai vivre ailleurs. »

En ce temps-là, j'étais très ami avec Vaikunta Vas, qui devint l'un des serviteurs de Bhagavan dans les années 1940. Il vivait alors à Pondichéry, mais venait souvent me rendre visite avec de nombreux dévots. Chaque fois qu'ils venaient, ils dormaient tous dans ma hutte. Pendant l'une de leurs visites, il plut à verse. Nous étions si nombreux qu'il n'y avait plus de place pour cuisiner à l'intérieur. Et, comme il pleuvait, il était impossible de cuisiner à l'extérieur. Vaikunta Vas dut envoyer quelques-uns de ses compagnons nous acheter de la nourriture en ville.

Pendant leur absence, il me dit : « Cet endroit est très petit. Nous vous dérangeons beaucoup quand nous venons ici. Si vous construisez un genre d'abri ou de véranda, nous pourrons tous y loger lors de nos prochaines visites, sans vous déranger. Ne vous inquiétez pas du coût : nous payerons tout. »

Tous les dévots firent un don selon leurs possibilités. Je versai aussi 50 Rs. parce que je trouvais que c'était une bonne idée. J'envoyai un mot à un maçon appelé Arumugam, qui m'avait beaucoup aidé du temps où je travaillais, et lui demandai de me prêter main-forte pour construire la hutte. Il vint immédiatement. Pendant qu'Arumugam et moi regardions l'emplacement, décidant ce qu'il convenait de faire, Bhagavan nous aperçut et vint voir ce que nous faisions. Il se promenait tranquillement dans le lit du ruisseau qui longe le côté arrière de Palakottu. Quand il nous aperçut, il changea brusquement de direction et vint nous rejoindre.

« Est-ce que vous projetez de construire une maison pour Swâmî ? » demanda Bhagavan à Arumugam.

Cela ne faisait pas partie de notre projet, mais Arumugam se retrouva soudain en train de dire : « Oui, je vais en construire une. »

« Quels matériaux allez-vous utiliser ? » demanda Bhagavan. « De la boue ou des briques ? Des tuiles ou une terrasse ? »

« Je pense que je vais construire les murs en briques, dit Arumugam, et mettre un toit en terrasse par-dessus. »

Je fus très surpris d'entendre cela. Avant que Bhagavan n'arrive, nous ne discutions de rien de plus grandiose qu'un abri en feuilles de cocotier. Maintenant, devant Bhagavan, Arumugam s'engageait (et peut-être moi aussi) à construire une maison coûteuse.

Bhagavan parut approuver le projet.

« Voyons au fur et à mesure comment cela va se passer », dit-il. Puis, ayant fait ce qu'il avait à faire avec nous, il s'en alla.

Je demandai à Arumugam pourquoi il avait fait toutes ces promesses coûteuses alors qu'il savait que je ne projetai que de construire une petite hutte.

« Je ne sais pas, répondit Arumugam. Les mots me sont venus spontanément quand Bhagavan posait les questions. Mais maintenant que j'ai donné ma parole à Bhagavan, je me sens obligé de la tenir. Bhagavan m'a fait dire ces paroles, Bhagavan veut donc que l'on construise ce bâtiment. Ne vous inquiétez pas au sujet de l'argent. Même si je dois vendre ma propre maison pour payer la vôtre, je le ferai. »

La construction commença bientôt sous d'heureux auspices. Dans la journée qui suivit la promesse d'Arumugam, je reçus un don inattendu de 100 Rs. Arumugam acheta 4 000 briques avec cet argent et les mit bien en vue devant la hutte de Kunju Swâmî pour montrer à Bhagavan qu'il entendait s'acquitter de sa promesse.

Arumugam n'eut pas besoin de vendre sa maison. Comme c'était le cas pour tous les projets de construction de Bhagavan, l'argent apparaissait chaque fois que c'était nécessaire. Les dons initiaux de Vaikunta Vas et de ses amis de Pondichéry nous permirent de commencer le travail tout de suite. Nous commençâmes par creuser de grandes tranchées d'environ 2 m de profondeur pour les fondations. C'était un travail difficile parce que le sol était plein de gros blocs de pierre. Pour achever les tranchées, nous dûmes déterrer environ 200 gros blocs de granit.

Quand Bhagavan vit ces pierres pendant l'une de ses promenades à

Palakottu, il rit et dit : « Vous avez trouvé un trésor enfoui. »

Elles ne me paraissaient pas avoir beaucoup de valeur ; cela avait l'air de n'être que des blocs de roches ordinaires.

Bhagavan confirma : « Si vous aviez trouvé un trésor enfoui, qu'en feriez-vous ? Vous vendriez le trésor pour acheter des pierres pour vos fondations. Or, regardez ce qui s'est passé ici. Dieu vous a non seulement fourni des pierres gratuites, mais il les a aussi livrées. »

Bhagavan traita ma maison comme si c'était un bâtiment de l'ashram. Il venait chaque jour regarder la construction, il nous donnait des conseils et nous questionnait souvent sur ce que nous projetions de faire. Quand Arumugam vit le vif intérêt dont Bhagavan faisait preuve, il s'enthousiasma de plus en plus pour le travail. Ayant le sentiment que Bhagavan l'avait incité à entreprendre ce travail, il avait toujours l'impression d'exécuter les plans de Bhagavan plutôt que les siens.

Quand les parois atteignirent le haut des fenêtres, nous étions à court d'argent. Comme il n'y avait ni argent ni travail à faire, je décidai de démonter les échafaudages. Je ne savais pas du tout quand nous pourrions reprendre la construction. Bhagavan dut me voir les démonter, pendant une de ses promenades à Palakottu. Plus tard dans la journée, quand j'allai dans le Hall, il me demanda immédiatement pourquoi j'avais enlevé les échafaudages. Je lui dis que nous n'avions plus d'argent.

Bhagavan se tourna vers Krishnaswâmî, son serviteur, et dit, d'un ton assez mordant : « Annamalai Swâmî n'a pas d'argent. Il dit qu'il n'a pas d'argent. »

Quand j'entendis Bhagavan parler de cette étrange façon (Krishnaswâmî avait déjà entendu ce que j'avais dit), je sus que notre problème d'argent allait se résoudre d'une manière ou d'une autre. Si Bhagavan accordait un intérêt spécial aux problèmes d'un dévot, comme il le fit en l'occurrence, quelque force divine amenait automatiquement une solution. Bhagavan lui-même ne faisait rien. Il ne prétendait jamais qu'il allait résoudre un problème, et n'acceptait jamais la responsabilité des événements remarquables ou des coïncidences qui résolvaient les problèmes des dévots. Il savait simplement de longue expérience que si un dévot lui faisait part d'un problème, il arrivait souvent qu'une mystérieuse et spontanée manifestation du Soi le résolve.

Le lendemain, je reçus un don de 200 Rs. de Râmaswâmî Mudaliar, un dévot qui s'était pris d'une forte amitié pour moi quand je travaillais pour l'ashram. Il vivait à Acharapakkam, un village entre Madras et Tiruvannamalai. Quand il apprit que je me construisais une maison, il m'envoya l'argent. Quelque temps plus tard, il vint en personne nous donner un coup de main. Vaikunta Vas me rendit aussi visite et se joignit à nous. Comme le travail était déjà à moitié fait, à nous trois, nous réussîmes à le terminer en moins d'un mois.

Nous allions commencer le toit quand Bhagavan vint nous faire une suggestion : « Ce serait bien si vous utilisiez du bois de palmier pour les poutres. C'est le bois que l'on a utilisé dans notre maison à Tiruchuzhi [la ville où Bhagavan est né et où il vécut jusqu'à l'âge de douze ans]. »

Nous suivîmes son conseil. Quelques jours plus tard, Râmaswâmî Mudaliar se rendit dans un village voisin et acheta des palmiers.

J'informai Bhagavan que nous avions suivi son conseil et acheté des palmiers. Il commença alors à s'enquérir des dimensions des poutres.

« Quelle sera la largeur du bas de la poutre ? » demanda-t-il.

Je ne me souviens pas exactement de ce que je lui dis, mais quand je lui donnai ma réponse, il dit « *Beish !* » ce qui signifie « Très bien ! »

« Qu'en est-il de l'épaisseur ? » s'informa Bhagavan.

Je lui dis que je projetais de les faire de cinq pouces d'épaisseur. Bhagavan parut un peu inquiet.

« Est-ce que ce sera assez solide ? » demanda-t-il.

Quand je l'eus assuré que cela le serait, il sourit et dit : « Alors que vous faut-il de plus ? »

Je rapporte cette conversation dans le seul but de montrer l'intérêt dont Bhagavan fit preuve tout au long de la construction.

Quelques semaines plus tard, il demanda si j'avais pensé à installer un mortier. Quand je répondis « Oui », il dit : « Que vous faut-il de plus ? Que vous faut-il de plus ? Que vous faut-il de plus ? » Je pris ces paroles comme une bénédiction pour ma maison.

La construction s'acheva sans autres problèmes. Je ne souhaitais pas de grande cérémonie d'inauguration. J'allai simplement dans le Hall et dis à Bhagavan : « Aujourd'hui je projette d'entrer dans ma maison pour la première fois. Je vous en prie, bénissez-moi. »

Bhagavan, bien entendu, ne bénissait jamais les gens ouvertement. Dans ce cas, il fit un signe de tête pour indiquer que je pouvais mettre mon projet à exécution.

Au lieu d'organiser un *grihapravêsam* [cérémonie d'inauguration] formel, je fis une *bhikshâ* [offrande] aux singes de Palakottu. Je répandis deux litres de *pongal* [riz et *dhal* cuits ensemble] sur les rochers près du réservoir, permis aux singes de venir se servir, puis emménageai dans ma nouvelle maison. Ce fut mon dernier changement d'adresse. Il y a maintenant plus de cinquante ans que je vis dans cette chambre.

De toute évidence, Bhagavan voulait que j'habite cet endroit plutôt que n'importe quel autre. Pendant que j'habitais encore dans la hutte de Tambiram, bien avant qu'on ait songé à la nouvelle chambre, Arumugam avait offert de m'acheter un terrain d'un hectare sur la route du *pradakshina*, à environ un kilomètre de Shrî Râmanasramam. Arumugam n'avait pas seulement promis de m'acheter le terrain, il avait aussi promis de m'y construire une maison. Je parlai de cette offre à Bhagavan, tandis qu'il se promenait à Palakottu. Bhagavan désapprouva clairement. Il tourna sa tête sur le côté, sans me donner de réponse et me quitta brusquement.

Il y eut une autre occasion, également avant la construction de ma chambre, où j'essayai de vivre ailleurs. Éprouvant le désir de méditer dans une grotte sur la montagne, j'en trouvai une et la rendis habitable. Je dormais toujours dans ma hutte. Je n'allais à la grotte que pendant la journée. Je me réveillais à quatre heures du matin, préparais la nourriture pour la journée et l'emmenais à la grotte. Je le fis pendant environ une semaine. Ce ne fut pas très concluant : ma méditation était fréquemment perturbée par des visiteurs. Un groupe d'hommes et de femmes venaient trois fois par jour, s'asseyaient devant la grotte et parlaient très vulgairement. Ils allèrent même jusqu'à mendier en me demandant de la nourriture. Ils ne pouvaient pas comprendre que je voulais qu'on me laisse seul pour méditer. Je recherchais la solitude pour mon *tapas*, mais ces gens voulaient s'amuser en me dérangeant. Finalement, j'allai voir Bhagavan et lui dis ce qui se passait. Après avoir décrit les perturbations que j'avais subies, je lui dis comment j'en étais arrivé à cette situation.

« Je désire vivre en un lieu que personne ne visite. J'éprouve aussi le désir d'obtenir ma nourriture sans aucun effort. Je veux aussi méditer constamment, les yeux fermés, sans rien voir du monde. Ces désirs me viennent souvent. Sont-ils bons ou mauvais ? »

« Si vous avez de tels désirs, dit Bhagavan, vous devrez renaître pour les satisfaire. Qu'est-ce que ça peut bien faire que vous vous trouviez ici ou là ? Gardez toujours votre mental dans le Soi. Il n'y a pas de lieu solitaire en dehors du Soi. Où que se trouve le mental, il y aura toujours foule.

« Il n'est pas nécessaire de fermer les yeux quand vous méditez. Il suffit que vous fermiez l'œil du mental. Il n'y a pas de monde hors de vous qui ne soit dans le mental.

« Quelqu'un qui mène une vie vertueuse ne fera jamais des projets de ce genre. Pourquoi ? Parce que Dieu a déjà décidé ce qu'il adviendra de nous bien avant de nous envoyer dans ce monde. »

J'aurais dû m'attendre à cette réponse, parce qu'elle était contenue dans l'un des versets de *Shivânanda Lahari* [verset douze] qu'il m'avait demandé de mémoriser plusieurs années auparavant :

> On peut pratiquer des austérités dans une grotte, dans une maison, en plein air, dans une forêt, au sommet d'une montagne, debout dans l'eau, ou entouré de feu, mais à quoi bon ? O Sambhu [Shiva] ! Le vrai yoga est l'état dans lequel le mental demeure constamment à tes pieds. Celui qui a réalisé cet état est un vrai yogi. Lui seul jouit de la félicité.

Pendant les années 1930, j'avais souvent remarqué Paul Brunton, l'auteur de *A Search in Secret India* [*L'Inde secrète*], à l'ashram. Nous fîmes plus ample connaissance après mon déménagement à Palakottu, surtout à cause d'un malentendu que j'expliquerai plus loin. Le livre de Brunton, la première publication occidentale qui parlât de Bhagavan, amena beaucoup de nouveaux dévots à l'ashram. En 1939, quand je vivais à Palakottu, Chinnaswâmî essaya de l'empêcher d'entrer dans l'ashram.

Il lui dit : « Vous ne devez plus venir pour le *darshan* de Bhagavan. Vous ne devez plus écrire sur Bhagavan à l'avenir et vous ne devez plus poser de questions à Bhagavan. »

Chinnaswâmî était fâché avec lui parce qu'il n'avait pas demandé la permission d'écrire sur Bhagavan et n'avait pas fait profiter l'ashram des bénéfices du livre.

Brunton fit appel à Bhagavan : « J'écris sur vous pour le profit du monde. Est-il juste de m'interdire l'accès de l'ashram de cette façon ? »

Bhagavan, comme d'habitude dans de tels cas, soutint Chinnaswâmî.

« Si vous interrogez Chinnaswâmî, dit-il, il dira aussi : "Je travaille pour le bien du monde". Vous dites que vous travaillez pour le bien du monde. Que puis-je dire ? »

Puis Bhagavan se tut et refusa d'ajouter un quelconque commentaire. Chinnaswâmî, encouragé par l'attitude de Bhagavan, dit à Brunton : « Je vous ai dit de partir. Si vous ne vous en allez pas, je fais venir la police. »

*Annamalai Swâmî fut un témoin oculaire de ces échanges. Un autre compte-rendu intéressant de l'exclusion de Brunton se trouve dans le manuscrit original de* Talks with Râmana Maharshi *[L'enseignement de Râmana Maharshi]*, Les six passages suivants à propos de la dernière visite de Brunton ont été supprimés avant la publication.

1. *Entretien 638, probablement daté 2.3.39 : « Shrî Bhagavan dit à quelqu'un dans le Hall : « Une université américaine à conféré le titre de docteur en philosophie à M. Brunton. Désormais il est donc le docteur Brunton. Il va arriver ici sous peu. »*

2. *Daté 7.3.39 : « Le Dr Paul Brunton, docteur en philosophie, est arrivé à Tiruvannamalai par le train, tôt ce matin. Il est venu à l'ashram vers huit heures et demie. Il a l'air en bonne forme, mais dit qu'il ne va pas si bien qu'il en a l'air. Il y avait un calme inhabituel dans les locaux de l'ashram. Pourquoi ? Il y avait une grande différence entre l'accueil de ce matin et celui qu'on lui avait fait lors de sa dernière visite.*

    *Alors, on le considérait comme un dieu ; personne n'ose lui parler à présent. Avant, tout le monde rivalisait pour le servir ; aujourd'hui, plus personne n'ose l'approcher. Il est simplement égal à lui-même, ni pire, ni meilleur.*

    *Il a quitté le Hall vers neuf heures quarante cinq du matin. »*

3. *Daté 11.3.39 : « Le Dr Brunton a apporté deux belles cannes et un très joli stylo comme cadeaux pour Bhagavan, de la part d'autres personnes. Ils ont tous été appréciés. »*

4. *L'entretien n° 649 [577 dans l'édition française] se termine avec ces*

mots de Bhagavan : « ... le Soi n'est pas séparé de Brahman. » Munagala Venkataramiah écrivit ensuite : « Cette conversation intéressante s'acheva brusquement parce qu'il y eut une dispute entre le sarvâdhikari et le Dr Paul Brunton à ce stade de la conversation. »

5. Daté 19.3.39 : « Le Dr Brunton est parti soudainement la nuit dernière. »
6. Daté 21.3.39 : « Le Dr Brunton a écrit à M. V.G. Sastri que dorénavant il ne parlerait plus de l'ashram ou de Shrî Maharshi à quiconque, n'écrirait plus à leur sujet et se contenterait de voir Shrî Maharshi dans son cœur.

« Shrî Bhagavan a dit que le Dr Brunton a été contraint de s'en aller par le jeu du pouvoir supérieur. Il ne pouvait pas rester ici plus de temps que celui alloué par ce pouvoir ; il ne pourra pas non plus rester loin d'ici quand il sera de nouveau attiré par le même pouvoir. »

Brunton ne revint plus jamais à l'ashram du vivant de Bhagavan.

Brunton partit et alla habiter en ville chez un dévot appelé Ganapati Sastri. Ce Sastri lui raconta, à tort, que j'avais aussi été mis à la porte de l'ashram. Brunton prenant pitié de quelqu'un qu'il pensait être un compagnon d'infortune, victime comme lui des caprices de Chinnaswâmî, m'apporta un *dhôti* et un grand sac de riz.

Tout en me les donnant, il dit : « Je suis très triste que vous ayez quitté l'ashram. Je me ferai un plaisir de vous procurer tout ce dont vous pourriez avoir besoin. Vous n'avez qu'à m'envoyer un mot si vous avez besoin de quelque chose. »

Je lui avais déjà expliqué que j'avais quitté l'ashram volontairement, mais cela ne diminua en rien son empressement à m'aider.

Ganapati Sastri se vit aussi interdire l'accès à l'ashram parce que Chinnaswâmî apprit qu'il avait aidé Brunton. Ganapati Sastri, comme Brunton avant lui, vint voir Bhagavan et se plaignit de cette décision.

« Chinnaswâmî m'a dit de ne plus venir à l'ashram, dit-il, mais Bhagavan reste assis comme une statue de Vinayaka, comme si de rien n'était. J'ai servi l'ashram pendant longtemps. J'ai aussi fait don à l'ashram de trois *almiras* [armoires] pleines de livres. Bhagavan ne veut-il pas demander à Chinnaswâmî pourquoi il ne me permet pas de venir à l'ashram ? »

En cette occasion, Bhagavan ne prit même pas la peine de donner une réponse.

Les interdictions de Chinnaswâmî étaient rarement permanentes. Des excuses et la promesse de se conformer dorénavant à sa volonté suffisaient généralement pour être de nouveau admis à l'ashram. Chinnaswâmî utilisait les expulsions et les menaces d'expulsion pour maintenir dans le rang les ouvriers et les dévots de l'ashram. Bhagavan le soutenait généralement parce qu'il désapprouvait que les dévots en viennent à se disputer avec la direction. La réponse standard de Bhagavan à quiconque trouvait à redire contre Chinnaswâmî ou la direction de l'ashram en général était : « Occupez-vous de ce pour quoi vous êtes venu ici. »

Plusieurs dévots avaient de bonnes raisons de se plaindre du traitement qu'ils recevaient de Chinnaswâmî, mais Bhagavan les décourageait toujours d'exprimer leur mécontentement.

*Tandis que l'assistant d'Annamalai Swâmî traduisait ce récit à l'intention de visiteurs de langue tamile, Annamalai Swâmî interrompit la lecture pour faire ces commentaires :*

*« Ne vous imaginez pas que Chinnaswâmî était un mauvais homme. Il ne faisait que son devoir. Bhagavan ne pouvait pas diriger l'ashram lui-même parce que ça n'était pas dans sa nature et qu'il n'avait pas d'inclination pour le faire. Il avait besoin que quelqu'un d'autre s'en charge. Chinnaswâmî était l'homme idéal parce qu'il était loyal, digne de confiance et travailleur. Bhagavan insuffla sa force à Chinnaswâmî et cette force lui permit de prendre en charge toutes les affaires de l'ashram. Il faisait le travail de Bhagavan par la grâce de Bhagavan. Il devait parfois être dictatorial et impitoyable parce qu'il y avait beaucoup de gens qui essayaient de s'ingérer dans la direction de l'ashram. Il y avait même des gens qui essayaient de diriger Bhagavan et de lui dire ce qu'il devait faire. Bien que cela puisse paraître étonnant, Bhagavan et Chinnaswâmî étaient à bien des égards comme les deux côtés d'une même pièce. Bhagavan était Shiva, le centre silencieux et immobile de l'ashram, tandis que Chinnaswâmî était la shakti, la force qui vient de Shiva et organise toutes les activités autour de lui. »*

*Dans tous les entretiens que j'ai eus avec lui, je n'ai jamais ressenti qu'Annamalai Swâmî avait de mauvaises intentions envers Chinnaswâmî ou qui que ce soit d'autre. Il racontait toujours des histoires sans* rancœur, s'en tenant strictement aux faits. S'il manifestait parfois de l'émotion, c'était une sorte d'amusement désabusé, tandis qu'il se souvenait des événements tumultueux de sa jeunesse.

À plusieurs reprises, il me dit : « Je vais vous raconter toutes mes histoires, mais ne les utilisez pas pour entreprendre des campagnes contre qui que ce soit. Écrivez-les aussi objectivement que vous le pourrez. C'est malsain de penser du mal de qui que ce soit. Tenez-vous-en aux faits. »

Je gardai ces directives à l'esprit tout au long de la préparation de ce livre. Après avoir parcouru attentivement le dernier brouillon, Annamalai Swâmî me fit savoir qu'il était heureux de la manière dont j'avais transcrit ses histoires et recréé avec tant de succès l'atmosphère de Râmanasramam pendant les années 1920, 30 et 40.

Après quelques mois à Palakottu, je constatai que mon mental commençait à devenir de plus en plus tranquille. Du temps où je travaillais, il était constamment occupé par des pensées de construction. Il poursuivait son incessante activité même après la fin de la journée de travail. Les plans, les problèmes et les solutions théoriques aux problèmes continuaient de me remplir la tête bien après les heures de travail. Je trouvais très dur de méditer dans de telles circonstances.

Bhagavan m'avait dit : « Vous n'êtes pas le corps, vous n'êtes pas le mental. Vous êtes la pure conscience, le Soi. Vous êtes présent en tout et partout. Soyez-en conscient tout le temps, même pendant que vous travaillez. »

Je m'efforçais de mettre cet *upadesa* en pratique pendant que je travaillais, mais je ne peux pas dire que j'eus beaucoup de succès.

Quand je déménageai à Palakottu, je trouvai beaucoup plus facile de pratiquer les enseignements de Bhagavan. Mon mental devint beaucoup plus tranquille et même mon corps commença à changer. Pendant que je travaillais à Râmanasramam, il y avait toujours beaucoup de chaleur dans mon corps, due pour une bonne part au travail de la chaux et aggravée par le fait que je passais la plus grande partie de mes journées dehors, en plein soleil. Après quelques mois de méditation à Palakottu, mon mental devint relativement tranquille et silencieux, et une merveilleuse fraîcheur se répandit dans mon corps.

Avec le temps, après plusieurs années de pratique, ces deux états devinrent permanents.

Bhagavan me rendait souvent visite quand il faisait sa promenade quotidienne à Palakottu. Il passa une fois pendant que j'apprêtais mon repas et demanda ce que je préparais.

Quand je lui dis : « Seulement du riz et du *sambar* », il fut très content.

« Très bien ! » s'exclama-t-il. « La vie simple est la meilleure. »

> *Le sambar est une sauce épicée, servie avec la plupart des repas en Inde du Sud. Un repas composé seulement de riz et de sambar serait considéré comme étant une très maigre pitance par la plupart des Indiens du Sud. Habituellement, on y ajouterait au moins un plat de légumes, avec du babeurre, du rassam (une soupe épicée) et des pickles très forts.*

Lors d'une autre visite, il me dit qu'il me fallait faire un chutney avec un légume vert appelé *tiruvakshi*. Il m'avait déjà dit plusieurs fois auparavant que les fleurs et les feuilles de cette plante étaient très bonnes pour le corps. Lors d'une de ses visites ultérieures, je lui offris de ce chutney, surtout pour lui montrer que j'avais suivi son conseil en le préparant régulièrement. Il en prit un peu, mais me découragea de lui en offrir de nouveau.

« C'est pour votre bénéfice, pas le mien, dit-il. J'ai bien assez de nourriture à l'ashram. Mon conseil s'adressait à vous et vaut pour vous uniquement. »

Par trois fois, je réussis à donner à manger à Bhagavan dans ma nouvelle maison ; deux fois du riz, et une fois ce chutney.

Un des *sâdhus* qui vivait à Palakottu vit Bhagavan manger chez moi et dit en plaisantant : « Bhagavan n'a pas eu assez à manger à l'ashram. Aussi est-il venu prendre *mandapappadi* chez Annamalai Swâmî. »

> *On emmène de temps en temps Arunâchaleswara, la déité principale du grand temple, autour de la montagne, sur la route du giri pradakshina. À intervalles réguliers, la procession s'arrête pour que les dévots puissent offrir de la nourriture au Dieu. On appelle ces offrandes de nourriture mandapappadi.*

Il m'arriva aussi de donner à Bhagavan des fruits qui poussaient à l'état sauvage à Palakottu. Une fois, je lui donnai des pommes sauvages et une autre fois, des *elandai* qui poussaient devant ma porte. Environ une semaine plus tard, je me rendis dans le Hall pour le *darshan*. Après que je me fus prosterné devant Bhagavan, il me dit que l'ashram venait de recevoir de l'Inde du Nord, un colis d'*elandai* très sucrés.

Bhagavan m'en donna un et dit en plaisantant : « La semaine dernière, vous m'avez donné un *elandai* de saveur aigre.

Aujourd'hui, je vous en donne un de saveur douce en échange. »

Bhagavan me donna ce *prasâd* de ses propres mains pendant qu'il mangeait. C'était très inhabituel : quand il était assis dans le Hall, le *prasâd* était toujours distribué par les serviteurs et non par Bhagavan lui-même.

Bien que je ne fusse plus autorisé à manger à l'ashram en dehors d'occasions spéciales, Bhagavan me donnait parfois de la nourriture provenant de la salle à manger. Une fois, alors que je franchissais la porte arrière de l'ashram vers huit heures du soir, je vis Bhagavan et Subramaniam debout près du dispensaire. Bhagavan demanda à Subramaniam d'aller me chercher de la nourriture.

« Quand Annamalai Swâmî était ici, dit-il, il aimait l'*aviyal* [un curry fait de yogourt noix de coco et légumes]. Aujourd'hui on a préparé beaucoup d'*aviyal*, beaucoup plus que ce dont nous avons besoin. Allez à la cuisine et apportez-en-lui sur une assiette. Nous pouvons le servir ici. »

Subramaniam apporta l'*aviyal* et Bhagavan me le servit lui-même. Bhagavan resta debout près de moi pendant que je mangeais, éclairant mon repas avec sa torche.

J'essayai de l'arrêter en disant : « La lumière de la lune me suffit », mais il n'y prêta pas attention. Il éclaira mon assiette avec sa torche jusqu'à ce que j'eus mangé le dernier morceau.

Pendant la quatrième année de mon séjour à Palakottu, Bhagavan me conseilla de restreindre mon alimentation.

« Ne mangez, dit-il, qu'une noix de coco, une poignée de cacahuètes, une mangue et un petit morceau de sucre brun par jour. Si vous ne pouvez pas vous procurer des mangues fraîches, vous pouvez en manger des sèches. »

Bhagavan me dit que grâce à ce régime mon corps se purifierait et mon mental se stabiliserait dans le Soi.

Il me prévint aussi : « Au début vous aurez de la diarrhée, mais ne vous inquiétez pas, le problème disparaîtra au bout de quelques jours. »

Il me dit en même temps d'observer *mauna* [silence] et de passer le plus de temps possible en méditation. Cette instruction d'observer *mauna* était très inhabituelle : Bhagavan décourageait normalement les gens de faire des vœux de silence ; il disait : « C'est plus important de contrôler votre mental que votre langue. À quoi est-ce que ça rime de rester silencieux si vous ne pouvez par tenir votre mental tranquille ? »

Après quelques semaines de ce régime, je devins si maigre que mes os commencèrent à devenir saillants.

Les gens me demandaient : « Ne mangez-vous pas ? Avez-vous faim ? Avez-vous besoin d'argent ? »

Pour éviter de telles questions, je me couvrais tout le corps et n'allais voir Bhagavan que le soir. Mon corps devint si maigre, que je n'avais même pas la force de soulever un seau d'eau. Pour cacher mon état, je m'enfermais dans ma chambre pendant la journée. Je n'eus guère de mal à éviter les gens. Aussitôt que les dévots découvrirent que j'étais en *mauna*, ils me laissèrent seul.

Je passais la plus grande partie de mon temps à méditer sur l'idée : « Je suis le Soi ; je suis tout. » Pendant la méditation, je ressentais souvent une sorte d'énergie qui montait jusque dans ma tête. Je ne sais pas si c'était la *kundalinî* ou quelqu'autre sorte d'énergie. Quoi que ce fût, ça venait tout seul. Je n'essayai jamais de la faire venir ni de la contrôler d'une quelconque façon. Cette méditation, combinée avec le régime et *mauna* produisit un autre effet secondaire intéressant : mon front devint brillant et apparemment l'expression de mon visage devint rayonnante et pleine de lumière. Plusieurs personnes s'en aperçurent et firent des commentaires à ce sujet.

Je vécus ainsi pendant environ une année. Puis un jour, dans le Hall, Bhagavan se tourna soudain et de façon inattendue vers moi et dit : « Vous n'avez plus besoin d'observer ces restrictions alimentaires. Vous pouvez vous alimenter normalement et vous pouvez aussi recommencer à parler. »

Je ne sais pas pourquoi il me choisit moi en particulier pour cette *sâdhanâ* spéciale, ni pourquoi, plus tard, il annula ses instructions. C'était très inhabituel. Je ne me souviens d'aucun autre cas où Bhagavan ait dit à un dévot de vivre ainsi.

Durant mes premières années à Palakottu, je venais régulièrement voir Bhagavan dans le Hall. Je venais d'habitude une fois le matin et une fois le soir. En 1942, après que j'eus vécu ainsi pendant plusieurs années, Bhagavan me fit sortir de ma retraite.

Il vint à ma chambre et dit : « On ne vous voit plus beaucoup. Suivez-moi. »

Comme nous entrions dans l'ashram par la porte arrière, Bhagavan dit : « Ils projettent de construire un petit hôpital. Vous devriez en construire un plus grand ici. »

> Bhagavan lui-même appelait le bâtiment « vaidyasâlâ », un mot qui se traduit habituellement par hôpital. Cette dénomination n'est pas très heureuse puisque le bâtiment ne contient que trois pièces assez petites. Bien que l'opération du cancer de Bhagavan ait eu lieu dans cet « hôpital », il ne fonctionne d'habitude que comme dispensaire et officine pour des malades qui viennent en consultation.

Il indiqua l'endroit où se trouve actuellement l'hôpital et montra d'un geste du bras où devait se trouver l'entrée. J'ai mentionné auparavant que Bhagavan ne me donnait parfois que de brèves indications au lieu de véritables plans. Ceci en fut un exemple typique. Excepté l'indication de l'emplacement, sa seule instruction initiale fut un geste du bras plutôt vague.

Avant de partir, Bhagavan me fit une restriction bien trop familière : « Ne dites à personne que je vous ai donné ces instructions. Commencez le travail et prétendez que vous le faites de votre propre autorité. »

Quand j'entendis ces mots, je compris qu'une nouvelle grande bataille avec Chinnaswâmî allait bouleverser ma vie paisible et confortable.

Il y avait trois arbres fruitiers à l'emplacement que Bhagavan m'avait montré. Mon premier travail fut de les abattre. Tandis que j'étudiais le terrain, élaborant des plans pour les fondations, un homme qui, de temps en temps, avait fait des petits travaux pour moi à Palakottu vint voir ce que je faisais. Sachant que c'était un travailleur sérieux, je l'engageai aussitôt pour m'aider à abattre ces arbres. Nous réussîmes à commencer le travail sans être interrompus ni questionnés parce que tout le monde à l'ashram faisait la sieste. Nous avions déjà abattu les arbres quand Chinnaswâmî vint voir ce qui se passait.

En réponse à ses questions prévisibles sur ce que je faisais, je dis aussi ingénument que je pus : « J'ai entendu dire que vous alliez construire un petit hôpital. J'ai pensé qu'il en faudrait un plus grand; je suis donc venu le construire pour vous. »

Il ne vint pas à l'idée de Chinnaswâmî que je n'aurais jamais entrepris un tel travail sans que Bhagavan ne m'ait personnellement demandé de le faire.

Chinnaswâmî me cria : « Vous n'êtes plus un ouvrier de l'ashram ! Vous avez quitté l'ashram pour aller à Palakottu ! Pourquoi êtes-vous revenu nous déranger ? De quelle autorité abattez-vous nos arbres comme cela ? Quelqu'un a déjà dessiné les plans de l'hôpital. Pourquoi vous en mêlez-vous ? »

Pour appuyer son raisonnement, il envoya Râmaswâmî Pillai en ville chercher l'homme qui avait dessiné les plans.

Les cris de Chinnaswâmî et le bruit produit par l'abattage des arbres avaient attiré une foule de vingt à trente personnes. Plusieurs d'entre elles voulaient savoir pourquoi j'abattais ces arbres. Si l'on s'en était tenu au plan de Chinnaswâmî, il n'aurait pas été nécessaire de les abattre.

J'expliquai de nouveau : « Je vais construire un grand hôpital ici. C'est pourquoi il faut abattre ces arbres. »

J'essayai de rendre mes propos aussi vraisemblables que possible, mais tout le monde pouvait voir qu'il y avait une grosse lacune dans mon raisonnement : si personne ne m'avait donné la permission d'abattre ces arbres, je n'étais pas habilité à le faire.

Quand Chinnaswâmî fut persuadé que j'agissais de ma propre autorité et que je n'avais pas l'intention d'arrêter, il me hurla : « Comment osez-vous me désobéir de la sorte ? Quelle autorité avez-vous ici ? Est-ce que vous savez qui je suis ? »

Je répondis le plus calmement que je pus : « Vous ne savez pas qui vous êtes et je ne sais pas qui je suis. C'est pourquoi nous nous disputons comme cela. »

La foule des spectateurs se rangeait du côté de Chinnaswâmî, surtout parce que j'étais incapable de donner une explication satisfaisante de mon comportement. Quelques personnes prirent part à la dispute du côté de Chinnaswâmî.

« Pourquoi vous comportez-vous ainsi ? Retournez à Palakottu ! Pourquoi êtes-vous revenu à l'ashram ? Pourquoi abattez-vous nos arbres ? »

Tout cela se transformait en une vulgaire scène de rue. Je m'éloignai et me mis dans un coin, feignant de m'avouer vaincu. C'est le moment que Bhagavan choisit pour faire son apparition. Je l'avais remarqué qui nous regardait par la fenêtre du Hall. Il était parfaitement conscient de la dispute qui avait lieu à une trentaine de mètres de sa fenêtre, mais il choisit de pas s'en mêler jusqu'à ce qu'elle fût presque terminée.

Bhagavan vint vers moi, mit sa tête près de la mienne et chuchota : « Que disent ces gens ? »

Je répondis en chuchotant : « Ils disent : "De quelle autorité êtes-vous venu ici ?" et "Pourquoi abattez-vous ces arbres ?" » Bhagavan soupira et dit : « *Avanga ishtam. Avanga ishtam. Avanga ishtam.* ["Que leur désir s'accomplisse", répété trois fois]. Vous pouvez retourner à Palakottu. »

Peu après mon départ, un nouveau dévot qui avait été attiré par le bruit demanda ce qui s'était passé.

On lui répondit : « Un homme appelé Annamalai Swâmî, qui travaillait ici, projetait de construire un grand hôpital. Nous ne pouvons pas nous permettre de construire un grand hôpital parce que nous n'avons pas assez d'argent. Nous l'avons renvoyé d'une part parce qu'il n'était pas habilité à construire ici et d'autre part parce que nous n'avions pas d'argent pour exécuter ses plans. »

« Si vous voulez un grand hôpital », dit le nouveau dévot, « je peux donner tout l'argent dont vous avez besoin. Ne prenez pas en considération l'aspect financier. Si vous voulez construire un grand hôpital, selon le projet de cet Annamalai Swâmî, je payerai tout. »

Ce fut un bonus inattendu pour l'ashram. On laissa tomber l'ancien projet, et Chinnaswâmî vint personnellement me demander de diriger la construction du nouveau. Les voies et les méthodes de Bhagavan sont vraiment mystérieuses.

Je ne redéménageai pas à l'ashram. J'y pris mes repas pendant la durée des travaux, mais je rentrais chaque soir à Palakottu. Au début, je continuai à cuisiner ma propre nourriture, mais Bhagavan mit bientôt un terme à cela.

« Pourquoi vous faites-vous à manger à Palakottu alors que vous travaillez pour nous ici ? Prenez vos repas ici. Cela vous sera beaucoup plus commode. »

Bhagavan accorda un intérêt particulier à l'hôpital, peut-être davantage qu'à toute autre construction. Il venait même quand il n'y avait rien à superviser, et inspectait avec soin tout ce qui avait été fait. Quand il y avait peu ou pas de travail en cours et rien qui valût la peine d'être inspecté, il venait quand même sur le chantier et y restait assis de longs moments. En ces occasions, il me regardait souvent et me donnait le même type de *darshan,* impliquant une transmission directe de grâce par les yeux, qu'il donnait fréquemment aux dévots dans le Hall.

La construction se déroula sans incident important. Comme cela fut le cas pour la salle à manger, le dernier travail fut de mettre le nom au-dessus de l'entrée. Bhagavan écrivit de nouveau les lettres sur du papier et me demanda de les reproduire sur le mur. Je dressai un échafaudage, m'assis et me mis au travail. Pendant que j'étais assis là, en train de travailler, Chinnaswâmî vint et commença à secouer les mâts de l'échafaudage.

« N'importe quel maçon ordinaire peut faire ce travail, dit-il. Il y a du travail de construction en cours à la "Morvi Guest House". Allez diriger ce travail. »

*La « Morvi Guest House » est un bâtiment qui était en construction de l'autre côté de la route par rapport au quartier principal de l'ashram. Il sert maintenant à l'hébergement des dévots de passage.*

Bhagavan m'ayant donné ce travail particulier à faire, je refusai d'y aller.

« Cela peut attendre quelque temps, dis-je. Ma destinée comme ouvrier de l'ashram et la destinée de l'hôpital sont liées. Quand j'aurai fini ce travail, je retournerai à Palakottu, et j'y resterai. »

Bhagavan observa tout cela de loin sans s'en mêler ni faire de commentaire. Ma prédiction s'avéra juste : écrire le mot « *Vaidyasâlâ* » au-dessus de l'entrée de l'hôpital fut mon dernier travail de construction pour l'ashram.

*Dans le chapitre précédent, j'ai dit qu'à mon avis, c'est pendant les années 1940 qu'Annamalai Swâmî travailla en qualité de surveillant à la construction du temple de la Mère. Je pense que le temple fut construit à peu près à cette période et achevé avant l'hôpital. La construction de l'hôpital commença en 1942. Mais je n'ai pas pu découvrir avec certitude quand il fut achevé. La voûte d'entrée avec le mot « Vaidyasâlâ » inscrit dessus peut avoir été ajoutée par Annamalai Swâmî longtemps après la fin de la construction proprement dite. Il y a une photographie de la cérémonie d'inauguration dans la salle à manger de l'ashram ; l'arche n'y figure pas.*

Pendant tout le temps où je travaillais à la construction de l'hôpital, je dus supporter l'hostilité à peine dissimulée de Chinnaswâmî. Parfois il ne se donnait même pas la peine de la cacher.

Un jour, alors que je me rendais au Hall et qu'il me précédait sur le chemin, il dit d'une voix très forte à ceux qui se trouvaient près de lui : « Si quelqu'un veut accumuler des mérites [*punya*], il n'a qu'à faire comme Annamalai Swâmî. Bhagavan lui donne beaucoup de travail. De ce fait, il est très intime avec Bhagavan. Chadwick veille à tous ses besoins physiques. Pourquoi donc s'intéresserait-il encore à des gens comme nous ? »

C'était la même histoire qu'auparavant : il était irrité parce qu'il n'avait aucun pouvoir sur moi. Pour moi, à ce moment-là, l'ashram était un lieu de travail oppressant. Je fus très heureux de m'en échapper et de retourner à Palakottu une fois l'hôpital terminé.

Quelques mois après l'achèvement de l'hôpital, Bhagavan confirma que mon temps comme ouvrier de l'ashram était arrivé à son terme.

J'étais assis dans le Hall pendant le *darshan* du soir quand Bhagavan se tourna vers moi et dit : « Vous êtes une personne indépendante. Vous êtes une personne indépendante. Vous êtes une personne indépendante. Vos *karmas* [actions] sont finis. Désormais, personne, qu'il soit un roi, un *deva*, un *asura* ou un être humain, ne vous commandera ni ne vous dira quoi faire. »

*Dans la mythologie hindoue, il y a deux royaumes des esprits, l'un habité par les devas, qui sont les bons esprits, et l'autre par les asuras, qui sont très violents et agressifs. Les habitants de ces deux mondes sont fréquemment en guerre les uns avec les autres.*

J'éprouvai un grand sentiment de force et de paix quand Bhagavan dit ces mots. Je fus aussi immensément soulagé de savoir que je n'aurai plus à venir travailler à l'ashram.

Au milieu des années 1940, quand Bhagavan commença à avoir des difficultés pour marcher, Arumugam et moi nivelâmes et déblayâmes le sentier qu'il empruntait d'habitude pour sa promenade quotidienne. Le sentier traversait l'ashram en direction de Palakottu et re-

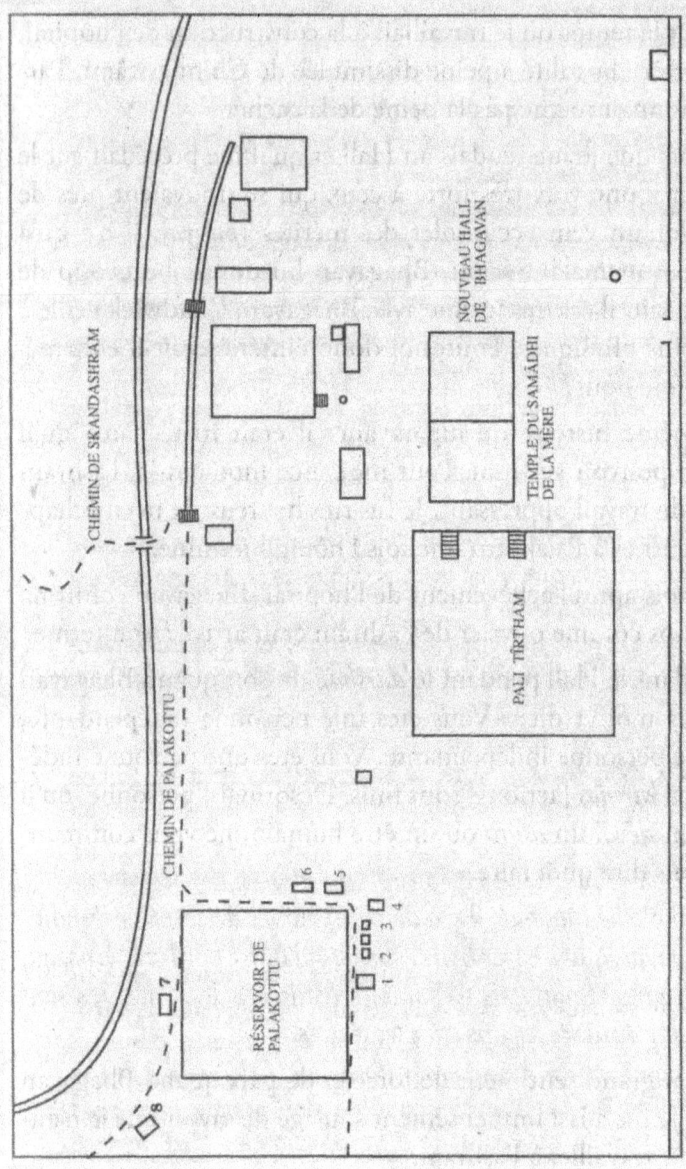

Sri Rāmanasramam et Palakottu. Le temple au-dessus du *samādhi* de la Mère et le nouveau hall de Bhagavan furent achevés en 1949. Après sa mort en avril 1950, Bhagavan fut enterré à mi-chemin entre le vieuxHall et le temple de la Mère. Un grand Hall fut construit au-dessus de son *samādhi* dans les années 1960.
Plusieurs des *sādhus* mentionnés dans ce livre vivaient dans des huttes ou des maisons autour du réservoir de Palakottu:
1. Annamalai Swāmī 2. Tambiram 3. Rāmanatha B-ahmachari 4. Yogi Ramaiah et Krishnaswāmī 5. Swāmī Satyānanda et Munagala Venkataramiah 6. Kunju Swāmī 7. Paul Brunton 8. S.S. Cohen.

venait vers l'ashram via les pentes basses de la montagne. Pour aplanir la surface, nous mîmes de la boue sur le sentier et la couvrîmes de sable doux. Nous installâmes aussi une pierre haute à un endroit où il y avait une cassure dans la pente afin que Bhagavan puisse s'y tenir en montant. Le chemin devait être entretenu régulièrement parce que les troupeaux de chèvres qui erraient sur les pentes basses de la montagne y poussaient fréquemment des brindilles épineuses. Un jour, comme je me promenais sur ce chemin, je remarquai beaucoup de nouvelles épines. Je pris une branche d'un arbre tout proche et balayai le sentier.

Ce soir-là, quand je vins à l'ashram pour le *darshan,* Bhagavan me demanda : « Qui a déblayé le sentier ? »

Je lui dis que je l'avais nettoyé parce que j'avais remarqué des épines en me promenant.

Bhagavan me demanda assez sévèrement : « Pourquoi pensez-vous à cette action que vous avez accomplie ? »

Je compris immédiatement que Bhagavan essayait de me dire que je ne devais pas avoir l'idée : « J'ai rendu ce service à Bhagavan. » Je n'étais pas conscient d'entretenir cette pensée, mais Bhagavan avait dû la voir dans mon mental.

« Vous pouvez voir mes pensées. Je n'étais pas conscient que je pensais : "J'ai fait cela". J'ai simplement déblayé le chemin parce que je ne voulais pas que Bhagavan marche sur des épines. »

Bhagavan répondit en disant : « Si votre mental ne s'attarde pas sur les actions que vous avez accomplies, vous en retirerez beaucoup de bénéfices. »

Bhagavan semblait toujours suggérer que je m'attardais consciemment sur l'action. Je lui redis donc : « Bhagavan sait que je ne pensais pas consciemment : "J'ai fait ce travail" ».

Puis je citai un verset de Tâyumânavar : « Oh Dieu, vous connaissez mon mental, vous connaissez mes actions. Si, en dépit de cela, vous me chassez loin de vous, j'aurai beaucoup de tourments. »

Bhagavan sourit à ma citation et ne s'attarda pas davantage sur la question.

Bhagavan me mit en garde plusieurs fois contre le danger de s'attacher à l'idée Je-suis-celui-qui-agit. Il me raconta un jour une histoire au sujet du Roi Vallalan, un roi shivaïte de Tiruvannamalai dont la dévotion à Shiva est chantée dans un ouvrage tamil appelé *Arunâchala Purânam*. « Ce roi assuma la responsabilité de la construction d'un des grands *gopurams* [tours] du temple principal de Tiruvannamalai. Une fois ce *gopuram* achevé, il avait le sentiment : "J'ai construit ce grand *gopuram* ". Les jours de festival importants, on sort la déité [Arunâchaleswara] du temple et on la fait parader à travers la ville. Selon une légende locale, lors de l'un de ces festivals de dix jours, Arunâchaleswara refusa de passer sous le nouveau *gopuram* du Roi Vallalan parce que le roi était trop fier de l'avoir construit. Pendant neuf jours de suite, Arunâchaleswara choisit un itinéraire différent pour quitter le temple. Le dixième et dernier jour, le roi se rendit compte de sa faute et devint plus humble. Il éclata en sanglots et pleura devant le Dieu, le suppliant de passer par ce *gopuram*, ne fût-ce qu'un jour. Arunâchaleswara vit que la fierté du roi avait diminué et accéda à sa requête. »

Au début des années 1940, je remarquai que Bhagavan avait de plus en plus de difficulté à grimper les escaliers au bas du chemin de Skandashram. Comme il passait souvent par là lors de ses promenades sur la montagne, je pensais que ça serait une bonne idée de faire une main-courante en métal de manière à ce qu'il puisse y prendre appui en montant et en descendant. Je parlai de mon projet à Bhagavan, ajoutant que j'assumerais tous les frais et ferais le travail moi-même.

Bhagavan déclina mon offre. « Ce n'est pas nécessaire », dit-il. Puis il ajouta : « Si vous avez de l'argent en trop, dépensez-le dans des constructions supplémentaires à Palakottu. »

Dans les années 1940, la détérioration de la santé de Bhagavan inquiétait tout le monde, sauf Bhagavan lui-même. Si des gens montraient qu'ils se faisaient du souci à propos de sa mauvaise santé, il leur reprochait, pas trop sévèrement, de l'identifier par erreur à son corps. Je fus témoin d'un exemple intéressant de cette attitude pendant une de ses promenades quotidiennes à Palakottu. À cette période, Bhagavan souffrait de graves troubles digestifs. Il était devenu très faible parce qu'il ne pouvait manger que de petites quantités de nourriture. Il était facile de se rendre compte à quel point il était faible parce que sa démarche devenait hésitante et mal assurée. Un jour, Bhagavan entrait dans Palakottu quand un de ses dévots, nommé Jagadeesa Sastri, grand érudit védantique, s'approcha de lui et lui dit combien cela l'inquiétait de voir Bhagavan aussi mal en point.

Bhagavan écouta un moment ces remarques sympathiques et puis fit ce commentaire : « Le Shankarâcharya de Kanchipuram vous a donné le titre *Vedânta Ratna Bhûshanam* [L'Ornement de Diamant du Vedanta]. Comment, avec toute votre connaissance védantique, pouvez-vous encore prendre Bhagavan pour le corps ? Ce corps est-il Bhagavan ? »

Il y avait environ six ans que j'étais à Palakottu quand Chinnaswâmî exerça une forte pression sur Chadwick pour essayer de le convaincre d'arrêter de subvenir à mes besoins. À ce moment-là, Chadwick ne m'envoyait plus de la nourriture ; il me donnait 50 Rs. par mois. Cet arrangement était aussi bon que l'ancien : cette somme était plus que suffisante pour satisfaire à tous mes besoins. Chinnaswâmî ne s'adressa pas directement à Chadwick, il utilisa un dénommé Narayana Iyer comme intermédiaire. Ce Narayana Iyer reçut l'instruction de transmettre à Chadwick le message suivant :

« Vous devez arrêter de subvenir aux besoins d'Annamalai Swâmî. C'est un mauvais exemple pour les autres dévots. Si tous ceux qui travaillent maintenant à l'ashram mettent le grappin sur un riche dévot et partent, il n'y aura plus personne pour servir Bhagavan et s'occuper de l'ashram. »

Chadwick ignora tout d'abord l'ordre et continua à subvenir à mes besoins. Mais comme Chinnaswâmî lui envoyait de manière répétée des messages similaires, il comprit qu'il devait répondre d'une manière ou d'une autre. Il se trouvait dans une situation quelque peu embarrassante : il voulait continuer à m'aider, mais, en même temps, il ne voulait pas offenser Chinnaswâmî. Il savait, de par sa longue expérience de vie à l'ashram, que Chinnaswâmî expulsait fréquemment des dévots qui s'opposaient à ses désirs. Puisque Bhagavan ne contrait jamais Chinnaswâmî sur ces questions, il savait qu'il risquait d'être mis à la porte de l'ashram s'il continuait à m'aider. Chadwick décida, fort justement, que Bhagavan était la seule personne qui pouvait le conseiller correctement à ce sujet. Un jour, alors qu'ils se promenaient ensemble sur la montagne, Chadwick lui expliqua la situation.

« J'ai subvenu aux besoins d'Annamalai Swâmî pendant plusieurs années. Chinnaswâmî m'envoie de fréquents messages me disant d'arrêter de l'aider. Dois-je continuer à l'aider, ou bien dois-je arrêter ? »

Bhagavan répondit : « Qui êtes-vous pour aider Annamalai Swâmî ? »

Bien que Bhagavan lui eût conseillé de le faire, Chadwick était peu disposé à arrêter de subvenir à mes besoins. Il continua son aide pendant quelques semaines jusqu'à ce qu'il se rendît compte que sa première obligation était de suivre les instructions de Bhagavan.

Ce fut, tout naturellement, une période de grand tracas pour moi. Chadwick m'avait parlé des ordres de Chinnaswâmî ; je savais donc que je pouvais être privé de mes ressources à n'importe quel moment. Si j'avais eu plus de foi en Bhagavan, j'aurais su que Bhagavan ne m'abandonnerait jamais. Les choses étant ce qu'elles étaient, mes peurs ne furent dissipées que par un étrange incident qui se passa sur la montagne. Je me promenais sur les pentes basses d'Arunâchala, par une nuit de pleine lune, me demandant ce qui se passerait si Chadwick mettait un terme à son aide.

Soudain, j'entendis une voix forte venant de derrière un roc : « Mon enfant, ne t'inquiète pas ! Mon enfant, ne t'inquiète pas ! Mon enfant, ne t'inquiète pas ! »

Je fouillai complètement tout le secteur, mais ne trouvai personne à portée de voix. Force me fut de conclure que c'était Bhagavan lui-même qui m'avait parlé. La voix n'était pas la sienne, mais le fait de répéter la phrase trois fois était bien caractéristique de Bhagavan.

Un jour pendant cette période, avant d'avoir reçu cette assurance de Bhagavan, je décidai de soulager Chadwick en allant mendier ma nourriture.

Je pensai : « Au lieu de dépendre de quelqu'un d'autre, j'irai en ville pour *bhikshâ* [action de mendier la nourriture]. »

Cela entraînerait un changement important de mon mode de vie ; il me fallait donc commencer par obtenir la permission de Bhagavan. Il m'avait dit précédemment de ne pas mendier, mais je pensais que maintenant, pour éviter à Chadwick des embarras supplémentaires, il me donnerait peut-être la permission. Un soir, dans le Hall, j'expliquai la situation à Bhagavan et lui demandai la permission d'aller en ville pour *bhikshâ*. Bhagavan garda le silence pendant près de quinze minutes. Je savais que ce long silence signifiait qu'il ne me donnerait pas la permission et me levai pour partir. À ma grande surprise, Bhagavan me dit de me rasseoir.

« Vous êtes resté assis si longtemps, dit-il. Pourquoi vous levez-vous maintenant ? »

Je me rassis. Quelques minutes plus tard, Arumugam, l'homme qui m'avait aidé à construire ma chambre et à déblayer le sentier de Bhagavan, entra dans le Hall. Je remarquai qu'il avait laissé un grand sac de riz devant la porte.

Quand je lui demandai : « Qu'est-ce que ce riz ? » il répondit : « Je l'ai apporté pour vous. Il m'est venu une soudaine envie de vous donner quelque chose. »

L'apparition à point nommé d'Arumugam était la réponse de Bhagavan à ma demande : je ne devais rien demander à quiconque ; je ne devais compter que sur les dons spontanés des dévots.

Chinnaswâmî fut très mécontent d'apprendre qu'Arumugam subvenait aussi à mes besoins. Il lui dit que s'il continuait à me fournir de la nourriture, il ne serait plus autorisé à venir à l'ashram. C'était une menace très grave parce qu'en plus d'être un dévot, Arumugam gagnait la plus grande partie de son argent en faisant des travaux de construction pour l'ashram. Cet ordre le dérouta un peu.

« Qu'ai-je fait de mal ? » demanda-t-il à Bhagavan. « Je n'ai fait qu'aider Annamalai Swâmî. Serait-il juste que l'on me mette à la porte de l'ashram pour avoir aidé un compagnon dévot ? »

Comme je l'ai déjà mentionné auparavant, Bhagavan n'intervenait jamais quand Chinnaswâmî renvoyait des ouvriers ou disait à des dévots de quitter l'ashram.

Il dit à Arumugam : « Vous devriez discuter de cette affaire avec Chinnaswâmî, cela ne me regarde pas. »

Arumugam, comme Chadwick avant lui, se soumit à contrecœur aux décrets de Chinnaswâmî.

Les inquiétudes à propos de l'argent et les menaces d'expulsion faisaient toutes partie de la *lîlâ* [jeu divin] de Bhagavan. Il lui arrive de soumettre les dévots à des tests et des épreuves, mais jamais il n'abandonne ceux qui ont foi en lui. J'en fis la vive expérience quand, finalement, à contrecœur, Chadwick mit fin à son soutien. Le lendemain même, je reçus trois roupies dans des circonstances quasi miraculeuses. Un des dévots de Bhagavan, un certain Adiveeraghavan Pillai, vivait dans le village de Telur, près de Vandavasi [à 50 km au nord-est de Tiruvannamalai]. Depuis plusieurs jours il avait envie d'envoyer de l'argent à un des *sâdhus* de Shrî Râmanasramam. C'était une envie plutôt vague : il ne songeait à personne en particulier. Puis, une nuit, il fit un rêve dans lequel il vit les mots « Annamalai Swâmî, Palakottu » écrits sur un bout de papier. Le lendemain, il m'envoya ces trois roupies. Il ne me les envoya pas directement, il le fit au nom de Jayaram Mudaliar, un homme du même village. J'écrivis à ce Mudaliar une lettre de remerciements dans laquelle je mentionnai que l'argent m'était parvenu le jour même où je me retrouvais sans revenu, mon unique source de revenus ayant été coupée la veille.

Environ une semaine plus tard, un groupe de dévots vint de ce village. Ils m'annoncèrent qu'ils voulaient veiller à tous mes besoins. Ils me donnèrent ensuite, pendant plusieurs années, assez d'argent pour assurer ma subsistance. N'est-ce pas un magnifique exemple de la grâce de Bhagavan ? Quand j'arrivai auprès de Bhagavan, Shrî Râmanasramam veilla à tous mes besoins. Pendant mes premiers temps à Palakottu, Chadwick prit le relais et veilla à mon entretien pendant près de six ans. Le jour où Chadwick suspendit son aide, Bhagavan envoya ces villageois pour veiller sur moi. Bhagavan me dit de ne jamais rien demander. Comme il ne m'aurait jamais laissé manquer de nourriture, il devait savoir que j'étais destiné à recevoir un soutien matériel pendant toute ma vie.

Ma vie avec Bhagavan m'a appris la valeur de la foi, l'obéissance et l'abandon. Quand j'obéissais aux paroles de Bhagavan, ou quand j'avais totale confiance en ce qu'il veillerait à tous mes besoins spirituels et physiques, tout allait bien. Quand j'essayais de façonner ma propre destinée (comme la fois où je m'enfuis à Polur) les choses tournaient mal. Les leçons de la vie m'ont appris la valeur et la nécessité d'un total abandon. Si l'on s'abandonne complètement à Bhagavan ; si l'on vit de ses paroles, ignorant toutes les autres ; si l'on a assez de foi en Bhagavan pour arrêter de faire des plans pour le futur ; si l'on peut bannir tous les doutes et tous les soucis en ayant foi en l'omnipotence de Bhagavan – alors, et alors seulement, Bhagavan infléchira et façonnera les circonstances de notre vie, les transformant de manière à ce que nos besoins spirituels et physiques soient toujours satisfaits.

J'ai mentionné auparavant que j'allais voir Bhagavan chaque soir. Habituellement, je lui rendais visite entre neuf et dix heures du soir, écoutant ses enseignements et absorbant ce que je pouvais de son silence plein de grâce. J'avais, pendant ce temps-là, un petit privilège : Bhagavan me demandait souvent d'enlever les épines de la plante de ses pieds. Il me confiait cette tâche parce qu'il avait le sentiment que je m'en acquittais mieux que ses serviteurs. Il avait fréquemment des épines aux pieds, car il ne mettait jamais de sandales.

Pendant que j'enlevais ces épines, Bhagavan me demandait souvent d'un air inquiet : « Avez-vous assez bonne vue pour trouver les épines ? Voyez-vous ce que vous faites ? »

Une fois, il me demanda : « Est-ce que vous enlevez les nouvelles épines ou bien les vieilles ? »

Il était difficile de répondre à cette question : Bhagavan avait fréquemment des épines aux pieds pendant des jours, voire des semaines sans même s'en rendre compte.

Ces visites quotidiennes étaient un moment spécial pour moi. Chaque fois que je lui rendais visite, Bhagavan me parlait toujours avec beaucoup d'amour et d'affection. Malheureusement, comme j'allais bientôt le découvrir, cette période de ma vie tirait à sa fin.

Quelques jours plus tard, quand j'entrai dans le Hall, Bhagavan se couvrit la tête et le visage d'un *dhôti* et refusa de me regarder. C'était très inhabituel : normalement, il m'accueillait avec quelques paroles amicales quand j'arrivais. Il se comporta exactement de la même manière les deux soirs qui suivirent.

Le troisième jour, je lui demandai : « Pourquoi Bhagavan couvre-t-il son visage comme une femme musulmane chaque fois que j'entre dans le Hall ? Cela signifie-t-il que je ne devrais plus venir ? »

Bhagavan répondit plutôt énigmatiquement : « Je ne fais que me comporter comme Shiva. Pourquoi me parlez-vous ? »

> *La première phrase de la réponse de Bhagavan est la traduction littérale d'une phrase dont la signification est : « Je suis assis ici, m'occupant seulement de ce qui me regarde. »*

J'y vis l'indication que Bhagavan ne voulait plus que je vienne le voir. Je sortis du Hall et restai debout sous un arbre. Au bout d'un moment, Bhagavan me rappela. Je remarquai qu'il n'y avait personne d'autre à ce moment-là.

« Êtes-vous un athée qui n'a pas foi en Dieu ? » demanda Bhagavan.

J'étais trop déconcerté pour donner une réponse.

« Si l'on n'a pas foi en Dieu », finit-il par ajouter, « on commet beaucoup de péchés et on est malheureux. Mais vous, vous êtes un dévot parvenu à maturité. La maturité a ses lois : si dans cet état de maturité, on pense être séparé de Dieu, on tombe dans le même état qu'un athée qui n'a pas foi en Dieu.

« Vous êtes un *sâdhaka* [chercheur spirituel] parvenu à maturité. Vous n'avez plus besoin de venir ici. Restez à Palakottu et faites votre méditation là-bas. Essayez d'effacer l'idée que vous êtes différent de Dieu. »

Je partis et ne revins jamais. Bien que vivant à moins de 200 mètres de l'ashram, je n'y ai plus fait une seule visite depuis ce jour décisif dans les années 1940.

Environ vingt jours plus tard, alors qu'il se promenait à Palakottu, Bhagavan vint me trouver, sourit et dit : « Je suis venu pour votre *darshan* ». J'avais beau savoir qu'il plaisantait, je fus très choqué d'entendre Bhagavan parler comme cela.

Comme je lui demandai une explication, il dit : « Vous avez obéi à mes paroles. Vous vivez simplement et humblement comme je l'ai enseigné. N'est-ce pas magnifique ? »

Bien que Bhagavan m'eût demandé de ne plus venir à l'ashram, je pensais avoir encore la liberté de lui parler quand il passait à Palakottu. Bhagavan m'ôta bientôt cette idée de la tête.

Un jour, alors qu'il se promenait dans la montagne, je m'approchai de lui ; il se tourna vers moi et dit : « Vous êtes plus heureux que moi. Ce que vous aviez à donner, vous l'avez donné. Ce que j'avais à donner, je l'ai donné. Pourquoi venez-vous encore me voir ? »

Ce furent les derniers mots qu'il m'adressa. J'obéis à ses instructions et ne l'approchai plus jamais. J'avais encore le *darshan* de Bhagavan quand il faisait sa promenade quotidienne à Palakottu, mais nous ne nous parlâmes plus jamais. Si nous nous rencontrions par hasard, il passait devant moi sans relever ma présence.

Bhagavan m'avait dit une fois : « Ne vous accrochez pas à la forme du Gourou : elle périra ; ne vous accrochez pas à ses pieds : ses serviteurs vous arrêteront. Le vrai Bhagavan réside dans votre Cœur comme votre propre Soi. Voilà qui je suis vraiment. »

En coupant le lien personnel entre nous, Bhagavan essayait de me faire prendre conscience de lui tel qu'il est réellement. Bhagavan m'avait fréquemment dit qu'il ne me fallait pas prêter un nom et une forme au Soi, ni le considérer d'aucune façon comme un être personnel.

Une fois, alors que nous regardions la statue de la déesse décorée pour les fêtes du *Navarâtri* [une période de fête de dix jours qui a normalement lieu en octobre] à l'ashram, il me mit en garde : « Ne croyez pas à la réalité de cette statue. Ne croyez pas que Dieu ait une quelconque forme. Le Soi est présent en tout et partout. Ne pensez pas qu'il se limite à la forme d'un corps, fût-ce le corps d'une divinité. »

Bhagavan me donna sa grâce, puis rompit la relation personnelle entre nous. Le lien d'amour et de dévotion ne fut pas rompu, il ne fit que se restreindre à la pensée et au Cœur.

Quand Bhagavan tomba gravement malade à la fin des années 1940, je fus fortement tenté de lui rendre visite. Je ne succombai jamais parce que je savais que Bhagavan m'avait donné l'instruction de ne pas venir le voir. Des gens qui n'étaient pas au courant de ce que Bhagavan m'avait dit pensaient que je lui manquais de respect en ne venant pas le voir. Un dévot questionna même Bhagavan à ce sujet.

« Annamalai Swâmî a servi Bhagavan pendant longtemps, dit-il, mais maintenant que Bhagavan est gravement malade, il ne vient pas le voir. »

Bhagavan, décelant un certain pharisaïsme chez le questionneur, fit cette remarque : « Il est celui qui ne cause aucun ennui. »

Puis il ajouta : « Vous autres, vous êtes ici, mais vos cœurs sont ailleurs. Il est ailleurs, mais son cœur est ici. »

Rangaswâmî, le serviteur de Bhagavan, me rapporta ces paroles plus tard dans la journée. Cela me fit du bien d'apprendre que Bhagavan était parfaitement conscient du fait que, sans cesse, je pensais à lui et me souciais de lui.

Pendant la dernière année de la vie de Bhagavan, je souffris continuellement de forts maux d'estomac. Quelques-uns des médecins qui venaient soigner Bhagavan me soignèrent aussi, mais aucun d'eux ne fut à même de soulager la douleur. Je ne pouvais rien manger, sauf du gruau, et encore, seulement en petites quantités. Si j'essayais de manger beaucoup de gruau, ou n'importe quelle autre sorte de nourriture, mes maux d'estomac devenaient insupportables. Les derniers jours de la vie de Bhagavan, la douleur empira énormément.

Elle devint si forte que je me souviens avoir pensé : « Puissé-je abandonner ce corps avant que Bhagavan n'abandonne le sien. Je ne peux pas supporter cette douleur plus longtemps. »

Je décidai finalement de prier Bhagavan, non pour la santé, mais pour la mort. En ce temps-là, il y avait des marches qui montaient jusqu'au toit plat de ma chambre. Je les gravis très lentement et péniblement et regardai en direction de Bhagavan.

« Je vous en prie, Bhagavan, priai-je, laissez-moi atteindre le *samâdhi* avant que vous n'atteigniez le *samâdhi* [laissez-moi mourir avant que vous ne mouriez]. » À ce moment-là, je vis la grande lumière dans le ciel, la lumière qui signifiait que Bhagavan était mort. Beaucoup de gens ont vu cette lumière et beaucoup d'entre eux ont rapporté qu'elle ressemblait à un météore. Elle m'apparut sous une forme différente : je vis au milieu du ciel une grande colonne de lumière d'environ 6 mètres de haut et 50 centimètres de large. Tandis qu'elle se manifestait, pendant une période d'environ deux minutes, elle descendait lentement vers l'ashram. Quelques minutes plus tard, un *sâdhu* vint me dire que Bhagavan était mort. Au moment exact où il m'annonça la nouvelle, mes maux d'estomac s'évanouirent et ne réapparurent jamais.

Bhagavan fut enterré le lendemain. Swâmî Satyânanda, un de mes voisins à Palakottu, assista à l'enterrement. Je le vis revenir à Palakottu vers huit heures et demie ce soir-là. Tout son corps était couvert de *vibhûti* [cendre sacrée]. Je lui demandai tout naturellement comment il s'était mis dans un tel état.

« J'ai mis le corps de Bhagavan dans le trou du *samâdhi*, dit-il. Comme les dévots avaient mis beaucoup de *vibhûti*, j'en ai inévitablement été couvert. Pouvez-vous me donner de l'eau pour un bain ? »

Avant de lui donner l'eau, je l'embrassai très fort dans l'intention de couvrir mon corps de cette *vibhûti*. Puisqu'elle avait touché le corps de Bhagavan, je la considérais comme son dernier *prasâd*.

Je reçus deux autres formes de *prasâd* ce soir-là. Une jeune fille qui travaillait pour moi recueillit un peu de l'eau qui avait baigné le corps de Bhagavan et me l'apporta. Je la bus avec grand plaisir. Une autre femme qui avait la réputation d'être un peu folle m'apporta une des guirlandes qui avaient orné la dépouille de Bhagavan. Tant de personnes avaient voulu le parer de guirlandes (quelque chose qu'il ne permettait jamais de son vivant) qu'il fallait enlever chaque guirlande au fur et à mesure afin de pouvoir mettre la suivante. Je détachai quelques fleurs de cette guirlande et les mangeai. Cette eau et les fleurs furent mes derniers contacts avec le corps de Bhagavan. Dans les années qui suivirent, j'essayai de rester en contact avec le vrai Bhagavan, le Bhagavan qui vit éternellement dans le Cœur.

# Épilogue

Annamalai Swâmî a vécu à Palakottu jusqu'à la fin de sa vie. Immergé dans le Soi, il y mena une vie simple et paisible, en retrait du monde.

Depuis le milieu des années 1940 jusqu'à sa mort, jamais il ne quitta Palakottu. Il ne sortait de chez lui que pour de brèves promenades sur les pentes basses d'Arunâchala ou dans la forêt voisine.

Pendant les dernières années de sa vie, de nombreux visiteurs, surtout des Occidentaux, venaient le voir, attirés par la puissance de son silence, la paix, la clarté et l'harmonie qui régnaient autour de lui. Il partageait avec eux son amour pour Bhagavan et sa parfaite connaissance de ses enseignements. Il leur donnait aussi des conseils et des instructions pour leur pratique spirituelle, et les guidait sur la voie de la réalisation avec beaucoup d'amour et d'humour.

Annamalai Swâmî est mort paisiblement le 9 novembre 1995, à 4h 45 du matin, après dix jours de maladie. La veille, deux de ses disciples lui demandèrent : « Swâmî, votre corps souffre beaucoup. Qu'en est-il de votre mental ? » Il répondit : « Quelles que soient les souffrances endurées par son corps, le sage repose dans le Soi. »

G.B.

# Bibliographie

La matière est ordonnée en trois sections : Livres, Revues et Manuscrits. La bibliographie inclut les livres dont les auteurs sont cités dans le récit, soit pour corroborer les histoires d'Annamalai Swami, soit pour fournir un autre récit, complémentaire ou différent. Partout où cela s'est avéré possible, j'ai indiqué les traductions anglaises [et françaises], plutôt que les originaux sanscrits ou tamils.

## Livres

– *Aksharâmanamâlai* : voir *Arunâchala-Shiva* de T.M.P. Mahadevan, éd. Shankara Vihar, Madras, 1978.

– *All is One* : une traduction de *Ellâm Onru* par « Who », éd. Colombo, Sri Lanka, 1950.

– *Arunâchala Purânam* (tamil) : Arumuga Navalar, éd. Râmaswâmî Mudaliar and Sons, Madras, 1930.

– *Arunâchala Mâhâtmyam* : traduction, de G.V. Tagare dans *The Skanda Purâna, Part III*, éd. Motilal Banarsidas, Delhi 1993.

– *Be As You Are* : par David Godman, éd. Routledge and Kegan Paul, Londres, 1985.
*Sois ce que tu es*. Les Enseignements de Shrî Râmana Maharshi, par David Godman, traduit de l'anglais et annoté par Maurice Salen, Paris, Jean Maisonneuve, 1992.

– *The Collected Works of Râmana Maharshi* : réunies par Arthur Osborne, éd. Shrî Râmanasramam, Tiruvannamalai, 1979. Contient les traductions de *Upadesa Sâram, Ulladu Nârpadu, Ulladu Nârpadu Anubandham, Âtma Vidyâ Kîrtanam, Vichâra Mani Mâlai, Aksharâmanamâlai, Devikâlottara, Who am I ?*
*Œuvres réunies*, écrits originaux et adaptations, traduction Christian Couvreur et Françoise Duquesne, Les Éditions Traditionnelles, Paris, 1974.

*La connaissance de l'Être,* traduction française de *Ulladu Nârpadu* par Henri Hartung, éd. Shrî Râmanasramam, Tiruvannamalai. Diffusion française : Les Éditions Traditionnelles, Paris, Première édition : 1950, 4e édition : 1972.

– *Day by Day with Bhagavan* : A. Devaraja Mudaliar, éd. Shrî Râmanasramam, Tiruvannamalai, 1977.

– *Ellâm Onru :* Vijai R. Subramaniyam, éd. Pinnalur Râmalingam Pillai, 1935.
*Tout est Un,* traduction R. Caputo, éd. Discovery, 2020.

– *Five Hymns to Arunâchala :* Shrî Râmana Maharshi, éd. Shrî Râmanasramam, Tiruvannamalai, 1971.

– *Guru Râmana* : S.S. Cohen, éd. Shrî Râmanasramam, Tiruvannamalai, 1950.

– *Guru Vâchaka Kôvai* : Muruganar, traduit par K. Swaminathan sous le titre *Garland of Guru's Sayings,* éd. Shrî Râmanasramam, Tiruvannamalai, 1990.

– *Kaivalya Navanîtam* : Tandavaraya Swami, éd. Shrî Râmanasramam, Tiruvannamalai, 1981.

– *My Recollections of Bhagavan Shrî Râmana* : A. Devaraja Mudaliar, éd. Shrî Râmanasramam, Tiruvannamalai, 1992.

– *No Mind—I am the Self* : David Godman, éd. Shrî Lakshmana Ashram, Ap 524412, Inde, 1986.

– *Pattinatar Tirupadaltirattu* (tamil) : Pattinatar, éd. Ratina Nayakar and Sons, Madras, 1979.

– *Psalms of a Saiva Saint* : Tâyumânavar, Luzac, Londres, 1925.

– *Râmana Darshanam :* Sâdhu Natananda, éd. Shrî Râmanasramam, Tiruvannamalai, 1975.

– *Râmana Maharshi and the Path of Self-Knowledge* : Arthur Osborne, éd. Rider and Co., Londres, 1957.

*Râmana Maharshi et le Sentier de la Connaissance de Soi,* Arthur Osborne, 1ère édition : Victor Attinger, Neuchâtel, 1957, 2e édition : Les Deux Océans, Paris, 1989.

– *Râmana Maharshi Nija Swarûpam* (tamil) : Perumal Swami. Aucun détail disponible sur l'édition puisque je n'ai pas pu mettre la main sur le moindre exemplaire. Cependant, la date probable d'édition est 1933.

- *Revelation*: Lakshmana Sharma, éd. Shrî Râmanasramam, Tiruvannamalai, 1991.
- *Ribhu Gîtâ:* traduction anglaise de H. Ramamoorthy, éd. S.A.T., RO. Box 8080, 1834 Ocean Street, South Cruz, CA. 95061, USA.
- *À Sâdhu 's Reminiscences:* Sâdhu Arunâchala (Major Chadwick), éd. Shrî Râmanasramam, Tiruvannamalai, 1976.
- *Shivabhôga Sâram* (tamil): pas d'auteur, éd. Madras Ribbon Press, 87 Tambuchetty Street, Madras, 1923.
- *Shivânandalahari*: dans *Shankara's Hymn to Shiva,* traduction de T.M.P. Mahadevan, éd. Ganesh and Co., Madras, 1963.
- *Subramania Bharati, Chosen Poems and Prose*: Subramania Bharati présenté par K. Swaminathan, éd. Ail India Subramania Bharati Centenary Celebrations Committee, New Dehli, 1984.
- *Sûta Samhitâ* (sanscrit): pas d'auteur, éd. Ânanda Ashram, 1893.
- *Swarûpa Sâram* (tamil): Swarupânanda Swami, éd. City Printing Works, Madras 14, 1971.
- *Talks with Shrî Râmana Maharshi:* compilés par M. Venkataramiah,. éd. Shrî Râmanasramam, Tiruvannamalai, 8e éd 1989.
  *L'enseignement de Râmana Maharshi,* traduction d'Alfred Dupuis, Antoinette Perrelli et Jean Herbert, Éditions Albin Michel, Paris 1972.
- *Têvâram* (tamil): les poèmes de Jnânasambandhar, traduction de T.V. Gopal Iyer et François Gros, éd. Institut Français d'indologie, Pondichéry, 1984.
- *Tirukkural*: Tiruvalluvar, traduction de G.U. Pope, éd. Oxford University Press, 1900.
  *Tiroukkoural,* traduit du tamil par M. Sangeelee, éd. de l'Océan Indien, Rose Hill, île Maurice.
- *Upadesa Sârah (Upadesa Sâram)*: Râmana Maharshi, traduction de Vishwanatha Swami, éd. Shrî Râmana Kshetra, Kanvashrama Trust Kerala, 1985.
- *Upadesa Undiyâr*: Râmana Maharshi, traduction de Shrî Sâdhu Om et Michael James, éd. Râmana Kshetra, Tiruvannamalai, 1986.
- *Vairâgya Satakam:* Bhartrihari, éd. Advaïta Ashram, Almora, 1950.
- *Who am I?* Râmana Maharshi, traduction de T.M.P. Mahadevan,

éd. Shrî Râmanasramam, Tiruvannamalai, 1976.

*Qui suis-je?* traduction Henri Hartung, publiée dans le n° 83 de la revue *France-Asie*, août 1953, reprise uu chapitre 7 de *Présence de Râmana Maharshi*, Henri Hartijngj ]ère édition: Le Cerf, Paris, 1979, 2e édition: Dervy-Livres, Paris, 1987.

## Revues

– *Arunâchala Râmana*: éd. M.R. Nageswara Rao, Gudivada, 521301, A.P.

– *Kalki Dîpâvalai Malar*: éd. Bharatan Publications, 47, Jawaharlal Nehru Street, Ekkadutangal, Madras, 600097.

– *The Mountain Path*: éd. Shrî Râmanasramam, Tiruvannamaiai.

## Manuscrits

– *The Brunton Manuscript:* Archives de Shrî Râmanasramam. À ma connaissance, il n'existe qu'une seule autre copie de ce manuscrit; elle est entre les mains de Michael James, Shrî Sâdhu Om Compound, Shrî Râmanasramam P.O. Tiruvannamaiai 606603, Inde.

– *Echammal*: Le récit de la manière dont Bhagavan s'opposa à la volonté de Chinnaswâmî quand ce dernier voulut empêcher Echammal de lui apporter de la nourriture (chapitre trois) et l'histoire du *samâdhi* [tombeau] du perroquet, que Bhagavan construisit sur la montagne (chapitre quatre) sont toutes les deux tirées d'un article sur Echammal inédit et non-catalogué, intitulé « The Afflicted » [Les Affligés]. Je l'ai trouvé dans les Archives de Shrî Râmanasramam. Son auteur est Krishna Bhikshu.

– *Talks with Shrî Râmana Maharshi:* Manuscrit original de la troisième partie, Archives de Shrî Râmanasramam, Tiruvannamaiai, catalogue n° 1222.

– *Transcript of Râmana Maharshi's answers in the Perumal Swami court case:* L'exemplaire original manuscrit par T.P. Râmachendra Iyer, avocat de Shrî Râmanasramam, est entre les mains du président de Shrî Râmanasramam, Tiruvannamaiai.

# Glossaire

| | |
|---|---|
| *advaïta* (*ou la non-dualité*) | littéralement « non deux ». Une école de *Vedânta* qui affirme que *Brahman* seul existe, et que le monde et le soi individuel sont des apparences illusoires en son sein. |
| *ajnâna* | ignorance, particulièrement ignorance du Soi. |
| *ajnâni* | quelqu'un qui est ignorant de sa vraie nature ; quelqu'un qui n'est pas illuminé. |
| *Aksharâmanamâlai* | *La Guirlande Maritale des Lettres* ; un poème de 108 versets, addressé à Arunâchala, composé par Râmana Maharshi vers 1913. |
| *Alvars* | un groupe de saints vishnouïtes (*vaishnava*) qui vécurent en Inde du Sud il y a plus de mille ans. |
| *ânanda* | félicité ; béatitude ; c'est à la fois l'un des aspects fondamentaux et l'une des propriétés fondamentales du Soi. |
| *Annamalai* | un nom tamil d'Arunâchala. Il signifie « la montagne inaccessible ou inapprochable ». |
| *anushthânas* | rites et rituels traditionnellement accomplis par des brahmanes. Certains sont spirituels et d'autres ont trait à l'hygiène personnelle. |
| *âsana* | posture ou position dans le *hatha yoga*. |
| *avatâra* | Dieu incarné dans une forme physique ; en particulier, l'une des neuf formes dans lesquelles Vishnou s'est incarné sur terre. |
| *aviyal* | un mets sud-indien fait de légumes, de noix de coco et de yaourt. |
| *bhajan* | chant dévotionnel. |
| *bhakta* | un dévot, quelqu'un qui a de la dévotion. |

| | |
|---|---|
| *bhakti* | dévotion ; l'état de dévotion spirituelle. |
| *bhikshâ* | nourriture reçue comme aumône ; le don d'une telle nourriture ; l'action d'aller la mendier. |
| *Brahman* | la réalité absolue impersonnelle de l'hindouisme. |
| *darshan* | « vue » ; voir ou être vu par un saint homme ou la divinité d'un temple. |
| *dhal* | lentilles ; les graines cuites de plantes légumineuses. |
| *dharma* | le principe éternel de l'action juste ; devoir moral ; loi divine ; tradition religieuse. |
| *dhôti* | une longue bande de tissu portée comme une jupe par les hommes. |
| *dhyâna* | méditation. |
| *garbhagriha* | le sanctuaire d'un temple. |
| *giri pradakshina* | giri signifie montagne ; voir pradakshina pour giri pradakshina. |
| *grihapravêsam* | cérémonie d'inauguration, habituellement d'une maison. |
| *grihastha* | un chef de famille. |
| *guna* | littéralement « qualité » ; de nombreuses sectes hindoues maintiennent que la nature consiste en trois qualités, jamais au repos, appelées *sativa* (harmonie ou clarté), *rajas* (activité) et *tamas* (inertie ou torpeur), dont l'une est toujours prédominante. L'interaction mutuelle des *gunas* explique la qualité de tous les changements dans les manifestations physiques et mentales. En *rajoguna*, *raja* prédomine ; en *tamoguna*, *tamas* prédomine ; en *sattvaguna*, *sattva* prédomine. |
| *hatha-yoga* | une branche du yoga qui s'intéresse principalement à la maîtrise du corps par des postures physiques spécifiques. |
| *iddlies* | petits gâteaux ronds, cuits à la vapeur, faits de riz et de black gram (une légumineuse). Une ration d'*iddlies* constitue le petit déjeuner habituel à Shrî Râmanasramam. |
| *Ishwara* | le suprême Dieu personnel de l'hindouisme. |
| *japa* | « le fait de prononcer » ; désigne habituellement la répétition d'un nom de Dieu. |

| | |
|---|---|
| *jayanti* | « victoire » ; le jour où est célébré l'anniversaire de Bhagavan. |
| *jîva* | le soi individuel. |
| *jîvanmukta* | « libéré vivant » ; quelqu'un qui est libéré pendant qu'il est encore en vie. |
| *jîvanmukti* | libération pendant que l'on est encore en vie. |
| *jnâna* | connaissance ; l'état dans lequel on sait, d'expérience, ce qui est réel et incontestable. |
| *jnâni* | un être réalisé ; celui qui connaît la réalité. |
| *kamandalu* | pot à eau ; traditionnellement fait avec une coque de noix de coco. |
| *kanji* | gruau ; habituellement le terme désigne le gruau de riz. |
| *karma* | action ; la loi de la rétribution des actes qui apporte à l'auteur d'une action, dans cette vie ou dans une vie future, les conséquences bonnes ou mauvaises de son action. La voie de l'action (karma-yoga) vise à atteindre la délivrance par des actes vertueux. |
| *kumutti* | brasero à charbon de bois. |
| *kundalinî* | énergie psychique latente qui, lorsqu'elle est activée par la pratique du yoga, s'élève le long d'un canal dans la colonne vertébrale (le *sushumnâ*), activant et énergétisant des centres psychiques appelés *chakras*. |
| *lingam* | une colonne de pierre verticale au sommet arrondi ; symbole de Shiva non manifesté, objet de culte dans le sanctuaire de tous les temples shivaïtes. |
| *mahâtmâ* | « grande âme » ; aussi : titre honorifique, comme dans « Mahâtmâ Gandhi ». |
| *mantra* | formule sacrée ; mot ou phrase donnés à un disciple par son Gourou ; la répétition du mantra (*mantra-japa*) est une des formes les plus communes de sâdhanâ. |
| *math* | une institution hindoue ou un centre qui a été créé dans un but particulier tel qu'honorer la mémoire d'un saint, chanter des bhajans, diffuser des enseignements, etc. |

| | |
|---|---|
| *mâyâ* | littéralement une image fantôme, une illusion ; dans le Vedânta, ce mot désigne le monde éphémère, distinct de la Réalité immuable. |
| *mekkedu* | la liste sur laquelle Annamalai Swâmî écrivait combien chaque ouvrier devait être payé. Aucune des personnes à qui j'ai parlé, excepté Annamalai Swâmî, n'a jamais entendu parler de ce mot, bien qu'il maintienne qu'il était d'usage commun à l'époque où il travaillait. C'est peut-être une altération de makkedu – makkal (gens) plus edu (feuille) – une liste de noms, écrite initialement sur des feuilles de palmier. |
| *moksha* | libération, illumination. |
| *mukta* | quelqu'un qui a atteint la libération (ou l'illumination). |
| *mukti* | libération, illumination. |
| *namaskâram* | une prosternation sur le sol, faite en témoignage de respect et de vénération. |
| *navarâtri* | littéralement « neuf nuits » ; fête de dix jours, qui a lieu habituellement en octobre, pendant laquelle on célèbre chaque jour un aspect différent de la divinité féminine. |
| *nirvikalpa* | « pas de différences » ; le terme désigne généralement une sorte de samâdhi dans lequel il y a une complète expérience du Soi, mais pas de conscience du corps ni du monde. |
| *nishthâ* | littéralement « en équilibre » ou « en état d'équilibre ». Le mot désigne en général l'état dans lequel on est établi en permanence dans le Soi. |
| *nungu* | fruit de l'arbre palmyra, ayant un peu l'apparence d'une noix de coco pourpre. Il contient trois fruits en forme de lentille qui sont encastrés dans la fibre de la coque. |
| *padmâsana* | la posture du lotus complet ; une position jambes croisées dans laquelle les talons reposent sur le haut des cuisses. |
| *pandal* | un toit provisoire ; en Inde du Sud ils sont souvent faits de bambou et de feuilles de cocotier tressées. |
| *pâpam* | péchés ; les conséquences karmiques des actes immoraux. |
| *pârâyana* | la psalmodie d'œuvres scripturaires. |

| | |
|---|---|
| *pâthasâlâ* | école qui enseigne la connaissance des Vedas (et la manière correcte de les psalmodier) aux jeunes brahmanes. |
| *pongal* | un plat fait de riz, de lentilles et de quelques épices. |
| *pradakshina* | acte de vénération ou de culte qui consiste à faire en marchant le tour d'un objet sacré, d'une personne ou d'un sanctuaire. Dans ce livre le terme désigne le fait de faire ainsi le tour d'Arunâchala. |
| *prâna* | souffle; énergie vitale qui soutient les activités du corps et du mental. Cette énergie est associée à la respiration. |
| *prânâyâma* | exercices de respiration destinés à agir sur le *prâna* ou à le contrôler. La philosophie du yoga soutient que le mental et le souffle sont liés: le contrôle de l'un entraîne donc le contrôle de l'autre. |
| *prârabdha-karma* | cette partie de notre karma qui s'accomplit dans cette vie. Comme la loi du karma implique le déterminisme dans les activités humaines, prârabdha est souvent traduit par «destinée». |
| *prasâd* | tout ce qui est offert à un Gourou ou à une divinité devient prasâd quand le dévot le reçoit en retour. La nourriture est la forme la plus commune de *prasâd*. |
| *pûjâ* | le culte cérémoniel d'une divinité hindoue. |
| *punya* | mérite accumulé en accomplissant de bonnes actions. |
| *rajas* | voir *gunas*. |
| *Râmanasramam* | nom tamil de l'ashram de Râmana Maharshi. |
| *rassam* | une soupe épicée dont les principaux ingrédients sont le poivre et le tamarin. |
| *rishi* | poète ou sage inspiré; «voyant»; terme védique désignant quelqu'un qui voit les significations intérieures des vérités scripturaires. Un des titres de Bhagavan était «le Maharshi», ce qui signifie: «le grand voyant» ou le «grand sage». |
| *Sadguru* | un Gourou qui non seulement perçoit la réalité, mais qui l'a réalisée dans sa plénitude et y est à demeure, et qui a la capacité d'établir les disciples dans le même état. |

| | |
|---|---|
| *sâdhanâ* | une méthode ou une pratique spirituelle. |
| *sâdhu* | un chercheur spirituel à plein-temps, habituellement quelqu'un qui a renoncé à la vie de famille de manière à poursuivre un but spirituel. |
| *sahaja* | « naturel » ; *sahaja samâdhi*, l'état de réalisation permanente dans lequel le mental a été irrévocablement détruit. |
| *samâdhi* | un état semblable à une transe, dans lequel on fait l'expérience du Soi, la réalité. Bhagavan distinguait le *nirvikalpa samâdhi*, qui est une expérience momentanée du Soi dans laquelle le corps et le monde sont absents, et le *sahaja samâdhi* (*sahaja* signifie « naturel »), l'état de réalisation permanente dans lequel on peut fonctionner normalement dans le monde. Le mot désigne aussi le tombeau ou la tombe d'un saint. |
| *sambar* | une sauce épicée de l'Inde du Sud. Mangée avec du riz, elle est un des éléments essentiels de tous les repas en Inde du Sud. |
| *samsara* | la ronde de l'existence dans le monde ; le cycle des naissances et des morts ; l'illusion du monde. |
| *samskâra* | tendance ou prédisposition mentale ; impression latente dans le mental, particulièrement une impression provoquée par les tendances des vies antérieures. |
| *sanchita karma* | « l'entrepôt de karma » ; le karma accumulé de toutes les naissances antérieures, dont nous expérimentons une petite portion, le *prârabdha karma*, dans notre vie actuelle. |
| *sannyâsa* | le stade final de la vie hindoue, dans lequel on quitte les responsabilités du monde et la vie de famille pour une vie errante comme moine mendiant. |
| *sannyâsin* | quelqu'un qui a fait les vœux du sannyâsa ; un moine qui a renoncé au monde de manière à rechercher à plein temps la libération spirituelle. |
| *sarvâdhikari* | litt. « dirigeant de tout » ; un titre pris par Chinnaswâmî, le frère de Bhagavan, quand il prit la direction de Râmanasramam. |
| *sat* | l'Être, ce qui est, réalité, vérité. |

| | |
|---|---|
| *satsang* | « association avec *sat* » ; cela peut prendre la forme de la fréquentation d'un être réalisé ou bien cela peut être une association intérieure avec son propre Soi. |
| *sativa* | voir *gunas*. |
| *sativa guna* | voir *gunas*. |
| *shakti* | énergie, pouvoir ; l'aspect dynamique du Soi qui provoque l'apparition de la manifestation. |
| *shânti* | paix ; un des aspects fondamentaux ou une des propriétés fondamentales du Soi. |
| *shâstras* | les Écritures ; plus spécifiquement, les textes canoniques de l'hindouisme. |
| *siddhi* | « accomplissement » ou « aptitude » ; désigne habituellement l'acquisition de pouvoirs surnaturels tels que la télépathie ou la clairvoyance. |
| *sthapati* | architecte de temple ou sculpteur. |
| *tamas* | voir *gunas*. |
| *tapas* | habituellement cela signifie méditation en relation avec des pratiques d'abnégation ou de mortification corporelle. Les privations inhérentes au tapas passent pour accélérer le progrès spirituel. Tapas vient de la racine tap, « chaleur, échauffement ». Faire du tapas c'est brûler toutes ses impuretés par une intense pratique spirituelle. |
| *Tîrtham* | réservoir d'eaux sacrées ayant habituellement l'aspect d'un étang carré, avec des marches descendant jusqu'à l'eau. |
| *upadesa* | enseignements spirituels, particulièrement ceux donnés par un Gourou à un disciple. |
| *vadai* | un entremets frit, non sucré et croquant, fait de farine de dhal, d'épices et de légumes. |
| *vairâgya* | détachement. |
| *vâsanas* | impressions mentales inconscientes ; la conscience présente des perceptions passées ; connaissance qui provient de la mémoire ; tendances latentes du mental constituées par les actions, les pensées et les désirs antérieurs. |

| | |
|---|---|
| *Vedânta* | litt. « fin des *Vedas* » ; philosophie issue des *Upanishads*, de la *Bhagavad Gîtâ*, et des *Brahma-Sutras*. Les *Upanishads* sont des textes métaphysiques issus des *Vedas*. |
| *Vedas* | Quatre recueils d'Écritures datant (?) de 2 000 av. J.-C. à 500 av. J.-C. qui sont la suprême source d'autorité pour la plupart des hindous. |
| *vibhñti* | cendre sacrée que l'on s'étale sur le front, ou parfois, sur d'autres parties du corps. |

Les Éditions **Discovery** est un éditeur multimédia dont la mission est d'inspirer et de soutenir la transformation personnelle, la croissance spirituelle et l'éveil. Avec chaque titre, nous nous efforçons de préserver la sagesse essentielle de l'auteur, de l'enseignant spirituel, du penseur, guérisseur et de l'artiste visionnaire.

www.ingramcontent.com/pod-product-compliance
Lightning Source LLC
Chambersburg PA
CBHW010044090426
42735CB00018B/3382